U0553720

话说汉语词类问题

陆俭明 著

商务印书馆
The Commercial Press
创于1897

图书在版编目(CIP)数据

话说汉语词类问题 / 陆俭明著. —北京 : 商务印书馆 , 2024(2025.1重印)
ISBN 978 - 7 - 100 - 23579 - 2

Ⅰ. ①话⋯ Ⅱ. ①陆⋯ Ⅲ. ①汉语—对外汉语教学—教学研究 Ⅳ. ①H195.3

中国国家版本馆 CIP 数据核字(2024)第 062308 号

话说汉语词类问题
陆俭明 著

商 务 印 书 馆 出 版
(北京王府井大街36号 邮政编码100710)
商 务 印 书 馆 发 行
北京市白帆印务有限公司印刷
ISBN 978 - 7 - 100 - 23579 - 2

2024 年 7 月第 1 版　　　开本 880×1230 1/32
2025 年 1 月北京第 2 次印刷　印张 10¾
定价 : 58.00 元

目 录

引　言

我自1960年在北京大学中文系汉语专业本科毕业留校任教以来，一直从事现代汉语语法的教学与研究工作，至今发表过一些谈论汉语词类问题的文章，介绍汉语词类研究概况和发生的争议，当然也谈了自己的一些看法。于是，不断有学子发来电邮或微信，询问有关汉语词类的问题，特别是问我"为什么汉语词类在学界会有那么大的争议"。2021年，适逢上海财经大学建校百年华诞，上海财经大学外国语学院李金满教授给我发来邀请函，希望我就汉语词类问题作个报告，谈谈汉语词类到底是一个什么样的问题，特别希望我对沈家煊先生的"名动包含说"发表些看法。我曾是上海财经大学国际文化交流学院的兼职教授，不好推辞，就答应了。2021年10月18日下午，我在线上作了个题为"关于汉语词类问题——由沈家煊先生的'名动包含说'汉语词类观说起"的报告。线上报告迅速传开，引起不小的反响，又纷纷收到许多微信，提出这样那样的问题。这就引发我写这第二本"话说"的小书——《话说汉语词类问题》，①而这也有助于我对汉语词类问题进行再学习、再思考。

---

① 第一本是《话说汉语走向世界》，商务印书馆，2019年。

第一讲
没有分类就没有科学

在具体谈论汉语词类问题之前，有必要先说说科学研究中的"分类"问题，因为划分词类就属于"分类"。

一 任何学科的科学研究都离不开分类

分类，用当代认知语言学的话来说就是"范畴化"（categorization），这是人类认识客观世界的一种最基本的思维方法，是人类最基本的一种认知能力。人类起初对事物的命名就是一种分类活动。幼儿第一次将爸爸和妈妈分开来，也就是他认识世界的开始。分类就是要去寻找事物的共同点和不同点。人类若没有对千差万别的客观事物与现象加以范畴化的能力，便无法真正理解生存环境中所感知到的一切，就无法形成概念系统，无法对经验进行处理、建构和存储，也无法进行推理，更无法与他人进行有效的交际。（王仁强，2006）任何学科的科学研究都离不开分类。从科学研究的角度说，我们所以研究某种事物，目的是为了认识这种事物，便于能动地驾驭这种事物，使之为人类服务。而我们所要研究和认识的事物，往往是纷繁复杂的；群体中的各个个体，从外形到属性，千差万别，各不相同。可以这样说，世界上找不到两个完全相同的个体；[1] 而不同事物之间又有一定的共性。因此分类就是根据事物之间的相似与差异，或者说根据事物属性的异同，将事物分为不同门类的一种思维方式；也可以说是一种基本的研究方法。所以可以这样说——没有分类就没有科学。

分类的具体作用，可以从以下几方面去认识：

（一）分类是人们对事物获得科学认识的起点，也可以说是科学研究所赖以理论思维的前提。纷繁的事物一经分类，我们就容易认识它的本质，就容易发现、总结、归纳出它的内部规律来。试举一个汉语语法研究方面的例子。在现代汉语中"去+VP"（如"去打球 | 去买菜"）和"VP+去"（如"打球去 | 买菜去"）有时可以换着说（如上面举的例子），但并不是任何情况下都可以换着说。要探知二者能不能换着说的规律，首先得找出影响换着说的因素。影响的因素肯定有多种。首先需要从语义上去考虑。我们知道，语言中两个句法格式能换着说即彼此有变换关系，得有个先决条件，那就是二者内部的语义结构关系得一致。（朱德熙，1986；陆俭明，2019）经初步考察发现，"去+VP"内部的语义结构关系比较单一，只能表示目的关系，即"去"和VP都说明同一施动者，"去"表示施动者位移的运动趋向，VP表示施动者位移后进行的行为动作；"去"和VP之间呈现一种目的关系——VP表明"去"的目的。（朱德熙，1982a）"VP+去"内部语义结构关系则比较复杂。为了搞清楚"VP+去"在什么情况下可以变换为"去+VP"，就必须对"VP+去"内部语义结构关系细加分析，进行适当的分类。经考察、分析发现，"VP+去"内部语义结构关系起码可以分为以下六类：

---

① 现在有一种叫作"克隆"的新科技。克隆出来的事物跟原先的事物是否完全一样，没有一点儿差异？似还没有人作出科学的回答。

A. VP 为述宾结构，"去"表示 V 的受动者位移的运动趋向。如：（你先打我这儿）拿点儿杂和面去。

B. VP 和"去"都说明同一施动者，"去"表示施动者位移的运动趋向，VP 表示施动者位移的方式。如：走着去 | 骑自行车去。

C. VP 为带处所宾语的述宾结构，那处所宾语表示或是 V 的施动者或是 V 的受动者位移的终点。如：（我）住姥姥家去吧 |（厨房）挪后边去了。

D. "去"表示施动者位移的运动趋向，VP 实际用来指明施动者位移的时间，强调施动者的位移是在另一行为动作发生之后。如：（我想）吃了晚饭去 | 写完了去（也还来得及）。

E. "VP+去"为递系结构（或称"兼语式"），即 V 的宾语所指是 V 的受动者，是"去"的施动者。如：派我去 |（你）带他去吧。

F. "去"和"VP"都说明同一施动者，"去"表示施动者位移的运动趋向，VP 表示施动者位移后进行的行为动作；"去"和 VP 之间呈现一种目的关系。如：听报告去 | 买菜去。

通过对"VP+去"内部语义关系的细致分类，才找到解决疑难的第一把钥匙——从语义上来说只有 F 类表示目的关系的"VP+去"才能换说成"去+VP"。[①]

（二）分类是揭示事物历史发展规律的必要条件。现代生物学关于生物历史发展规律的认识正是建筑在不同历史阶段对生物分类的基础上的。请看"生物进化图"（图1-1）。

（三）分类能给人科学的预见性。化学中新元素的发现，正是有赖于以往学者，特别是俄国伟大的化学家门捷列夫（Dmitri Mendeleev）对已知化学元素的科学分类。试以新元素镓的发现为

---

① F 类"VP+去"能否换说成"去+VP"还得受其他因素的制约。详见陆俭明（1985）。

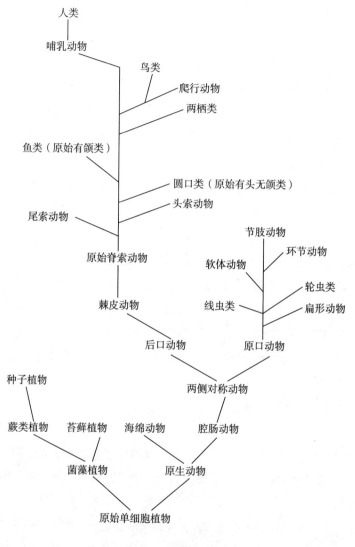

图1-1　生物进化图[①]

①　新津恒良等《图解现代生物学》，赵敏等译，科学出版社，1982 年。北京大学生物系田清涞教授提供。

例来加以说明。1875年8月27日夜,法国化学家布瓦博得朗(Paul Emile Lecoq de Boisbaudran)用光谱分析法在闪锌矿中发现了一种新元素,报告了法国科学院,并将这种新元素命名为镓(Ga)。1875年9月20日法国科学院向世界宣布了这一新发现。消息传到俄国,圣彼得堡大学化学教授门捷列夫非常激动,因为法国布瓦博得朗发现的新元素正是门捷列夫在五年前预言的类铝。除了比重不同外,其余的性质和特征都跟门捷列夫预测的一样。门捷列夫立刻给法国科学院布瓦博得朗写了封信,告诉他那新元素就是自己预言的类铝;并告诉他,那新元素的原子量应当接近68,比重应当是5.9 g/cm³上下(布瓦博得朗测定为4.7),希望他再实验检测一下。布瓦博得朗接信后又试验了一次,结果跟门捷列夫说的完全一样。门捷列夫为什么能有这样的预见性呢?这是他将化学元素科学分类的结果。大家知道,现代化学的元素周期律是1869年俄国科学家门捷列夫首创的,他将当时已知的63种元素依相对原子质量大小并用表的形式排列,把有相似化学性质的元素放在同一列,制成元素周期表的雏形。经过多年修订后才成为当代的周期表。感兴趣的读者可自行查阅"门捷列夫化学元素周期表"。

(四)对事物合理分类反映了科学研究的成果及其发展历程。拿生物学里对生物的分类来说,最早就将生物分为动物和植物两大类,现在将生物分为六类。对生物的分类是逐渐增多的,具体历程见图1-2。

(五)分类也为人们进行深入的科学研究创造了条件。科学研究的本质就是"以已知求未知"。任何学科的科学研究都是在前人研究成果的基础上逐步向前推进的。试设想,众多的图书资料如果不进行合理的分类,建立较好的检索系统,我们就没法利用前人的研究成果。就这一点来说,无疑分类将为我们的科学研究创造条件。

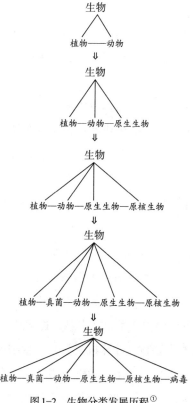

图1-2　生物分类发展历程[①]

　　鉴于以上所述，我们说无论从哪个意义上来说，"没有分类就没有科学"。

二 "划分"与"切分"

　　对事物分类，从某个角度说也就是将事物划分为不同的类。分

――――――――

① 北京大学生物系田清涞教授提供。

类的最终结果总是在分类的概括度与分类的精确度这两个互相矛盾的指标中间寻求平衡而得到的。什么叫"分类的概括度"？什么叫"分类的精确度"？在回答这两个问题之前有必要说一下"划分"与"切分"的不同。

事物由大分小，实际上有两种情况：一是划分，一是切分。划分就是将集合（或大类）分为小类；切分就是将整体分成部分。譬如我们在语法研究中，将词分为若干类，这是分类，是划分；而在层次分析中，将一个句法结构分为两个或多个直接组成成分，如将主谓结构分为主语和谓语，将述宾结构分为述语和宾语，将联合结构"团结、紧张、严肃、活泼"分为扁平的四部分"团结""紧张""严肃""活泼"，这是切分。划分和切分就上面的例子看，似乎二者的区分很分明，其实界限并不那么清楚。譬如说，学校一般分为大学、中学、小学，这一般认为是对学校的分类；一个综合性大学学科系统可以下分为中文系、历史系、哲学系、法律系、经济系、数学系、物理系、化学系、计算机科学系、生物系，等等，这从学校的角度可以说是切分，从系的角度可以认为是分类；一所学校的所有员工，可分为教学人员和行政管理人员，这是划分还是切分？这也得看你从哪个角度说。一般说来，某个个体由大分小，譬如一个西瓜，切成两半，一个月饼分成四块，都会视为切分，不会看作分类；而一个群体由大分小，划分跟切分会发生纠葛。

从手续上来说，划分，如生物分类那样，一次只能适用一个标准，所以划分只能是层层二分；划分所得的类，如果不止两类，所分出的类一定具有层级性。譬如，就前面讲的生物分类而言，三分时的"动物、植物、原生生物"，其内部层级如图1-3所示；四分时的"动物、植物、原生生物、原核生物"，其内部层级如图1-4所示。

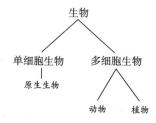

图1-3　生物三分内部层级

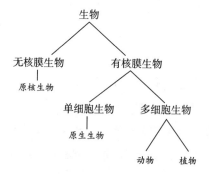

图1-4　生物四分内部层级

切分，则可以二分，也可以多分。譬如熟鸡蛋，手工切分一般都是先一分为二，然后各自再一分为二；用现代化的"切蛋器"切分，就可以一次多分。

总之，"划分"一定是层层二分；"切分"则既可能是层层二分，也可能是一次性多分。

三　分类的概括度和精确度

上面说了，分类的最终结果总是在概括度与精确度这两个互相矛盾的指标中间寻求平衡而得到的。分类结果越概括，所分出的类必定偏少，就越难以准确反映一类中各个成员之间的差别，所以这种分类所获得的"类"精确度就差。反之，分类结果越精确，所分出的类必定偏多，当然就越能反映一类中各个成员之间的差别，但这种分类所获得的"类"概括性就差。最极端的情况是，每个成员自成一个类，这样精确度最高，可概括度等于零，等于没给事物分类。在每个学科的科学研究中，把研究对象分为多少类为好呢？这没有一成不变的定则。一般说来，这决定于研究的需要或者说实际的需要，所分出来的类，对所进行的研究、对某种要求来说，"够用好用"就行了。

四　关于分类的依据和标准

分类的依据和分类的标准不是一个概念。文炼（即张斌）先生专门写了一篇题为"关于分类的依据和标准"的文章，文章开头说了这么一段话：

> 在科学领域内，常常要推究分类的依据和标准之间的种种关系。打个比方吧：一年分为四季，虽然有客观的依据，即天体的运行和气候的变化，可是划分四季还得确立个标准。我国古代以立春、立夏、立秋、立冬为四季的开始，而欧美一些国家却以春分、夏至、秋分、冬至为换季的界限。虽然如此，中国人谈到"春天"与"春风"与外国人说的"Spring days"和"Spring breeze"，却有共同的理解。语言学的情况也是如此：一方面根据分类的依据可以大体了解语言单位的类别，另一方面依据和标准又不能完全吻合，有必要指明它们的差异。（文炼，1995）

这段话是要告诉我们，在对事物进行分类时，必须明确区分"分类的依据"和"分类的标准"。郭锐在《现代汉语词类研究》一书中，明确表示："同意文炼（1995）的看法，区分划类的依据和划

類的標準。"而且給劃類的依據和劃類的標準及其關係作了進一步的

类的标准。"而且给划类的依据和划类的标准及其关系作了进一步的具体说明：

> 分类的依据（basis）指分类的内在基础，即类的本质；分类的标准（criterion）指用来鉴别一个对象属于哪一类所需满足的条件。分类的依据可以是不能直接观察到的东西，但分类标准必须是能观察到的东西。两者可以一致，也可以不一致，但分类标准必须能反映分类的依据。比如生物谱系分类的依据是生物间的亲缘关系，但可以以生物的形态为分类标准，因为形态上的差异可以反映亲缘关系的远近。（郭锐，2018：106—107）

后面我们谈到汉语词类划分问题时，就会用到"分类的依据"和"分类的标准"这两个概念。

五　关于分类和归类

《现代汉语词典》（第7版）对"分类"和"归类"的解释是：

分类：根据事物的特点分别归类：图书分类法｜把文件分类存档。

归类：把性质或特征相同、相似的事物归并到一个类别中：商品归类｜把资料归归类。

具体解释有所不同，但并未能分辨得一清二楚，不能让读者一看就明了它们的不同，所以我们常常在谈论词类的论著中看到，有的说"汉语的词可以分为多少类"，有的说"汉语的词可以归为多少类"，给人的感觉是"分类"和"归类"的区别只是说法不同而已。其实"分类"和"归类"的含义并不相同。胡裕树主编《现代汉语》将二者的差异说清楚了：

分类是以全体词作对象的，得出来的结果是词类；归类是以个别词作对象的，得出来的结果是词性。（331页）

由此而知，分类的对象是事物的全体，归类的对象是事物的个体。分类要获取的结果和归类要获取的结果是不一样的。正如该书中所说的：

从分类的角度看，各类词都有自己的特点，类和类之间的区别是明显的。从归类的角度说，有些词经常具备两类或两类以上的语法功能，这就是词的兼类。（331页）

我们得按照上面的阐释来运用"分类"和"归类"这两个概念。

六　词类是语法理论中最核心的分类问题

词类是语法理论中最核心的分类问题。据高名凯《语法理论》（1960a），"欧洲人对词类的研究起于希腊人"。"词类"这一术语就始于古代希腊人。希腊哲学家们为了修辞，为了研究逻辑，逐渐觉得有必要将词给以分类。不过这经历了一个相当长的过程。[①]

最早出现的是对句子功能的分类。智者学派的普罗塔哥拉斯（Protagoras，约前481—前411）将句子区分为请求、提问、回答和命令四种功能类型，并识别了动词的时态、归纳了名词的性范畴。克拉底洛（Cratylos）继承赫拉克利特（Heraclitus，约前530—前470）的学说，认为名称与事物自然结合而成。他们都没留下有关区分动词和名词的资料。德谟克里特（Democritus，约前460—前370）从逻辑出发，首先区分出相当于后来所谓的"主词"和"谓词"。（徐志民，1990：18）柏拉图（Plato，前427—前347）在《克拉底

---

① 以下参考李葆嘉（2001）、李葆嘉（2007）、李葆嘉（2008）、李葆嘉（2014）等论著有关词类问题的论说写成。本小节内容经李葆嘉审阅。谨在此深致谢意。

洛篇》（*Cratylus*）和《智者篇》（*Sophist*）中将句子内部区分为"名物性成分"（ōnoma，本义"名称"）和"动作性成分"（rhēma，本义"话语、段落"）。（徐志民，1990：18—19）柏拉图在《智者篇》中写道：

> 仅有不间断地（连续地）说出的名物性成分，正如脱离名物性成分读出的动作性成分一样，永远不能成为言语。……只有把它们结合起来，它们才能彼此呼应；而且它们一经结合，就立刻成为言辞，至少是最基本的或最简短的话语。（转引自徐志民，1990：19）①

柏拉图的学生亚里士多德（Aristotle, 前384—前322）在《论诗》（*Poietike Tekhne*）中提出：

> 概括地说，诗剧的台词由下列几个部分组成：音素、音节、连接词、冠词、名词、动词、格和句子。
>
> 连接词是没有意义的语音，……或者是一些本身无意义，却能形成一个有意义语音的语音。或者是一些本身无意义，却能把其他一些自身有意义的语音连接成句子的语音。
>
> 名词是有意义的合成音，无时间性，其组成成分本身不含意义。
>
> 动词是有意义的合成音，有时间性，与名词一样，其组成成分本身没有意义。
>
> 句子是有意义的合成音，某些组成部分本身就有意义。并非每个句子都是由名词和动词构成（如人的定义）。尽管一个句子可以没有动词，但其中的某个部分总有意义。……句子可用两种方法结为同一体，或者借助于表述一种事物而结成同一

---

① 徐志民（1990：19）注①说：见阿·谢·阿赫曼诺夫《亚里士多德逻辑学说》66页，上海译文出版社，1980。译文有修饰。

13

体，或者用连接词把许多词句连缀成为同一体。（转引自苗力田主编，1994：671—672。译文有修饰。）

根据以上论述，亚里士多德把言辞（诗剧台词）分为：（1）语音单位——音素、音节；（2）组句单位——连接词、冠词、名词、动词、格；（3）成句单位——句子。其中，最重要的组句单位是：名词、动词和连接词（sýndesmos，第三种成分）。

其后，约于公元前300年，斯多噶学派的哲学家们进行过词类划分。克利西普斯（Chrysippus，约前281—前205）提出"词类五分法"：普通名词、专有名词、动词、连词以及成分（包括冠词和代词）。

公元前100年，亚历山大里亚学派的狄奥尼修斯·特拉克斯（Dionysius Thrax，前170—前90）在《文法技艺》（*Téchnē Grámmatiké*）中采用"词类八分法"：名词、动词、分词、冠词、代词、介词、副词、连词。

公元前45年，古罗马拉丁语语法学家瓦罗（M. T. Varro，前116—前27）继承了斯多噶学派的希腊语法学理论，撰写了第一部拉丁语语法著作《拉丁语研究》（*De Lingua Latin*），对拉丁语采用"词类四分法"：名词（有格变化）、动词（有时态变化）、分词（有格和时态变化）和副词（没有格和时态变化），脱胎于斯多噶学派的划分法。稍后，古罗马拉丁语语法学家帕莱蒙（Quintus Remmius Palaemon，1世纪）发现和定义了拉丁语的叹词。

约公元350年，罗马帝国拉丁语语法学家多纳图斯（Aelius Donatus，320—380）推出《读写技艺》（*Ars Grammatica*）第二卷《词类》。在词类划分中，取消了与拉丁语词类没有对应的希腊语冠词，而从副词中分出叹词，仍然维持特拉克斯八分法：名词、代词、动词、副词、分词、连词、前置词和叹词。

12世纪中期，法国哲学家赫里亚斯（Petrus Helias，1100—1166）在《普利西安〈文法原理〉校订》（*Summa super Priscianum, an updated textbook on Priscian's Institutiones grammaticæ*）中，区分实体名词（nomen substantivum）和形容名词（nomen adiectivum）。

17世纪中期，瑞士语言学家雷丁格（Johann Jakob Redinger，1619—1688）避难荷兰，1658年在阿姆斯特丹结识弗兰肯塔尔拉丁学校校长夸美纽斯（Jan Amos Komenský，1592—1670）。在为该校编写的拉丁文教材《夸美纽斯语言教学》（*Komenische Sprach-Lehr*，1659）中将形容词独立。在英国，语法学家莱恩（Archibald Lane, 生卒不详）1700年出版的《学识技艺之钥》（*A Key to the Art of Letters*），形容词也已独立成类。

1762年，英国文法学家洛思（Robert Lowth，1710—1787）的《英语语法简论》（*A Short Introduction to English Grammar*）才出现了清晰的词类九分法：冠词、实体词或名词、代词、形容词、动词或最凸显的词、副词、介词、连词、感叹词。19世纪以前，"词类划分"，西方传统语法学通常都归入etymology（词源学）。

"词类"这一术语，无论是英语的parts of speech（话语的部分），还是法语的parties du discours（话语的部分），还是俄语的частиречи（词性），都源于拉丁语partes orationis（话语的部分）；而拉丁语的partes orationis，又来自希腊语λόγου μέρη（拉丁字母写法lógou méri）。

古希腊人的最初话语分析是一体两面。柏拉图的"名物性成分"和"动作性成分"，既是针对句子构成的两大部分，也可视为词类分析的粗略二分。亚里士多德提出，最重要的组句单位是名词、动词和连接词（第三种成分），却是词类划分迈出的一大步。后来斯多噶学派、亚历山大里亚学派运用这些术语，指的是"词的语法分类"。

第二讲
词类在语法研究中不可回避

一 对词的不同分类

词是造句的基本单位。对于词，我们可以从不同的角度来加以分类。

（一）从语音上来加以分类，词可以分成：

单音节词，如：人、牛、猪、鸡、碗、书、纸、吃、看、走、红、甜、亮……

双音节词，如：人类、野兽、家禽、桌子、楼房、参观、比赛、干净、美丽……

多音节词，如：冰淇淋、拖拉机、红彤彤、平头百姓、奥林匹克、黑不溜秋、多米尼骨牌、副交感神经……

（二）从构词角度来加以分类，词可以分为：

单纯词，由一个语素构成的词。如：人、牛、车、走、写、高、大、垃圾、犹豫……

合成词，由两个或两个以上的语素构成的词，又可下分为三小类：

1. 重叠合成词，由词根重叠而成的合成词，如：爸爸、妈妈、星星、刚刚、悄悄……

2. 派生合成词，由词根加词缀构成的合成词，如：桌子、椅子、馒头、石头、看头、头儿、尖儿、老虎、阿爸……

3. 复合合成词，由词根与词根复合而成的合成词。根据词根与词根相互之间不同的组合关系看，又可以分为：

（1）偏正型，在意义上前一词根限制或修饰后一词根。如：同学、地铁、视力、奇迹、热情、热爱、广播、遥控、崭新、美观、深入、火红……

（2）支配型，前一词根表示动作、行为，后一词根表示动作、行为所支配的对象。如：将军、理事、举重、结果、签名、招生、挑战、建议、冒险、超群、动人、照旧、因此……

（3）补充型，在意义上后一词根补充说明前一词根，词的意义以前一个词根为主。这又分两种情况：

（a）前一词根表示动作，后一词根表示动作的结果或趋向。如：证实、纠正、充满、推广、降低、充实、收回、奋起……

（b）前一词根表示物件，后一词根是物件的计量单位。如：车辆、人口、布匹、书本、信件、纸张、花朵……

（4）陈述型，前一词根表示所陈述的对象，后一词根表示对对象的陈述。如：事变、花生、心得、夏至、神往、年青、面熟、心慌、锋利……

（5）联合型，由两个词根并列组合而成。根据两个词根意义关系的不同，又可以分成以下四种情况：

（a）两个词根的意义相同或相近。如：人民、朋友、功劳、拼搏、污染、爱好、简单、干净、清楚、孤单、刚才、自从……

（b）两个词根的意义相反。如：老小、今昔、春秋、表里、彼此、奖惩、往返、买卖、高下、动静、矛盾、迟早、反正、横竖……

（c）两个词根的意义相关。如：口齿、血汗、水土、心胸、河山、描写、印刷、零碎、辛酸、冷淡……

（d）表面看也是由两个词根并列组合而成，但其中一个的意义已经消失了，又称偏义复合词。如：国家、人物、窗户、质量、忘记……

（三）从词义上来加以分类，这又有不同的分类法：

1. 根据表示的意义的多少，将词分为单义词和多义词。语言中单义词的数量比多义词少。

2. 根据表示的意义相同、相近与不同的情况，将词分为同义词、近义词和反义词。同义词如：立即—马上、同意—赞成、疏忽—大意；近义词如：阻碍—障碍、俯视—鸟瞰、常常—往往；反义词如：好—坏、胖—瘦、前进—后退、主观—客观、骄傲—虚心。

（四）从词在语言词汇构成的地位与作用上来加以分类，又可以将词分为：

1. 传承词，指古代、近代汉民族语言词汇中流传下来而为现代汉语词汇所承接的词。简单地说，就是历史沿用的词。譬如，表示自然现象的名称，如：风、雨、雷、电、星、云、水、火、山、土、天、地……表示动作行为的，如：出、来、入、立、坐、射、走、跑……表示性质状态的，如：大、小、多、少、新、旧、黄、白、黑、老……

2. 新造词，也称"新词"，这是随着社会的发展变化而产生的新词。如：电脑、高铁、微信、美发、国企、外资、给力、脱贫……新造词以名词居多。

3. 外来词，从其他语言中借用来的词。这又分音译外来词，如：咖啡、扑克、雷达、模特儿、天妇罗、奥林匹克……意译外来词，如：超市、高速……音译加意译外来词，如：啤酒、卡车、摩托车、冰激凌……音译含意译外来词，如：可口可乐、引擎、幽默……还有日语借自汉语，汉语又从日语中借回来而意义有别的外来词，如：经济、文化、理论、文学……

还有其他种种分法。但是，以上对词的种种分类不能说对语法研究没有用处，却都不是研究语法、讲解语法所需要的词的类别。语法研究中所需要的是另一种词的类别。

二 语法研究中所需要的词类是"词的语法分类"

语法研究所需要的词类，是指"词的语法分类"。

语法分为词法和句法两大部分。词法研究词的构造规则，句法研究句子的构造规则。就"汉语来说，研究、学习句子的构造规则，要比研究、学习词的构造规则重要得多"（马真，1997）。

众所周知，词是句子的"建筑材料"，是造句的基本单位；而词如何造成句子，需遵守哪些规则、具体是什么样的规则，这是句法研究的内容。可见，研究语法具体说研究句法，不能不给词进行分类；研究语法所需要的词类是指"词的语法分类"。

"词的语法分类"，这怎么理解？任何语言都有成千上万个词。就汉语而言，现在通行的词汇量不下十万，常用词也有四五万。我们要研究语法，即研究词与词怎么根据一定的规则组合成句的规则，就必须对那众多的词进行适当的分类。不给词分类，就没有办法总结、概括出语法规则来。因此前辈学者，都不约而同地说：划分词类为的是研究语法，为的是讲语法的方便。早在20世纪50年代初期，吕叔湘、朱德熙（1952）就讲过，"区分词类，是为的讲语法的方便"。后来吕先生在《关于汉语词类的一些原则性问题》（1954）一文中，又重申了这个观点，明确地说："为了讲语句组织，咱们分别'词类'。"到70年代的《汉语语法分析问题》（1979）一书里，吕先生再次重申了这个观点，说"即便拿形态发达的语言来说，划分词类是为了讲语句结构这句话是对的"。陈望道（1978：38—39）也曾指出，划分词类就是"为了研究语文的组织，为了把文法体系化，为了找出语文组织跟词类的经常而确切的联系来"。王力（1955a）也说划分词类是"为了叙述上一些便利"。后来，邢公畹主编（1992）也说，"划分词类是分析语法的需要。由于语法有概括性，要说明语法结构模式，就得把结构成分按语法特点来进行归类，语法的组合必须按类说明"。胡明扬（1996）也说，"划分词类的目的是为了进行句法分析，词类和句法分析是互相依存不可分割的"。因此，词类问题是汉语语法研究中不可回避的问题。

再说，语法研究的事实表明，我们在语法研究中主要运用两类知识，一类是范畴知识，一类是规则知识。一般所说的名词、动词、形容词、副词、介词、连词等，就属于词类范畴知识；一般所说的主谓结构、述宾结构、述补结构、偏正结构、联合结构、复位结构等，就属于句法结构范畴知识；一般所说的主语、谓语、述语、宾语、补语、定语、状语、中心语等，就属于句法成分范畴知识。规则，则是从不同范畴之间的联系中总结概括出来的。譬如说，汉语的形容词可以直接做谓语。这一个句法规则就通过观察"形容词"这一词类范畴跟"谓语"这一句法成分范畴的联系，通过形容词跟"主谓结构"这一句法结构的联系，总结得出来的汉语中的一条语法规则。而且可有实例为证。如古汉语的"国富民强 | 山高水远 | 天长地久 | 风和日丽 | 心广体胖"等；现代汉语如：

　　他的力气大。

　　这件衣服漂亮！

　　那宝塔很高。

　　　　这孩子好可爱啊！

这条语法规则很重要，反映了汉语跟印欧语的不同——印欧语的句子必须要有动词，汉语的句子不是必须要有动词的。

　　可见，划分词类确实是为了能更好地总结、讲解语法规则。

　　还需明白，语言里的种种句法格式表面看都是许多具体词的序列，实质上都是词类的序列。例如"小王吃苹果"体现了"名词$_1$+动词+名词$_2$"这样一种句法格式，这样一种词类序列。"小王吃苹果"只是"名词$_1$+动词+名词$_2$"这种词类序列的一个实例。在这词类序列里深藏着语法规律，我们可以代入无数同类的词，造出无数同类的句子来，只要各个词之间意义上能搭配。如：

　　名词$_1$+ 动词 + 名词$_2$

　　爸爸　　修　　汽车。

　　姐姐　　洗　　衣服。

　　弟弟　　做　　作业。

　　李四　　看　　小说。

　　此外，我们都知道，任何语言里的词总是存在着二维关系，即组合关系和聚合关系（亦称"配置关系"和"会同关系"）。什么叫词的组合关系和词的聚合关系呢？不妨先看下面这个图（图2-1）：

	a	b	c	d	e	f
		组	合	关	系	
聚合关系	弟弟	把	杯子	打	破	了
	姐姐	把	衣服	洗	干净	了
	爸爸	把	自行车	修	好	了
	妈妈	把	饭	煮	煳	了
	春风	把	池水	吹	皱	了
	雷声	把	耳朵	震	聋	了
	……					
	名词	介词"把"	名词	动词	形容词	助词"了"

图2-1　词与词之间的二维关系图

上面是现代汉语里的"把"字句所呈现的词与词之间的二维关系。横向词与词之间的关系（如"弟弟""把""杯子""打""破""了"之间的关系）是组合关系，纵向词与词之间的关系（如a列"弟弟""姐姐""爸爸""妈妈""春风""雷声"之间的关系，d列"打""洗""修""煮""吹""震"之间的关系等，余者类推）是聚合关系。词和词按一定句法规则构成句法结构（如上面的"弟弟把杯子打破了"等句子所代表的"把"字句结构），这体现了词的组合关系；句法结构就是词的组合关系的产物，是词的组合物。将相同组合关系里处于相同语法地位的词归为一类（如上面图2-1里所归出的a、b、c、d、e、f各类），这体现了词的聚合关系，词类就是词的聚合关系的产物。具有相同语法功能的词总是聚合成类，供组合选择；而词的聚合关系又总是以词的组合关系为前提的。上面的词与词之间的二维关系图显示了现代汉语里"把"字句的典型格式和词类序列模式。

至此，我们大概都能明了"词类是词的语法分类"这句话的含义。由此也可以明了，词类问题确实是语法研究中不可回避的问题。

三　各家对现代汉语词的划分情况

汉语学界对现代汉语词的划分各不相同——划分出来的词类数目各不相同；对划分出来的词类的命名也不一样；对某些词的归属也各有差异。现将各家词类系统陈述如下：

中国第一部讲汉语语法的专著《马氏文通》（马建忠，1898）借鉴拉丁语语法学，把文言文的词先分为实字和虚字两大类，实字下再分为名字、代字、动字、静字、状字五类；虚字下再分为介字、连字、助字、叹字四类。

黎锦熙《新著国语文法》（1924）是第一部有影响的系统研究现代汉语语法的著作，该书借鉴英语语法学将现代汉语的词分为五类九品，即：（一）实体词，下分（1）名词、（2）代名词；（二）述说词，就（3）动词；（三）区别词，下分（4）形容词、（5）副词；（四）关系词，下分（6）介词、（7）连词；（五）情态词，下分（8）助词、（9）叹词。

吕叔湘《中国文法要略》（1942，1944）将词分为两大类七小类：（一）实义词，下分（1）名词（含方位词、时间词）、（2）动词（含助动词）、（3）形容词；（二）辅助词，下分（4）限制词（即副词）、（5）指称词（含代词、数词和量词）、（6）关系词（包括后来一般所说的介词、连词和部分助词，之、的、所等）、（7）语气词（包括后来一般所说的语气词、语气副词和感叹词）。

王力《中国现代语法》（1943，1944）将汉语的词分为四大类九小类，外加"记号"：（一）实词，下分四小类，（1）名词、（2）数词、（3）形容词、（4）动词；（二）半实，就（5）副词；（三）半虚词，下分两小类，（6）代词、（7）系词；（四）虚词，下分两小类，（8）联结词、（9）语气词；另加"记号"（包括现在一般说的词缀和助词中的"所""的"）。

高名凯《汉语语法论》（修订版）（1957）对汉语词的分类与众不同，别具一格。图2-2（见下页）是高先生自己制作的词类系统表。

吕叔湘、朱德熙《语法修辞讲话》（1952）将汉语的词分为两大类十一小类：（一）实词，下分（1）名词、（2）动词、（3）形容词三小类；（二）虚词，下分（4）副名词（即量词）、（5）副动词（即介词）、（6）数词、（7）代词、（8）副词、（9）连接词、（10）语气词、（11）象声词八小类。

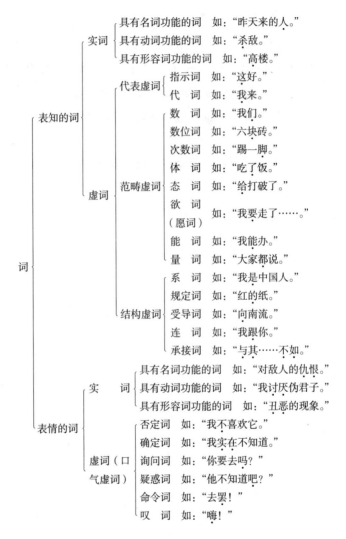

图2-2 高名凯《汉语语法论》词类系统

　　丁声树等《现代汉语语法讲话》（1952，1953）将汉语的词直接分为十类：（1）名词（含处所词、时间词、方位词）、（2）代词、（3）数词、（4）量词、（5）动词（含助动词，次动词，即介词）、

（6）形容词、（7）副词、（8）连词、（9）语助词、（10）象声词。《现代汉语语法讲话》将量词从名词中独立了出来；未提及"的、所、之、似的"这类一般所谓的结构助词。

　　由张志公先生主持制定的《暂拟汉语教学语法系统》（1956）把汉语词类分为十一类：名词、量词、代词、动词、形容词、数词、副词、介词、连词、助词、叹词。1984年重新修订为《中学教学语法系统提要》（1984），增加拟声词一类，这个十二类的词类体系在语文教育领域影响较大。

　　朱德熙《语法讲义》（1982a）将汉语的词分为三大类十七小类：一是实词，下分（一）体词，再细分为（1）名词、（2）处所词、（3）方位词、（4）时间词、（5）区别词、（6）数词、（7）量词、（8）代词[①]；（二）谓词，再分为（9）动词、（10）形容词。二是虚词，下直接分为（11）副词、（12）介词、（13）连词、（14）助词、（15）语气词。三是另类，包括（16）拟声词和（17）感叹词。朱德熙先生除了将处所词、方位词、时间词从名词中分出来之外，还将区别词从形容词中分出来独立成类。

　　郭锐在《现代汉语词类研究》（2002）里将词分为六大类二十小类，即：谓词一大类，包括动词、形容词、状态词；体词一大类，包括名词、量词、方位词、时间词、处所词；饰词一大类，包括区别、数词、数量词、指示词[②]、副词、拟声词；虚词一大类，包括

---

　　① "代词"又一分为二：一是"体词性"代词，如"我、谁、这、那、什么"等，归入"体词"类；二是"谓词性"代词，如"这么、怎么样、怎么"等，归入"谓词"类。见朱德熙《语法讲义》§3.6。

　　② 主要包括一般所说的指示代词，也包括不定指（某）、任指（每、任何）、另指（另、另外、其他、又）、唯指（唯一）、序指（上、下、前、后、头）和同指（同）。参看郭锐《现代汉语词类研究》§8.7.4。

介词、连词、语气词、助词；叹词和代词各为一大类。

袁毓林、马辉、周韧、曹宏《汉语词类划分手册》（2009）将词划分为十八类，具体是：名词、时间词、方位词、处所词、动词、形容词、状态词、区别词、数词、量词、代词、副词、介词、连词、助词、语气词、感叹词、拟声词等。

现在看看在教学领域里有很大影响的相关教材的词类划分情况。

胡裕树主编的《现代汉语》将汉语的词分为十三类：名词、动词、助动词、形容词、数词、量词、副词、代词、连词、介词、助词、语气词、叹词。

黄伯荣、廖序东主编的《现代汉语》将汉语词分为十四类：名词、动词、形容词、区别词、数词、量词、副词、代词、连词、介词、助词、语气词、叹词、拟声词。

北京大学中文系现代汉语教研室《现代汉语》把状态形容词独立为状态词，但仍把处所词、方位词、时间词归回名词，共计十五类：名词、动词、形容词、状态词、区别词、数词、量词、代词、副词、介词、连词、助词、语气词、感叹词、拟声词。2012年的增订本照旧是十五类，只是将"感叹词"改为"叹词"。

张斌主编的《现代汉语》将汉语的词分为十三类：名词、动词、形容词、数词、量词、副词、代词、连词、介词、助词、语气词、叹词、象声。而张斌主编的《现代汉语描写语法》先根据"能不能单独充当句法成分"将词分为实词和虚词——"能充当句法成分的词，统称为实词"；"不能单独充当句法成分的词，统称为虚词"。实词共有八类：名词、动词、形容词、数词、量词、区别词、代词、副词；虚词共有四类：介词、量词、助词、语气词。另外有两类特殊的词类：象声词和叹词。

邵敬敏主编的《现代汉语通论》将汉语的词分为三大类十四小

类：（一）主体词，包括名词、动词、形容词；（二）功能词，包括数词、量词、代词、区别词、副词、拟声词、叹词；（三）虚词，包括介词、连词、助词、语气词。

汉语辞书，原先对每个词基本上是不标注词类的。2005年《现代汉语词典》（第5版）根据读者的迫切希望和信息时代对汉语辞书的新要求，开始对所收录的词进行全面词类标注。《现代汉语词典》将词分为十二类：名词、动词、形容词、数词、量词、代词、副词、介词、连词、助词、叹词、拟声词。名词设两个附类"时间词"和"方位词"；动词设两个附类"助动词"和"趋向动词"；形容词设两个附类"属性词"和"状态词"；代词分三小类"人称代词""指示代词"和"疑问代词"。具体标注是，大类用简称外加方框表示，附类或小类用文字说明。例如：

刚才　名　时间词

能够　动　助动词

回去　动　趋向动词

雪白　形　状态词

国营　形　属性词

我们　代　人称代词

《现代汉语规范词典》也对词进行了词类标注，将词分为十三类：名词、动词、形容词、区别词、数词、量词、代词、副词、介词、连词、助词、叹词、拟声词。

《现代汉语语法信息词典》则将词分为十八个基本词类：名词、时间词、处所词、方位词、代词、动词、形容词、状态词、区别词、数词、量词、副词、介词、连词、助词、语气词、拟声词、感叹词。

四 各家在词类划分上的差异

从上可以看出，各家在划分汉语词类上呈现纷繁复杂的差异。

一是词类数目不一样，这无须再细说。

二是词类粗细不一样，同为"名词"，各家所涵盖的词不一，有的包括处所词、时间词、方位词，有的不包括。同为"动词"，一般都包括助动词，有的不包括；一般不包括介词，有的包括。同为"形容词"，有的包括状态词、区别词，有的不包括；有的只包括状态词，不包括区别词。

三是同一类词称呼（或者说命名）不一，例如"介词"，有的称"副动词"，有的称"次动词"；"量词"，有的称"副名词"，有的称"数位词"。

四是有的词所归入的类不一，最典型的是对定语和中心语之间的"的"处理不一：《新著国语文法》将"黄河的桥 | 太阳的光"里的"的"归入"介词"，将"卖花的"里的"的"归入"代词"（称为"联接代名词"）。《中国文法要略》将"的"均归入"关系词"；《中国现代语法》归入"记号"；《汉语语法论》称为"规定词"；《现代汉语语法讲话》未提及；《语法讲义》归入助词。

不仅不同学者、不同类型的著作对所分词类数目不一，甚至同一位学者在不同著作中所分的词类数目还不一样。例如吕叔湘先生，在《中国文法要略》中将汉语的词分为名词、动词、形容词、限制词（副词）、指称词（称代词）、关系词（包括介词、连词和"之、的、所"等助词）、语气词（包括语气副词和感叹词）等七类；在《语法修辞讲话》中分为名词、动词、形容词、副名词（即量词）、副动词（即介词）、数词、代词、副词、连接词、语气词、象声词等十一类；到《汉语语法分析问题》将汉语的词分为名词、方位词、量词、动词、形容词、副词、代词、介词、连词、助词等十类；而在《现代汉语八百词》里所附的由吕先生执笔的《现代汉语语法要点》又将词分为名词、方位词、数词、量词、指代词、形容词、副词、介词、连词、助词、叹词、象声词等十二类。

五 为什么各家所划分的词类状况不一？

为什么各家划分所得的词类数目不一样呢？就表面所能看到的原因是分类的粗细有别，用现在的话来说，"颗粒度"不一样。不妨选择几家的词类看看。

（一）黎锦熙《新著国语文法》的词类

1.名词。

2.形容词包括数词、数量词（不包括动量成分，合称为"数量形容词"；量词不另立类），还包括指示代词"这/那"（称为"指示形容词"）和疑问代词"什么/几/多少"（称为"疑问形容词"）。

3.副词包括一般所说的时间名词（称为"时间副词"），方位词、处所名词（称为"地位副词"），状语位置上的形容词（称为"形态副词"），动量成分（与"又/再/也/再三/屡次/大约/几乎"等一起称为"数量副词"），以及做状语、补语的疑问代词（称为"疑问副词"）。

4.介词包括"名+的+名"里的"的"。

（二）吕叔湘《中国文法要略》的词类

1.名词，不包括时间名词、处所名词、方位名词。

2.形容词，包括后来一般说的状态词、区别词。

3.限制词（副词），虽指明即为"（副词）"，实际包括时间名词、处所名词、方位名词。

4. 指称词（称代词），虽指明为"（称代词）"，实际包括数词、量词。

5. 关系词，其他各家都没有这个词类，这类词实际包括一般所说的介词、连词和部分助词（如"之、的、所"等）。

6. 语气词，实际还包括一般所说的语气副词和感叹词。

（三）朱德熙《语法讲义》的词类

1. 名词，不包含处所词、方位词、时间词，这三小类各独立为与名词平起平坐的词类。

2. 区别词，从传统的形容词中分离出来独立成一个词类。

3. 形容词，还包含现在一般说的状态词。

4. 副词，第一次明确定义为"只能做状语的词"。

（四）郭锐《现代汉语词类研究》的词类

1. 将形容词彻底细分为形容词、状态词、区别词独立的三类。

2. 名词，接受朱德熙先生的处理，将方位词、时间词、处所词各独立为一个词类。

3. 量词、数词之外，独立设"数量词"一类。

（五）胡裕树主编《现代汉语》的词类

1. 名词，包含时间名词、处所名词、方位名词。

2. 动词，将助动词分离出来独立成为一类"助动词"。

3. 形容词，包含现在一般说的状态词、区别词。

（六）北京大学中文系现代汉语教研室《现代汉语》的词类

1. 名词，仍包含处所词、方位词、时间词。

2. 形容词，细分为形容词、状态词、区别词独立的三类。

各家划分的词类之所以会粗细不一样，我想原因有四：

其一，最重要的一个原因是，各家划分词类的依据和具体标准不一致。就拿形容词来说，黎锦熙《新著国语文法》确定形容词的标准是："是用来区分事物之形态、性质、数量、地位的，所以必附加于名词之上。"依据这一标准，所以会将数词、指示代词、疑问代词归入形容词。朱德熙《语法讲义》确定形容词的标准是："凡受'很'修饰而不能带宾语的谓词是形容词。"根据这一标准，当然就不会将数词、指示代词、疑问代词归入形容词。另外，不是每一家都明确交代自己划分汉语词类的依据与具体划类标准。丁声树等《现代汉语语法讲话》就没有明确交代根据什么标准划定形容词，从所举的例词看，并不包括"通红、雪白、红彤彤、黄灿灿"和"正、负、单、双、国营、私营、双边、多边"这些词。这些词属于哪个词类？也没交代。在郭锐《现代汉语词类研究》，袁毓林、马辉、周韧、曹宏《汉语词类划分手册》和北京大学中文系现代汉语教研室《现代汉语》，则明确将前者独立一类为状态词，将后者也独立一类为区别词。显然，划类依据和标准不一，划分所得词类数目自然就不会相同。

其二，对划类标准把握的严格程度不一样。譬如朱德熙《语法讲义》，上面说了，确定形容词的标准是："凡受'很'修饰而不能带宾语的谓词是形容词。"可是朱先生并没有严格把握这一标准，他将"通红、雪白、红彤彤、黄灿灿"也划入形容词，作为形容词下的一小类，称之为"状态形容词"（符合标准的称之为"性质形容词"）。然而，这些词虽不能带宾语，但都不能受"很"修饰（*很通红、*很雪白、*很红彤彤、*很黄灿灿），划入形容词不符合确定形容词的标准。而郭锐《现代汉语词类研究》，袁毓林、马辉、周韧、曹宏《汉语词类划分手册》和北京大学中文系现代汉语教研室《现代汉语》，严格把握确定形容词的标准，就将《语法讲义》所说的形容词分为独立的两类——"性质形容词"称之为"形容词"，"状态形容词"称之为"状态词"。这样，在词类数目上就有差异。

其三，划类的用途不一。面向一般的语法学习所需要的词类，跟面向语法研究所需要的词类，跟面向中文信息处理需要的词类，跟面向辞书给词标注词类需要的词类，都不会一样。

其四，跟有的词类，如早先说的"名词""形容词""助词"等"要不要细分"以及"细分到什么程度"有关。（是否要细分，细分到什么程度，见下一讲。）

第三讲
在汉语语法研究中词类一直是令人纠结的问题

词类是语法研究中不可回避的问题，可是在现代汉语语法研究中，词类一直令人纠结。这主要在对实词的分类上，具体体现在以下三方面：

一 纠结，首先在划分词类的依据上

划分词类得依据什么？这一直是语法学界有争议、令人纠结的问题。

中外学界曾提出过三种区分词类的依据：一是词的形态；二是词的句法功能，即语法功能；三是词的意义。学界对划分汉语词类的依据，各家的想法就不一致。坚持单一依据的很少，最有代表性的是王力、高名凯、朱德熙三位先生。

主张按概念意义划分词类的代表人物是王力先生。这在王先生20世纪40年代出版的《中国语法理论》里讲得很清楚。请看：

词可分为两大类：凡本身能表示一种概念者，叫做实词；

凡本身不能表示一种概念，但为语言结构的工具者，叫做虚词。

实词的分类，当以概念的种类为根据；虚词的分类，当以其在句中的职务为根据。

不过到 50 年代，王先生虽然还认为"词义对于划分词类的重要性"，但已承认"如果单凭概念的范畴分别词类，就会造成了所谓'世界文法的通规'，而埋没了语言的民族特点"（王力，1955b）。所以他在 1955 年发表的《关于汉语有无词类的问题》一文中反思了自己原先在《中国语法理论》里的观点。他说：原先在《中国语法理论》里所说的"至于中国的词呢，它们完全没有词类标记，正好让咱们纯然从概念的范畴上分类，不受形式的约束"的话是"错误的"，"是一种形而上学的观点"。王力先生最后得出了这样的结论：

由上文看来，可以得到汉语划分词类的三个标准：

第一，词义在汉语词类划分中是能起一定作用的，应该注意词的基本意义跟形态、句法统一起来；

第二，应该尽先应用形态标准（如果有形态的话），这形态是包括构形性质的和构词性质的；

第三，句法标准（包括词的结合能力）应该是最重要的标准，在不能用形态标准的地方，句法标准是起决定作用的。

但改变观点后的想法，只是意义、形态、句法功能都要考虑，并没有具体说明到底如何依据这三个标准来划分汉语词类。

主张按形态划分词类的代表人物是高名凯先生。高先生认为，"如果我们能够找到汉语的词有形态变化，那末，汉语就有词类的分别了"。高先生坚持汉语实词不能分类，其三段论是：

实词的词类是按形态划分的；［大前提］

汉语的实词没有形态；［小前提］

所以汉语的实词不能分类。［结论］

高先生的观点后来也有所变化，参看《关于汉语实词分类问题》

（1960b）、《汉语语法研究中的词类问题》（1963b）。关于高先生的汉语词类观我们将在第十讲详细介绍与论述。

主张按词的语法功能（精确的说法是按词的语法分布）划分词类的代表人物是朱德熙先生。朱先生在《语法讲义》（1982a）和《语法答问》（1985）中都特别强调："根据词的意义来划分词类是行不通的"，"有的语言可以借助于词的形态变化来划分词类。……汉语不像印欧语那样有丰富的形态。因此给汉语的词分类不能根据形态"。"划分词类的根据只能是词的语法功能。"所谓词的语法功能，"简单一点说，指的是词和词之间的结合能力"，"精确的说法是语法功能或分布"。

其余诸家都认为词的意义、形态、词的语法功能都要考虑。具体怎么考虑，没有一个一致的意见。

划分词类的依据不一，划分出来的词类数目自然就不一样。

二　到底如何看待形态、意义、语法功能这三方面的依据?

从理论上来说，这三种依据中的任何一种，似乎都可以成为我们划分词类的依据。但就划分汉语词类来说，在具体操作时，最佳的依据确实是词的语法功能。为什么? 不妨具体分析一下。

第一种依据，词的形态。这里所说的"词的形态"并非苏联学者龙果夫所说的"形态"，仅指词的词形标记和形态变化。"词的形态"，对印欧语那样的形态语言来说很适用，可是对汉语并不适用，因为汉语属于"非形态语言"。"词的形态"依据虽好，但用不上。

第二种依据，词的意义。现在大家都比较同意，划分词类所依据的词的意义是指词的"语法意义",而不是指的"概念意义"。[①]

就词的语法意义而言,通常说,名词表示事物,动词表示行为动作或变化,形容词表示性状,那么似乎可以依据词的语法意义给词分类——表示事物的词是名词,表示行为动作或变化的词是动词,表示性状的词是形容词。然而我们要知道,意义,即使是语法意义,极为复杂,难以实际操作。因为无论是"表示事物"还是"表示行为动作或变化",还是"表示性状",实际存在不同层次、不同平面的语法意义。因此,依据词的语法意义来划分汉语词类,理论上说似可以,可是难以操作,实际上是行不通的。关于这一点,朱德熙、卢甲文、马真《关于动词形容词"名物化"的问题》(1961)有很透彻的论述,详见本书第十一讲。

这样说来,划分汉语词类得运用第三种依据,即依据词的语法功能来给现代汉语里的词分类。但这决不是无可奈何的做法,而是完全有科学理据的。[②]

理据之一,从划分词类的目的来认识。我们在第二讲里已经说明,划分词类为的是研究语法、讲语法的方便。前辈学者陈望道、吕叔湘、王力等诸位先生都这样认为。他们的看法是实事求是的,符合实际情况的。我们划分词类确实就是为了研究语法、讲解语法。这里要明白的是,语言里的种种句法格式表面看都是许多具体词的序列,实质上都是词类的序列。例如"小王吃苹果"体现了

---

① 要说词的概念意义跟划分词类有什么关系,那么正如朱德熙先生在《语法答问》贰"词类"里所说的:"严格说起来,词义是没有地位的。不过有一点应该说明。从理论上说,划分词类只能在确定了词的同一性问题的基础上进行。在确定词的同一性问题的时候,当然要考虑意义。"

② 参看陆俭明《现代汉语语法研究教程》任何一版。

"名词₁+动词+名词₂"这样一种句法格式，这样一种词类序列。"小王吃苹果"只是"名词₁+动词+名词₂"这种词类序列的一个实例。在这个词类序列里我们可以代入无数同类的词，造出无数同类的句子来。

既然划分词类是为了研究和讲解语句组织，而每个语句组织实质上都是一种词类序列，因此划分词类根据词的语法功能，这是理所当然的。

理据之二，任何语言里的词和词之间总存在着二维关系——词的组合关系和词的聚合关系（亦称"配置关系"和"会同关系"）。从词的二维关系——组合关系和聚合关系来认识，词类确实是按照词在句法结构中起的作用（即词的语法功能）所分出来的类。既然如此，划分词类以词的语法功能为依据，这也是理所当然的。关于这一点在第二讲已作了说明。

理据之三，正如在第二讲中已经指出的，语言里的种种句法格式表面看都是许多具体词的序列，实质上都是词类的序列。在这词类序列里深藏着语法规律，而语法规律都是以词的语法功能为基础的。

最后要说明两点：其一，词的语法意义虽不能作为划分词类的依据，但词的语法意义跟词类还是有不可忽视的关系。有的词类，如数词、量词，虽然可以根据其语法分布来加以确定，但我们可以从意义上一下子认定。其二，正如朱德熙先生在《语法答问》（1985：11）里所指出的，"语法性质相同的词，意义上往往有共通之处。通常说名词表示事物，动词表示动作、行为、变化，形容词表示性质、状态之类的话虽然不够准确，大体上也不算错"。只是"不能倒过来说"。

三 纠结，具体在实词的分类上

对虚词的分类虽然也有一些分歧，但对虚词分类的依据，看法比较一致，如王力先生所说"当以其在句中的职务为根据"，即按其语法功能分类。汉语词类划分所以令人纠结具体在实词的分类上。

高名凯先生一直坚持汉语实词不能分类，无论先前坚持以形态作为划分词类的依据，还是后来改变主张，认为可以将语法意义作为划分词类的依据，始终认为汉语实词不能分类。具体见本书第九讲。

大多数学者认为汉语实词可以分类，而且大多主张按词的语法功能给实词分类。但是，确实也有犯难之处。

首先，名词、动词、形容词有时确实不好分。不妨举些例子来说：

1. 动词和名词的界限。请看：

（1）汪厂长在会上向大家报告了上半年的产销情况。

（2）这个报告令人鼓舞。

（3）你就如实向上级打报告。

（4）这报告内容有理有据，理论性也很强。

这四句话里的"报告"是动词，是名词，还是形容词？可能就会引发争议。原因有四：

其一，我们对词类的认识，包括所用的概念、术语借鉴自印欧语语言学，可是印欧语是"形态语言"，汉语则属于"非形态语言"，无法从词的外部形式来加以分类，可是我们的词类观念是西方的。

其二，词类跟句法成分的关系，汉语不像印欧语那样一一对应。汉语的名词、动词、形容词给人"满天飞"的感觉。用朱德熙先生的话来说，汉语词类跟句法成分是"一对多的对应"。具体看本书第十讲。

其三，汉语在共时平面上存在着不同的历史积淀和领域层次，这也影响对词的归类。历史积淀方面，譬如，"依然"在现代汉语白话层面是副词，因为只能做状语，例如："这个国家的经济状况依然没有什么变化。"但是，在书面上也常见"风采依然 | 景色依然"等说法。这里的"依然"《现代汉语词典》就注为"动词"，而这是文言用法的遗留。"杯"在现代汉语里都作量词处理，可是也常说"喝完杯中酒 | 杯中有奥秘"，这里的"杯"是名词用法，然而这也是文言用法的遗留。领域层次差异方面，例如"金"，在日常用语中只说"金子"不说"金"；"金"不能做主宾语，只能做定语（如"金戒指""金手镯"），或跟助词"的"构成"的"字结构（如"金的"）。按这种语法功能特点，应将"金"划入区别词。可是，在化学领域中，可以说：

（5）金不能跟这些元素化合。

（6）汞比金还重。

（7）增加 0.01 克金。

按此功能，可将"金"归入名词。再如"叶"，在日常用语中只说"叶子"不说"叶"，"叶"应分析为不成词语素。可是在生物学里，"叶"是成词语素，可单独成词做主语，受定语修饰。例如：

（8）枇杷树全身是宝，叶可以入药。

（9）枇杷树的叶煎汤喝可以治咳嗽。

"叶"可以归入名词。

其四，以往讨论汉语词类问题时，大家都只举些典型例子，未作踏踏实实的全面考察，难免会各执一端，以偏概全。

因此，现代汉语词类问题在汉语语法学界一直有争议，存在不

39

同的汉语词类观，一直是一个令人纠结的问题。两次词类问题大讨论也充分反映了这一点。

汉语词类问题还有一个纠结之处，那就是某些词类要不要细分的问题。

（一）名词要不要再细分？

请先看例词：

（10）A.学生、老虎、蝴蝶、松树、韭菜、桌子、汽油、空气、文学、友谊……

B.今天、明年、元旦、明代、星期一、春节……

C.上海、东城区、王府井、隔壁、门口……

D.上、下、里、外、前、后、左边、东方、南面……

对于A组词，大家都把它归入名词，没有不同意见；对于B、C、D组词，一般都把它们归入名词。丁声树等《现代汉语语法讲话》也把它们归入名词，但单独提出来，看作是名词里的特殊的三小类词；朱德熙先生在《语法讲义》里则索性将它们各自独立成类，跟名词平起平坐。朱德熙先生这样做是有一定道理的。首先，我们应该承认，B、C、D三组词，有它们自己的特点。譬如从语法意义上看，不是表示一般的事物，而是分别表示抽象的时间、处所、方位；从语法功能上看，能直接做介词"在""到""从"的宾语，构成介词结构，这是一般名词所不具备的。例如：

（11）在今天出版 | 在上海出版 | 在左边晃动

到今天才来 | 到上海去买 | 到左边看看

从今天开始 | 从上海出发 | 从左边观察

另外，能分别用"这儿/这里""那儿/那里""这会儿"指代，能分别用"哪儿/哪里""多会儿"提问，而这都是一般名词所不具备的。

因此，对这些词有特别注意的必要，朱德熙先生把它们从传统的名词类里边分出来，分别单独立类是有一定道理的。但是，考虑到它们各自包含的词的数量太少，再说，对于它们的特殊性也可以用其他方式来显示，不一定非得将它们单独立为一类，所以北京大学中文系现代汉语教研室《现代汉语》还是将它们归入名词，但又指明"今天、元旦""北京、杭州""里头、下面"可分别单独称为"时间词""处所词""方位词"。这样处理既注意到了这些词的特殊性，又不至于增加总的词类数目。

（二）形容词要不要再细分？

也请先看例词：

（12）a. 大、甜、绿、勤快、认真、小气、谦虚……

b. 通红、煞白、红通通、黄灿灿、糊里糊涂、黑咕隆咚……

c. 荤、温、野生、国营、急性、慢性、框式、微型……

对上面列出的三组词，在分类处理上，存在着三种不同的意见：

其一，归为一个类——形容词。内部再分三小类：性质形容词（含a组）、状态形容词（含b组）、非谓形容词（含c组，即"区别词"）。

其二，分为并列的两类——形容词（含a组和b组）和区别词（含c组）。形容词再分两个小类：性质形容词（含a组）、状态形容词（含b组）。

其三，分为并列的三类——形容词（含a组）、状态词（含b组）、区别词（含c组）。

上述三种意见，各自考虑的出发点不同。

第一种意见，主要是从它们所表示的语法意义上来考虑的，这些词都表示性质、状态。也考虑了它们的语法功能，那就是它们都能做定语。

第二种意见，更多地考虑到了它们的语法功能，认为c组词在语法功能上跟a、b两组词有很大不同。c组词的语法功能很窄，除了做定语，或跟助词"的"构成"的"字结构外，再没有别的语法功能。但认为a、b两组词在意义上密不可分，语法功能上也比较接近，所以仍把a、b两组词归为一类。

第三种意见，纯粹从它们各自的语法功能上来考虑，认为a、b、c三组词的语法功能除了做定语这一点以外，其他方面差异很大。而做定语在汉语里并非形容词所独有的语法功能。a、b、c三组词语法功能上的不同可列表比较如下（以a、b、c三组词里的"虚心""煞白""微型"为例）：

（13）	a. 虚心	b. 煞白	c. 微型
主　语	虚心使人进步	—	—
谓　语	他这个人虚心	她的脸煞白	—
补　语	学得虚心	她的脸气得煞白	—
带补语	虚心得过了头	—	—
定　语	虚心态度	煞白的脸	微型电脑
很～	很虚心	—	—
不～	不虚心	—	—
构成"的"字结构	虚心的能学到东西	—	（买）微型的

42

而做定语不能认为是这些词的"专利"，事实上汉语里做定语能力最强的还不是这些词，而是名词。一般名词都能直接去修饰一个名词，而自身又能受另一个名词的修饰。例如：

（14）桌子规格　　塑料桌子　　泡沫塑料　　……

（15）规格说明书　说明书内容　内容问题　　……

此外，相当数量的双音节动词也能直接做名词的定语。例如：

（16）参观人数　游泳姿势　研究课题　学习方式

　　　跟踪路线　选举制度　调查提纲　盗窃集团

　　　检查时间　增长速度

对于上述三种不同的处理意见，我们应该怎么看呢？

应该说第一种意见是最不可取的，因为如果接受第一种意见，由此定出的所谓"形容词"就不具有"对外有排他性"的自身语法特点，因为正如上面已经指出的，虽然"做定语"这一点对其内部有一致性，但是这并非它所特有的。从分类的角度说，这无疑违反了"所有'划分子项'的共性必须只有'划分母项'所有，而不能与'划分母项'同级的其他项也具有"这一原则。

从严格遵守词类分类依据的角度看，第三种意见是最为可取的，因为这a、b、c三组词的语法功能确实有重要的区别。

当然，分类有一定的相对性。考虑到不同方面的用途，特别是从教学语法（含汉语二语教学用的参考语法）角度说，采用第二种分类意见，即将a、b两组词合为一类称为形容词，将c组词称为区别词，也是可以的。

（三）助词要不要再细分？

所谓"助词要不要再细分"，实际是指"吗""呢""吧""啦""呗"等专门表示语气的助词（一般称为"语气助词"）要不要从助词里边分出来单独立类。就目前的发展趋势看，大家都越来越倾向于将语气助词从助词里边分出来单独立类，称为"语气词"。理由是：

其一，从语法意义上来看，这些词专门表示某种语气；

其二，从语法功能上来看，这些词主要是附在句子的末尾；

其三，从韵律上来看，这些词之后一定有停顿。

这就是说，这些词的特点比较鲜明，而且语气词是汉语词汇和语法上的一大特点。我国第一部汉语语法专著《马氏文通》（1898），就已注意到，因此明确指出此乃"华文所独也"。

说到语气词，有人把"简直""偏偏""难道"等这样一些表示语气的副词也归入语气词。我们觉得这样做不好。固然"简直""偏偏""难道"等也能表示语气，但是这些词跟"吗""呢""吧""啦""呗"等有极为重要的区别：第一，"简直""偏偏""难道"等能做句法成分（做状语），而"吗""呢""吧""啦""呗"等不能做句法成分。第二，"简直""偏偏""难道"等跟别的词语发生组合时总是前置（即总是处于前面的位置），而"吗""呢""吧""啦""呗"等总是后置（即总是处于后面的位置）。有鉴于此，不宜将这两种词放到一个类里去。

第四讲
关于汉语词类问题的两次大讨论

上面说了，词类是语法研究不可回避的问题，是汉语语法研究中令人纠结的一个问题，也是最受学界普遍关注而又最有争议的问题。在现代汉语语法学史上，汉语词类问题曾发生过两次大的讨论。一次发生在20世纪30年代末到40年代初，一次发生在50年代中期。梳理、评述这两次汉语词类问题大讨论，可以帮助我们回顾历史，从中吸取一些经验、教训，以助于推进汉语词类问题的研究。

一 第一次词类问题大讨论

第一次汉语词类问题大讨论发生在"中国文法革新讨论"之中，因此有必要在此对"中国文法革新讨论"略作介绍。

"中国文法革新讨论"具体发生在1938年10月至1943年3月。爆发"中国文法革新讨论"是有个学术背景的。具体说，马建忠《马氏文通》（1898）的面世标志着中国现代语言学的诞生，黎锦熙《新著国语文法》（1924）的出版标志着现代汉语语法学在中国的诞生。但是众所周知，《马氏文通》模仿的是拉丁语语法，《新著国语文法》模仿的是英语语法。学界称这一时期为"模仿语法时期"。（林玉山，1983：1；龚千炎，1987：65）这两部语法著作往往因其模仿而为人诟病。当然，"早期的语法著作大都以印欧语法为蓝本，这在当时是难以避免的"（朱德熙，1982/1999）。[1] 但是，汉语和印欧语毕竟是很不相同的语言，印欧语是"形态语言"，汉语是"非形态语言"，所以在许多方面表现出二者的根本区别。重要的如，印欧语名词、动词、形容词的区别是由词的不同的形态标记和入句后不同的形态变化体现出来的，而汉语的名词、动词、形容词的区别不体现在词形上。再如，印欧语作为一个句子一定有个定式动词做谓语，在定式动词之前，一定要有个由名词性词语充任的主语，而做主语的名词语和定式动词在人称、性、数、格上要有一致的关系；汉语则没有这种形式上的规定。显然，一味地模仿，不适当地比附，必然给汉语语法研究带来极为消极的影响。进入20世纪30年代，汉语学界就意识到这个问题，王力先生于1936年在《清华学报》11卷第1期上发表了《中国文法学初探》一文，公开质疑和批评《马氏文通》和因袭《马氏文通》的语法著作模仿西洋语法的做法，倡导跟其他语言作比较研究，"努力寻求中国文法的特点"。1937年王力先生又在《清华学报》12卷第1期上发表《中国文法中的系词》一文，论证说明古代汉语不用系词。这实际指出了汉语语法与西洋语法一个很重要的不同——汉语句子不一定要有动词做谓语。王力先生这两篇文章在汉语语法学界引起极大的反响。有学者认为，这两篇文章实质上是"中国文法革新的宣言书"，是"文法革新大讨论的前奏"。（龚千炎，1987）1938年10月终于爆发了"文法革新讨论"。这次讨论的规模不小，陈望道、傅东华、金兆梓、方光焘、张世禄、汪馥泉、陆高谊、许杰、廖庶谦等诸位先生都投入了讨论。大家就

---

① 商务印书馆20世纪80年代出版了汉语语法丛书，丛书包括马建忠《马氏文通》、陈承泽《国文法草创》、金兆梓《国文法之研究》、黎锦熙《新著国语文法》、杨树达《高等国文法》、陈望道等《中国文法革新论丛》、何容《中国文法论》、吕叔湘《中国文法要略》、王力《中国现代语法》和高名凯《汉语语法论》等10部著作。

如何革新语法研究、如何缔造汉语语法体系等问题，各抒己见，展开了热烈的讨论。讨论历时四年半；从地域上看，涉及的范围"相当大，由上海而香港，而重庆，而广东、广西，几乎遍及整个的南中国"（陈望道，1943c）。发表讨论文章的刊物有《语文周刊》《东方杂志》《学术杂志》《文理月刊》《理论与实践》《复旦学报》《读书通讯》等。（林玉山，1983）讨论的目的非常明确，就是要"以科学的方法谨严的态度缔造中国文法体系"（陈望道，1943c）。这次讨论涉及多方面大大小小的问题，诸如新汉语语法体系构建问题、文法研究对象问题、汉语性质问题、汉语词类问题、汉语形态问题、汉语有无词尾问题、研究文法是否要以句子意义为骨架的问题、汉语的语序问题、汉语欧化问题、白话文与文言文关系问题等。其中讨论得最多、最热烈的还是词类问题。[①] 这就是第一次汉语词类问题大讨论，讨论内容大致可以概括为三方面：

内容之一，汉语需要一个什么样的词类体系？

傅东华先生于1938年10月26日在《语文周刊》16期上发表《一个国文法新体系的提议》一文，主要是提出了一个新的汉语词类体系。傅先生将汉语的词分为八大类，具体如下：（一）名词；（二）言词（即一般所说的动词）；（三）训词（即一般所说的形容词）；（四）指词（即代词）；（五）助词（含一般所说的副词、助动词）；（六）系词（含介词、连词和同动词）；（七）语词（含语气词和"之""的"一类词）；（八）声词（即感叹词）。傅先生对各类词的命名与《马氏文通》《新著国语文法》迥然不同。其命名或采墨子、荀

----

① 关于这次文法革新讨论，参与讨论的文章，收有两种集子：一是上海学术社《中国文法革新讨论集》（学术·第二辑），1940年；一是陈望道等《中国文法革新论丛》，重庆文聿出版社，1943年。参林玉山（1983）。

子之言，或据《尔雅》《说文》训诂之说。请看傅先生对"言词"的说明：

> 言词　英文 verb 严氏本译"云谓字"，马氏译为"动字"，实不妥。《尔雅》有《释言》，《说文》"直言曰言"，《释名》"言，宣也"，皆与"云谓"义合。凡述语中所不可缺之词，无论其为旧之动词，形容词，名词，皆以言词论。

傅先生的文章立刻引发讨论。首先是金兆梓先生，他于1938年11月16日在《语文周刊》19期上发表《炒冷饭》一文，重新提出他在先前出版的《国文法之研究》一书中的词类系统，以呼应陈望道、傅东华先生探求汉语文法新体系的号召。他的词类体系将词分为三大类，各大类下又分小类，具体如下：

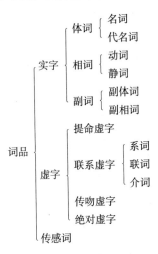

图4-1　金兆梓的词类体系

金先生在文中说道：

> 东华先生提议的新体系和我的新体系虽不同，但同是反对马氏旧体系的，我自然都引为同调，借此来和两位商榷商榷，

或可商榷出一个较好的新体系，来代替我那自己都不曾有把握的旧体系。

此外，金先生不同意傅先生的"言词"之说，认为不如"列一表动态或动相的动词（不是verb）就成了。言词一名，我看最好拿它来译predicate，和主语（subject）去配合"。

同年11月23日、12月4日、12月11日，《语文周刊》20、21、22期上连载了陈望道先生的《〈一提议〉和〈炒冷饭〉读后感》，肯定傅东华和金兆梓两位先生的词类新体系属于"新体系"。陈先生很有感慨地说，"1934年以后，形势就有了相当的变化。……看见了许多革新的提案。……虽然这些革新的方案，都还未曾充分地具体化，总归可以说革新的气势已经形成了"，"希望大家现在能够宝重这革新，尽量辅助其完成"。此外，陈先生在文章中认为，傅东华先生和金兆梓先生的提案"有些地方因为过于简略，用意看不明白，希望能有较详的解释"。

紧接着傅东华先生又于1938年12月18日在《语文周刊》23期上发表《请先讲明我的国文法新体系的总原则》，回应金兆梓、陈望道以及方光焘三位先生（傅先生在文中交代方光焘先生是口头提的意见）对他词类新体系的评论。傅先生接受方光焘先生的意见，将"训词"改为"状词"，将"声词"复原为"叹词"；但不接受金兆梓先生将"言词"改为"动词"的意见，说"与我的整个体系有关，我还是暂时保留着"。最后说，"我所提议的新体系的八类名称，现在已改为'名''言''状''指''助''系''语''叹'了"。后来，1939年10月16日、11月1日香港《东方杂志》36卷20、21号上连载了傅东华先生的《文法稽古篇》。文章一开始就说：

文法稽古篇者，钩稽自古有关文法之言，寻其条贯以成篇者也。……兹篇上探墨荀名理之谈，博采小学训诂之说，务使一名之立，一例之起，皆必于古焉有可稽征，爰乃分别部居，为"名""言""训""词"四大类。

该文大部分篇幅是傅先生为各类词的设立与命名引经据典地加以稽古辩解。文章最后列出了修正后的汉语词类体系：

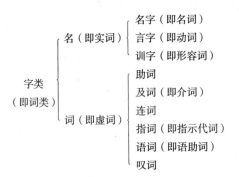

图4-2　傅东华《文法稽古篇》修正后的词类体系

这与《一个国文法新体系的提议》提出的词类体系有些不同：其一，体系分层，先将词分为"名（实）"和"词（虚）"两大类，下再各自分出若干类。其二，不再设"系词"一类。原先归入系词的介词、连词各自成类名曰"及词""连词"；原先系词中有"同动词"，分别归入其他词类，如"有/无"归入"言词"，"是/非"和"即"归入"助词"。其三，"声词"改为"叹词"。

　　内容之二，"两线制"还是"一线制"？

　　"两线制"亦称"双轴制"。马建忠《马氏文通》和黎锦熙《新著国语文法》以及其他语法书都按西洋语法采用两线制——词类一套术语，句子成分一套术语。这一点金兆梓在《炒冷饭》一文中还特别说明：

　　　　我的意思，词品尽可根据词本身的体、相、用来分，讲到陈述的功能，是只要可做 predicate 的字当然都有，一是基本观念，一是基本观念的配合（见拙著《国文法之研究》第三章），原本是两事，不是一事，不必混为一谈。

陈望道先生于1939年1月9日在《语文周刊》26期上发表《文法革新的一般问题》一文，更公开表明"据我的观察，分部析句两步工作还是要分的"。

"一线制"也叫"单线制"，是傅东华先生的观点。他在《请先讲明我的国文法新体系的总原则》一文中说："我的第二总原则是否认词的本身有分类的可能，就是认定词不用在句中便不能分类。"而到1939年1月16日在《语文周刊》27期上发表的《三个体制①的实例比较和几点补充的说明》，明确地提出"一线分解法"。他说："旧体于辨别词性的部目之外，另立一套析句的名称，便犯了望道先生所谓'不简洁'的毛病。新体的词类同时也就是析句的职分，它的关于职分的说明，不过就词类的名称加详一点，和旧体之另作一部说明者不同。"意思就是，只需标明词类，同时说明该词在句中的职务，这样词类和句子成分只需用一套术语，而不要像西洋文法那样分为两套。他借用陈望道先生所举的例子"张生作文"，分析说：

部　　　职务

"张生"——名词，名所言指人。

"作"　——言词，言此人所为之事。

"文"　——名词，名承事之物。

分析后说：

在我的名词细目里，前一名词为"主名"，后一名词为"客名"，所以虽同类而仍不同性。而用这样的处置，就没有另立"主语""宾语"一线的必要了。

---

① 傅东华先生所说的"三个体制"是指"旧体的二部分解法""望道先生的二部分解法""傅东华先生的一线分解法"。

从这些例子，我的单线体制的性质大约已经可以看出来。这个体制的基础，就是我前次已经提出过的那个"分部依附于析句"（或说"析句依附于分部"也是一样）的总原则。这个总原则所包含的一点，就是不承认独立的词有分部的可能。

傅先生提出"一线制"后就迎来了方光焘先生的评论。方光焘先生于1939年1月23日在《语文周刊》28期上发文《体系与方法——评东华先生的总原则》，对傅先生的"一线制"看法明确表示持不同观点。他说，"parsing是以'单语'（word）为对象；而analysis却以'句'（sentence）为对象。语言学家告诉我们：'语'是言语（language）的单位，隶属于言语世界的。'句'是'言'（speech）的单位，隶属于'言'世界的"，而"东华先生却不肯从词和别的词的关系上去发见形态，仍坚持着他那'分部依附于析句''析句依附于分部'的一线分解法。这一点我也认为是不很妥当的"。

傅东华先生并不接受方光焘先生的评论，但不准备继续讨论下去，所以1939年2月20日在《语文周刊》32期上发表了《我的收场白》，说"光焘先生之所谓'文法'，非吾之所谓'文法'也；吾之所谓'文法'，亦非光焘先生之所谓'文法'也。这叫我们那里辩论得下去呢？而于是乎不得不收场"；但是文中未能阐述理由。

陈望道先生于1939年2月27日在《语文周刊》33期上发表《从分歧到统一》，就此问题发表了带有结论性的意见。陈先生说，"一线制是一个大胆的尝试，和旧有的双轴制比较起来，繁简相差简直有一半，假使能够成功，实在是一个非常可贵的新制"。但是，陈先生接着指出，"一线制"问题有三：（一）"不够说明一切文法现象"。（二）"是光焘先生提出的，词和句在方法论上不好并合在一起"。（三）"从普遍性和特殊性说，词的现象它那组织是比较有特殊性的，句的现象它那组织是比较有普遍性的，也以不并为是"。最后陈先生说：

> 东华先生已经对我表示愿意撤回他的一线制的新体系，而且要我代他宣布。我以为这不是进攻的失败，乃是我所谓"一种特殊统筹兼顾圆融无碍"的综合的开始。以后我们可以合力来探索适合一般所分的辞项，又适合中国语文的特殊性的语部区分来代替旧有的区分。

显然，陈望道先生虽不同意"一线制"观点，但充分肯定了傅东华先生的探索精神。我们看到，傅东华先生在后来发表的《文法稽古篇》里就放弃了"一线制"的观点，不仅讲"字类"（即词类），而且讲"辞例"（即句子）。傅先生在文中对"辞例"进行了分析，所用术语仍"上探墨荀名理之谈，博采小学训诂之说"，与众不同，在此不作具体介绍了。

内容之三，怎么看待汉语的形态？

上面说到，傅东华先生在《请先讲明我的国文法新体系的总原则》里"认定词不用在句中便不能分类"，原因是"中国字因无形体变化"。同时他认为，在句中分类则"同一个词用作不同的职务，意义便不同；意义不同，词性便不得同"。有学者对此评论说，这"比黎氏'依句辨品'又后退了一步，实质上就是'词无定类'"（龚千炎，1987：79）。这就引发了有关词类问题的另一个问题的争论——怎么看待汉语的形态？

方光焘先生首先发文，他于1939年1月23日在《语文周刊》28期上发表《体系与方法——评东华先生的总原则》，针对傅东华的观点，指出很重要的两点：其一，"东华先生以为：'中国文字无形体之变化'（意思恐系指中国单语（word）没有形态变化）"，这"固是事实；不过中国单语究竟有无形态，却是一个很值得讨论的问题"。

"我以为中国单语的形态，并不能说是全无，不过所有不多，不足以区分词类罢了。"其二，"我认为词与词的互相关系，词与词的结合，也不外是一种广义的形态，中国单语本身的形态，既然缺少，那么辨别词性，自不能不求助于这广义的形态了。""凭形态而建立范畴，集范畴而构成体系。"

对此，傅东华先生于1939年1月30日在《语文周刊》29期上发表《终究还有几个根本的问题》回应方光焘先生的意见。主要观点有二：一是坚持汉语没有词尾。他认为即使如光焘先生所举的"麻子""驼子"里的"子"、"念头""谈头""找头"里的"头"也不能认为是词尾或形态，并斩钉截铁地说："我可以十分肯定的回答，是语词。"二是坚持他"分部依于析句""析句依于分部"的观点。他认为方光焘先生所说的"广义形态"虽"非常之中肯。但是光焘先生何不索性将这'广义形态'再推广一下呢"？推广的结果还是"非拿完全的句子做单位不可"，因此"不免有点'以五十步笑百步'的嫌疑"。

张世禄先生不认可方光焘先生的"广义形态"之说，认为"变形"才是形态。同时提出"语序"问题，说"我要凭语序来研究中国的文法，便是要适合中国语文的特殊性的"，主张"凭语序来建立范畴，以适合中国语的特性"。

方光焘先生立即发文回应，说"世禄先生只认'变化'（inflection）为语词形态，未免把'形态'看得太狭了"，并重申"凭形态而建立范畴"。①

陈望道先生也不同意方光焘先生的"广义的形态"之说，在

---

① 张世禄和方光焘关于"语序""形态"之说，分别参看张世禄《因文法问题谈到文言白话的分界》（《语文周刊》30、31、32期，1939年2月6日、13日、20日）；方光焘《问题的简单化与复杂化——敬答世禄先生》（《语文周刊》32期1939年2月20日）。

《从分歧到统一》一文中认为"光燕先生既然常说词和词的关系，词和词的结合，何不就用'关系'两个字来代替'广义的形态'这五个字？……我们可以在'关系'两个字上面再加上'表现'两个字做它的简别语，叫做'表现关系'"。这样也和光燕先生的"'一个词不从它和别的词的关系上去看，便无法可以归类'那句话综合起来，成为一致的主张"。后来陈望道先生于1943年2月1日在《读书通讯》59期上发表的《文法的研究》进一步提出了"功能"之说：

> 所谓功能就是字语在组织中活动的能力。……功能对于组织有极其密切的关系。……文法学是研究辞白的组织的。辞白的组织和字语的功能有连带的关系。功能是语参加一定配置的能力，组织是由功能决定的语和语的配置。组织要受功能限制，功能要到参加组织才能显现。……表现关系极多，我们可以大别为两群。一群是语和语的配排，连贯的关系。……这是一种纵的关系。这种纵的关系我们称为"配置关系"。还有一群是语和语并列，协同的关系，……这是一种横的关系。这种横的关系我们称为会同关系。① 这纵横两群关系可以包罗尽一切语，一切语也必被编织在这纵横两群关系之中。我们研究纵的一群关系就有所谓辞项的分别，如所谓主辞、被辞等，研究横的一群关系就有所谓语部的区分，如所谓名语代语等。文法学必得究明这纵横两群的所有关系才算尽其职责。

二　对第一次词类问题大讨论的评说

第一次汉语词类问题大讨论是在要革新中国文法研究的大背景

---

① 陈望道先生所谓的语和语的两群关系，即索绪尔所说的"组合关系"（syntagmatic relations）和"聚合关系"（paradigmatic relations）。现在一般称为词和词所具有的"二维关系"。

下开展的。"革新"要革什么？要革以《马氏文通》为代表的"模仿西洋文法教科书"的做法，以便走上"根据中国文法事实，借镜外来新知，参照前人成说，以科学的方法谨严的态度缔造中国文法体系"（陈望道，1943c）之路。应该说革新的大方向是正确的。在这次讨论中纠正了西方某些学者所谓的"汉语为单音节语"的错误认识，也纠正了某些学者"白话文言混合不分"的做法，更提出了一些新的认识，重要的如：鉴于汉语的词只有很少的形态成分，不足以据此区分汉语词类，因而提出要注重"词与词的互相关系，词与词的结合"这种"广义的形态"（方光焘）；要注重"语序"，注重词的功能。今天看来，由于当时受整个学科水平的限制，这些观点并不能真正解决汉语词的分类问题，但对后来的汉语语法研究有一定影响。讨论中提出的汉语词类"新体系"，既有限，也没显出比《马氏文通》、比《新著国语文法》"新"多少。1940年廖庶谦先生《对于"中国文法革新讨论"的批评》就指出，"讨论的结果，在本质上，不曾超过旧的文法体系"。朱德熙先生在为商务印书馆20世纪80年代推出的"汉语语法丛书"所写的序文中指出：

> 由于当时对划分词类的标准只能是词的分布（distribution）这个原理还缺乏认识，这次讨论的深度是不够的。

但是，成绩虽然不大，其意义不可低估，革新的精神更值得肯定。中国文法革新讨论是汉语语法研究史上第一次学术大辩论。这场大讨论虽然没有取得一致的结论，但这是一场带有"要求变革"性质的讨论，这场讨论所形成的"根据中国文法事实，借镜外来新知，参照前人成说，以科学的方法、严谨的态度缔造中国文法体系"的新风气对后来的语法研究产生了很大的影响，开创了集体讨论学术的新风气。此外，在汉语语法革新思想的影响下，一批中青年语法学者脱颖而出，运用西方理论努力探索汉语语法特点，20世纪40

年代出版的《中国文法要略》（吕叔湘，1942）、《中国文法论》（何容，1942）、《中国现代语法》（王力，1943/1944）、《中国语法理论》（王力，1944/1945）和《汉语语法论》（高名凯，1948）等，成了那个时期的代表作。

三 第二次词类问题大讨论

第二次汉语词类问题大讨论发生在20世纪50年代。

50年代关于汉语词类问题的讨论有两条线：一条线在《语文学习》上展开，一条线在《中国语文》上展开。

在《语文学习》上的讨论，规模很小。起因是《语文学习》编辑部收到贺重的稿子《汉语的分类有哪些不同？》。编辑部就组织、发表了四篇文章：在1952年4月号上发表了贺重的《汉语的分类有哪些不同？》和王了一（即王力先生）的《汉语的词类》；[①]1952年12月号上发表了周祖谟的《划分词类的标准》和陆宗达的《汉语的词的分类》。这四篇文章其实并未构成讨论的局面，都是各说各的。贺重的文章主要是摆问题，列出"影响比较大的"《马氏文通》《新著国语文法》《中国现代语法》和《语法修辞讲话》四家词类系统，用图表呈现他们在词的分类数目上、在各类词的命名上、在某些词的归类上的不同，指出差异的症结在于：（一）"受西洋语法的影响"；（二）分类所依据标准不一，这样就造成"你一套分法，我一套分法"的局面。贺重希望大家讨论讨论，以解"初学语法的人的疑惑"。王力先生的文章主要摆出他跟《中国现代语法》有所不同

---

① 在贺重文章末尾有一个《语文学习》编辑部加的按语，说明贺重文章中所说的王力先生的词类系统，王先生已作修改，并请读者"参看《语文学习》1952年4月号第30页"。《语文学习》编辑部所以特别约请王力先生赐稿，原因就在此。

的新的分类系统，^①并说明汉语"词类的基础"：（一）"从文学上看"，根据"对联文学"，即"所谓对对子的办法"；（二）"从语音上看"，"古汉语有用读音区别词性的办法"；（三）"从关系上看"，代词之所以列入"虚词"，因为"代词和介词、连词和语气词，在古代原是相通的"；并强调"词类并不是模仿外国语法定出来的东西，它在汉语里是有根据的"。周祖谟先生的文章首先指出以往黎锦熙先生、王力先生、吕叔湘先生划分词类主要依据意义，并认为"单单从词义的性质或者说概念的范畴来分别词类是不够的"，他认为要"按照词的句法作用和词法特点来划分"。具体有以下三个标准：（一）"按照词在句中的作用来定"；（二）"按照词与哪一类词（或哪一类附加成分）相粘合或不相粘合的性能来定"；（三）"按照词的形态来定"，周先生说的形态包括"子""头"那样的词尾、儿化、重叠、语气词读轻声以及表示完成貌的"了"、表示持续貌的"着"等。陆宗达先生的文章首先强调"词可以分类"，并从理论和实证两方面加以论说——从理论上来说，词是代表或反映客观存在的事物的，客观事物能分类，反映客观事物的词"也就必然能分类"；从实证角度说，一个词本身有好些特点，等它跟别的词合起来加入到成段的话里头去的时候又表现出好些特点来；特点不一样自然该分出不同的类。陆先生还谈到了用什么标准分类。他认为标准不止一个，可是并不同时用。首先要接受中国语言学者的传统办法，把词分成"实词"和"虚词"两大类。实词再"按'形态'分"。有人说汉语没有形态。陆先生认为：

---

①王力先生在《汉语的词类》里的分类系统与原先《中国现代语法》的分类系统不同：将"数词"归入"形容词"；将"系词"归入"动词"；将"联结词"改为"名词"；增加了"介词"一类，其含义跟现在一般说的"介词"完全不同，含原说的"记号"和一般所说的并列连词"和""或"等；单列"感叹词"（原包含在"语气词"）。

因为写到纸上的那一个一个的方块儿上实在看不出什么形态来。可是咱们谈语言是谈嘴里说的话，这里头形态变化可丰富哪！

怎么个丰富法？陆先生没具体谈，文章里只提到了词尾和重叠。

真正展开讨论的是在《中国语文》杂志这条线上。讨论是从《中国语文》1953年10月号发表高名凯先生的《关于汉语的词类分别》开始的，一直延续到1955年下半年。"参加这个讨论的，不但有国内的语言学家，而且也有苏联的语言学家。"（《中国语文》编辑部，1955）而讨论是由当时的苏联著名汉学家康拉德的文章《论汉语》引发的。

康拉德教授在苏联的 *Вопросы Языкознания*（《语言学问题》）刊物1952年第3期上发表了 О КитаЙском Языке（《论汉语》）一文，《中国语文》当即将该文的中文译文在1952年9月号、10月号、11月号上连载。该文首先批判了苏联语言学家马尔关于汉语"是单音节语""汉语属于原始时期的语言系统"的错误观点，接着分"汉民族的形成""汉民族共同语的形成""汉语的方言""汉语非单音节语""汉语的形态学"五部分对汉语作了较为全面的介绍。在"汉语的形态学"这部分，批判了高本汉关于"汉语几乎没有形态"，"不便分词类"的观点，认为说汉语没有形态那是一种"错误观念"。康拉德认为汉语不仅有形态，而且很丰富，所以汉语的词可以分类。他认为下列种种都属于汉语的形态：（a）词尾。如"刀子""木头""桃儿""作家""无产者"里的"子""头""儿""家""者"以及"不干涉""总领事、总罢工""第五""反革命"里的"不""总""第""反"等。（b）双音节中词的重音。如"写字"——动词加宾语这一类型，重音在第二个音节；"道路"——同等意义部分结合这一类型，重音在第一个音节。（c）语句式的词（如动词的可能语态造成的"可笑→可笑的""可爱→可爱的"），以及动词的被动语态形式（如"拘留→被拘留→被拘留的""压制→受压制→受压制的"）。（d）名词有"格"的形态，如领格"桥→桥的"，工具格"臂→用臂"。（e）动词有"时"的变化，如"来→来了""来→要来"。（f）声调。如"好"读上声调为形容词，读去声调为动词。结论是，汉语有丰富的形态，可以按形态分类。

高名凯先生的《关于汉语的词类分别》实际就是针对康拉德的文章写的，文中下面这段话清楚地表明了这一点：

> 黎锦熙先生……认为汉语词无定类，……王力先生采取了叶斯柏森（O. Jesperson）的理论，把词类的问题和词品（rank）的问题分开，……这种说法是不正确的。不过黎锦熙先生和王力先生却给我们一种启发，即：汉语的词类未必可以跟印欧诸语言一样的分类。很多人都在黎、王二氏之后提出意见，认为汉语没有词类的分别。自从去年《中国语文》发表了苏联康拉德《论汉语》一文之后，一般人在思想上又起了一个变化，认为汉语有词类的分别。
>
> ……于是，现在一般人就随着康拉德走上形式的道路，要从形式上面来解决汉语词类分别的问题。这一部分人认为汉语虽然没有名词词尾（如英语的 -ment，-ship，-tion 之类），但是汉语的词有形态的变化，汉语有声调来分别词类。

高先生在1948年出版的《汉语语法论》就认为词类是语词按词的形态分出来的类，在《关于汉语的词类分别》中还是强调词类的区别得依据词的形态。他认为要指明这些词是名词、动词、形容词"就需要特别指明这意义的形式。然而，这形式却不存在于汉语"。高先生认为，说汉语的人有"名""物""名词"这些概念，"问题在于这概念不是用语法的形式表现出来，只是用词汇表现出来的"。高先生在文章中除了论述不能根据意义来分别词类外，主要观点：（一）汉语的"的""着""们"不属于区别词类的形态；（二）汉语的声调变化不属于区别词类的形态；（三）至于说"来"只能加"了""着"等，"饭"只能加"一顿"等，以此来区分动词和名词，那更不是形态，而"只是意义学的问题"。高先生在文中一一进行了具体的论述。文章最后说：

> 经过上面的讨论之后，我们可以肯定的说，汉语的词并没有词类的分别，因此研究汉语语法，就不应当仿效西洋的语法，以词类为出发点。研究汉语语法必须根据斯大林的语言学原理，依照汉语的特点，走上独立的创造的道路。

高先生的文章发表后立即迎来众多的评说。学界将高先生观点称为"汉语无词类论"。在当时的背景下，[①]支持高先生观点者寥寥，批评者众多。就此展开了"关于汉语有没有词类的讨论"。高先生的文章发表后，立即有三篇反对高先生观点的重要文章——曹伯韩的《关于词的形态和词类的意见》[②]（1953年11月号），文炼、胡附的《谈词的分类》（1954年2月号、3月号），Б.Г.穆德洛夫《汉语是有词类分别的——对高名凯教授的文章提一些意见》（1954年6月号）。三篇文章的共同点是，除了强调汉语的词可以分类外，主要都阐述这样一个观点：汉语的词虽没有狭义的形态，但有广义的形态，那就是"词在句子中的功能"（曹伯韩），就是"词和词的结合，词和词的相互关系"（文炼、胡附），就是"词跟其他词的结合性"（Б.Г.穆德洛夫），汉语的词可以将此作为分类的标准。高先生随即针对这三篇文章，在《中国语文》1954年8月号上发表了《再论汉语

---

① 当时的中国政策是向第一个社会主义国家苏联学习。
② 该文不是独立的文章，是曹伯韩《对于汉语语法研究的几点意见》的第三部分。

的词类分别（答 Б . Г . 穆德洛夫同志）》（简称《再论》）[①]，跟他们争辩。高先生在文章中反复强调他的观点：

> 我则认为划分词类的标准必须是从词的形式或词的形态变化这个"物质的外壳"着眼，不能依照词和其他的词在句子里的结合来定。

> ……词类只能根据词形的变化来规定，不能根据词在句子里的地位来划分。……

> 总之，划分词类必须根据词的变化规则来进行，不能根据词在句子里的功能来规定，因为词不一定要存在于句子，它只是语言的建筑材料，只应当按其作为语言的建筑材料的资格来加以分类，虽然在造句的时候，词与词可以发生句法上的关系。（第二节）

> 汉语既没有足以分别词类的词形变化，我们就不能够说汉语有词类的分别。……

> 总之，根据一般语言学家的了解，词类的分别指的是个别的词的类别，因此我们必须依照个别的词的形态这个"物质的外壳"去规定词类的分别，然而汉语的实词却没有这种足以分别名、动等词类的形态，所以，汉语没有实词的词类分别。（第三节）

高先生为了说明他的观点，还特别打比喻说：

> 词只是语言的建筑材料，它不但可以存在于句子里，也可以存在于词典里，正如建造房屋的砖头既可以存在于房墙里，

[①] 反对高先生观点的三篇文章中只有 Б . Г . 穆德洛夫文章指明"对高名凯教授的文章提意见"，所以高先生的文章注明"答 Б . Г . 穆德洛夫同志"，但实际上是对三篇文章的回答。

也可以存在于砖厂里似的。……"词类"和"词在句子中的功能"是两个不同的概念。从前建筑房屋拿木头来做柱梁，现在建筑房屋就拿钢骨来做柱梁，在这种情形下，钢骨有了木头所有的功能，但却不是木头。如果在汉语里，用词造句的结果，某一个词具有某一其他语言的名词所具有的同样的功能，这也不等于说这个词是名词，正如在房屋的建造里，具有木头所有的同样功能的钢骨并不等于木头似的。

高先生的《再论》发表后，《中国语文》上又发表了好几篇不认同高先生观点的文章，其中最重要的三篇是：曹伯韩先生的《汉语的词类分别问题》（1954年10月号）、吕叔湘先生的《关于汉语词类的一些原则性问题》（1954年9月号、10月号）和俞敏先生的《形态变化和语法环境》（1954年10月号）。

曹伯韩先生对高先生的观点在文章中明确地说："我们不同意他的意见。"曹先生的主要观点是：（一）"词的组合"也是"形态学上的一种形式"，也是"物质外壳"。（二）"不能认为语法上词的分类和词义无关"。（三）"按照句子成分决定词类，在一定条件下是没有毛病的，只是不能把这种方法当做唯一的方法。"（四）"词类分别的标志是：（甲）一定的意义的类别，（乙）在句子中或短语中的地位和（丙）本身的形态（词形变化、构词法）。"

吕叔湘先生的文章，从题目"关于汉语词类的一些原则性问题"就可以看出带有一定的总结性。全文谈了12个问题。在第一个问题"汉语的词能不能分类？"里，吕先生就清晰地给高先生的词类观和当下的词类问题讨论作了高度概括。吕先生说：

> 高先生说汉语的实词不能分类，唯一的理由是汉语没有形态。摆成三段论法的形式，那就是：实词的词类是按词的形态划分的（大前提）；汉语的实词没有形态（小前提）；所以汉

语的实词不能分类（结论）。反驳的论据都集中在小前提上，就是说，要证明汉语的词有形态。这样，问题就复杂起来，因为很可能大家都讲形态而讲的满不是一回事。……要是我讲的"形态"跟你讲的"形态"不是一个东西，那怎么能说到一块儿呢？

吕先生认为，"为了讲语法不得不区分词类"。"如果有一种或几种东西，能用来给词分类，即使不能叫做形态，那又有什么关系呢？"所以吕先生说：

> 可以把高先生的小前提暂时放在一边，把他的大前提动摇一下试试看。

于是吕先生在文章中就逐一检验在讨论中所提到的各种各样的分类标准——按句子成分，按词与词的互相关系，按"鉴定字"，按重叠，按词的意义等，一一评判其对于划分词类的优劣，分析其在词类划分中的取舍。

俞敏先生文章的主要观点是：（一）曹伯韩，文炼、胡附，穆德洛夫所说的"广义形态"实际是"语法环境"。高先生认为这种"语法环境"不能帮忙分词类，"我要证明'语法环境'可以帮忙分词类"。（二）"汉语里有"高先生所说的"狭义的形态变化"，"最显著的是重叠式"。（三）高先生的观点"是正统的印欧语言学里最正统的观点"，"这些正统的看法，就在印欧语的话里也不完全可靠"，用在汉语"就往往出毛病"，那毛病就出在"什么都用印欧的尺量这一点上"。

高先生随即发表了《三论汉语的词类分别》（简称《三论》）——进行了反批评。《三论》的基本观点还是汉语的实词没有区分词类的形态变化，所以汉语实词没有词类。由于曹伯韩先生的文章明白声明"我们不同意高先生的意见"。所以高先生在文章开头就明确地说："我愿意把它当做这些文章的代表，加以回答。"高先生的《三论》主要驳斥、回答了三方面问题：

首先驳斥曹先生关于"词的组合"是"形态"，是划分词类的词的"物质外壳"的观点，认为可以承认"词的组合"是一种语法形式，但这不是词的形态，不是划分词类所依据的词的"物质外壳"。

接着高先生也否定了吕先生文章中提到的"鉴定字"这一划类标准。他说："有的人说，这些'鉴定字'就是词的外部形态。这种见解显然不容易成立。"因为汉语中"绝大多数的词都可能在不同的情况之下，由于和不同的词或'鉴定字'相组合而具有不同的词类功能"。

最后高先生批驳了重叠也"是词的变化"因而可以作为分别词类的标准的看法。高先生指出，"这种变化是语音或语义的问题，与词类没有关系"。

高先生在《三论》中还有一段饶有趣味的话：

吕叔湘先生举出许多彼此互相矛盾的划分词类的办法之后，终于宣称"说实在的，现在还拿不出整整齐齐的一套。在这个问题上，我到现在为止还是个寻路的人"，这正是汉语的实词没有固定的词类而引起的困难的反映。

第二次词类问题大讨论到此基本告一段落，后面虽然还有一些文章，大多还是重复一些已经在各篇文章中发表过的观点，没引起学界多大注意。

四 对第二次词类问题大讨论的评说

第二次汉语词类问题大讨论，其规模和影响远远超过第一次讨论。《中国语文》编辑部在《中国语文》1955年7月号上发表了

《关于汉语有没有词类的讨论》一文，这篇文章可以说是对这场词类问题讨论作了一个很好的、较为全面的总结。有兴趣的读者可以查阅。

20世纪50年代中期开展词类问题大讨论时，当时的国策是全国一边倒，倒向苏联；同时也正是不断批判所谓"资产阶级学术思想"的时代。高先生敢于对苏联汉学家康拉德的观点公开持反对意见，并坚持印欧语言学的词类观，认为汉语实词没有词类分别。他的观点受到苏联汉学家穆德洛夫和国内学界众多的批评与反对，那是很自然的。高先生在当时所受压力之大，是可想而知的。但高先生并不退却，接连发表《再论》《三论》进行反批评，并继续阐述自己的词类观点。这在当时是要有点勇气的。高先生的汉语词类观可以讨论，可以提出不同意见，但高先生的出发点正如他在第一篇文章最后所说的，是要"依照汉语的特点，走上独立的创造的道路"。高先生这种求真求是的治学精神和科学态度，是很值得我们后辈学者学习的。

这场讨论，正如众多评论所说的，"还是没有解决汉语的词类问题"，但吕先生《关于汉语词类的一些原则性问题》中结尾提出的几点意见是很值得大家深思记取的：

1. 词类是根据词的语法特点来分的。在汉语里，不是所有的词，或是所有的实词，语法特点都相同，所以汉语的词，包括实词，可以分类。

2. 划分词类要做到基本上词有定类、类有定词。

3. 结构关系，"鉴定字"，能否重叠以及用什么方式重叠——这些都可以用来划分词类。

4. 结构关系能照顾的面最大，宜于用来做主要的分类标准。结构关系指一个词的全面的、可能有的结构关系，不是指它进入句子以后实现出来的一种结构关系，不是"依句辨品"。

这场"汉语词类问题"大讨论以及随之接连进行的"汉语主宾语问题"大讨论（1955.7—1956.4）和"单复句问题"大讨论（1957），都极大地活跃了学术空气，对推进汉语语法研究起了积极的作用。

第五讲
黎锦熙的汉语词类观

黎锦熙（1890—1978），字邵西，湖南湘潭人。幼年读经，1911年毕业于湖南优级师范学堂。早期曾兼任北京大学、北京女子师范大学、燕京大学等校的国文系教授。1934年10月北京师范大学成立教育研究会，黎锦熙出任导师。1937年随北京师范大学迁往西安，后来又辗转至汉中、兰州等地。1946年，回迁北平复校，1948年任北京师范大学教授。黎锦熙先生从事汉语言文字学教学、研究和辞书编纂工作，被誉为我国现代汉语语法研究、文字改革、辞书编纂的开拓者和奠基人。1924年出版《新著国语文法》，这是我国第一部白话文语法书，该书的出版创建了现代汉语语法学。要了解黎先生的汉语词类观就得深入研读《新著国语文法》。

一 《新著国语文法》

1898年问世的《马氏文通》是一部汉语文言语法书。在"五四"新文化运动"提倡白话文，反对文言文"的时代潮流激励下，小学逐渐取消了读经，小学至初中的"国文课"也改为"国语课"，但在高校讲的还都是文言语法，且当时一般人只知文言有文法，不知白话文也有文法，当然不会有白话文语法书。显然，撰写一部介绍白话文语法的专著，已是当时刻不容缓的任务。黎锦熙先生就承担了这一历史任务。黎先生曾明确地说：

> 国语文法，应该把一个活社会中语言的律令，用归纳的方法整理出来，确当、详备，可以用来作考证错误的尺度。没有这个，就是根本上没有公认的语法。要想调查本地方人最容易犯的错误，以便规定各学年国语上应注重练习的诸要点，可说是茫无根据。所以，这是国语科一切教材和教法上应先解决的根本问题。（引自黎泽渝、刘庆俄，2001：5）

《新著国语文法》是黎锦熙先生"在教学基础上总结出来并为教学服务而写出来的"（林玉山，1983：6）。这一点黎先生在书中有所交代，他说：

> 本书虽曾用作师范大学国文系底讲义，但也曾用作初级中学一年级底教本；其体例编制，大体上即是供初、高两级中学之用的。（4页）①

该书"因体系完整、材料丰富、见解深刻、便于教学而产生了巨大的影响，成为这类著作的突出代表"（龚千炎，1997：59）。1925年，中华书局出版了《新著国语文法》的简本《国语文法纲要六讲》，迅速被译为日文本，曾一度占据日本汉语教学界的主导地位。（黎泽渝、刘庆俄，2001；彭兰玉、王政祥，2017）

在草创时期，模仿他国语法学来撰写汉语语法学是很自然的事。黎锦熙先生《新著国语文法》确实模仿了英语语法，②这也不必回避。但并没有照搬，而是有自己的创造。《新著国语文法》的核心语法思想是"句本位"；"句本位"思想借鉴自英语语法，"句本位"这一术

---

① 本书所引《新著国语文法》均系商务印书馆1992年的版本；个别引用，用的是原版，引用时会加以说明。

② 具体模仿英国纳斯菲尔德的《纳氏英文文法》。

语却是黎锦熙先生所独创的，当时国外根本没有"句本位"之说。[①]

黎锦熙先生的"句本位"指的是什么意思呢？在《新著国语文法》"引论"一开头就亮明旗帜：

> 诸君知道近来研习文法的新潮么？简单说，就可叫做"句本位"的文法。（1页）

接着具体作了说明：

> 先理会综合的宏纲（句子），再从事于分析的细目（词类）。不但"宏纲具举"而后能"细目毕张"，并且词类底区分，有些要由词类在句中的功用而决定。（1页）

> 于是模仿从前西文 Grammar 的"词类本位"的文法组织，非打破不可了；仅就九品词类，分别汇集一些法式和例证，弄成九个各不相关的单位，是文法书最不自然的组织，是研究文法最不自然的进程。……所以，句本位的文法，退而分析，便是词类底细目；进而综合，便成段落篇章底大观。（3页）

提出"句本位"思想，应该说在当时的学术环境下是一种进步之举。《马氏文通》模仿拉丁语语法而成，当时整个西方语法学采取的是"词类本位"（简称"词本位"）语法体系，《马氏文通》以及稍后出版的文言语法书都采用"词本位"语法体系。黎先生鉴于汉语的特点，即"国语的词类，词形上既没有严格的分业，就得多从句法成分上辨别出它的用法来"（17页），因而他就突破"词本位"，创建"句本位"的汉语语法体系。这无疑是一个新的创举。[②]

---

① 黎锦熙先生于1958年发表的《关于语法体系的批评与自我批评》——兼答史锡尧、李大魁同志（见黎泽渝、刘庆俄编，2001：34）一文中说，当时"并没有'句本位'这个英文原词，是我瞎创的；在普通语言学和一般语法理论书中，我也没发现过讲到某种语言的语法体系有所谓'句本位'的"。

② 就20世纪20年代的学术环境而言，"句本位"是个进步的思想。到80年代才认识到"句本位"与"词本位"本质上还都属于印欧语语法框架。正如朱德熙先生在《语法答（转下页）

"句本位"语法学的核心内容有三部分：一是析句和析句法；二是词类和词类观；三是国语图解和图解法。这三部分内容互相关联。

二 《新著国语文法》"句本位"内容之一：析句和析句法

跟汉语词类问题密切相关的是析句和析句法。大家最早了解并熟悉的析句方法是句子成分分析法，因为在中学语文教学中，在初级外语教学中，在分析句子结构时，用的都是句子成分分析法。这种分析法的要点大致如下：（转录自陆俭明，2019：68—70）

（1）分析的对象是单句。

（2）认定一个句子有六大句子成分——主语、述语（即谓语）、宾语、补足语[①]、形容性附加语（即定语）、副词性附加语（即状语和补语），这六个句子成分分为三个级别：

> 主语、述语是主要的成分，
>
> 宾语、补足语是连带成分，
>
> 形容性附加语（即定语）、副词性附加语（即状语、补语）
>
> 是附加成分。

（接上页）问》（1985）中所指出的，"句本位语法体系不但由于内部有矛盾，缺乏严谨性，同时也缺乏简明性，实在不能说是一个好的语法体系"，因此朱先生提出了"词组本位"的汉语语法体系。（73—74页）

[①] 黎锦熙先生所说的补足语，指以下一些（下加黑点的）：

（1）工人是劳动者。| 这些工人们好像一支军队。| 空气也有重量。

（2）现在的工人变了主人。| 那个工人成了一个学者。| 工人们都现出愉快的样子。

（3）工人请我报告。| 我的话引起他们发笑。| 主人让客坐。

（4）工人推举张同志作代表。| 我们认工人是生产者。| 他们叫我老哥。

（5）工人赞成我的话公正。| 我爱他们诚实。| 他们骂卖国贼没有良心。

例（1）、例（2）里的补足语现在一般都看作宾语；例（3）—例（5）现在一般将整个结构看作递系式（或称兼语式）。参看《新著国语文法》第15—19页。

（3）做句子成分的原则上都只能是词。[①]

（4）分析时，先一举找出全句的中心词作为主语和述语，让其他成分分别依附于它们。

（5）分析手续是：先看清全句的主要成分主语和述语，再看述语是哪一种动词，决定它后面有无连带成分宾语或补足语，最后指出句中所有的附加成分——形容性附加语和副词性附加语。

由于认定做句子成分的原则上只能是词，分析任何一个句子成分时都要找出中心词，所以句子成分分析法也称为"中心词分析法"。与这种分析方法相配的还有图解法。那六大句子成分在图上的安排如下：

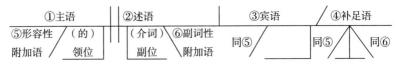

图5-1　六大句子成分图示

说明：全图有一根主要的横线，主语、述语、宾语、补足语都写在主要横线之上，附加成分都写在主要横线之下。与横线交叉的双竖线‖是主语部分和谓语部分的分界线，‖左边是主语部分，‖右边是谓语部分；主要横线上的单竖线丨之后是述语连带的宾语成分，斜线／之后是述语连带的补足语成分；主要横线下的附加成分，在写法上也有讲究。主语或宾语的形容性附加语，一律写在主要横线下，以左斜线表示；述语的副词性附加语也一律写在主要横线下，以右斜线表示。如果形容性附加语是领属性成分，写在左下折线上；如

[①] 在语言中，出现在某个句子成分位置上的多数是词组。如果词组的词性跟句子成分所要求的词性相一致，例如"红的大苹果给弟弟"里，出现在主语位置上的是名词性词组"红的大苹果"，而主语要求由名词或代名词充任，这个词组符合主语要求，就"溶解"为主语"苹果"与作为主语附加成分的定语"红的"和"大"；如果二者不一致，例如"打篮球对健身有利"里，"打篮球"是个动词性词组，跟主语要求不符，就不溶解，"打篮球"这整个词组做主语。

72

果副词性附加语为介词结构，其介词宾语一律写右下折线上。

例如：

（1）我的好朋友早已斟满了一杯香香的葡萄酒。

例（1），按句子成分分析法，主语是"朋友"，谓语是"斟"。"朋友"和"斟"就是我们分析这个句子时首先要找出的全句的中心词。因为"斟"是个及物动词，后面可以带宾语，"葡萄酒"这个中心词就是宾语成分。主语、宾语前分别都有附加成分"我""好"和"一杯""香香的"，这分别就是主语的形容性附加语和宾语的形容性附加语。谓语"斟"的前后分别有附加成分"早已"和"满"，它们就是附加在谓语身上的副词性附加语。具体图解如下：

图5-2　句子成分分析示例

句子成分分析法的好处，可以让人一下子把握住一个句子的脉络。用它来分析一个长单句，更能显示出它这方面的优越性。请看下面这个长单句：

（2）我国首次升空的"神舟三号"模拟载人飞船经过6天零18小时在太空运行之后按照原先预定的时间安全、准确地返回原先计算好的我国西北某地区的地面。

按照句子成分分析法来解读，例（2）的基本脉络是："飞船——返回——地面"。句子之所以很长，是因为每个成分都有很长的修饰语。由于句子成分分析法有上述优点，而在一般的语言教学中，给学生作句法分析无非是要让学生清楚了解一个句子的基本格局和脉络，所以句子成分分析法为语言教学界所接受，在教学语法学界影响很大，直至现在。它对推动汉语教学语法的发展作出了很大的贡

73

献。然而，这种析句法有局限，主要是缺乏自觉的层次观念，具体就不在这里细说了。①

这里之所以要介绍《新著国语文法》的析句法，是因为这跟黎锦熙先生的词类观密切相关。用黎先生自己的话来说，"句法控制词法"（黎泽渝、刘庆俄编：2001：18）。

三 《新著国语文法》"句本位"内容之二：词类和词类观

《新著国语文法》在"绪论"就交代了汉语词类体系：

就语词在语言的组织上所表示的各种观念的性质，分为若干种类，叫做词类。国语的词类，普通分为九种，但可约之为五；且把名称列出：

（1）名词　　　　（2）代名词………实体词
（3）动词（同动词）………………述说词
（4）形容词　　　（5）副词………区别词
（6）介词　　　　（7）量词………关系词
（8）助词　　　　（9）叹词………情态词（16页）

同时明白交代了词类和句子成分之间的关系：

（1）主语（2）述语（即谓语）……………主要的成分
（3）宾语（4）补足语（主要即表语）………连带的成分
（5）形容性的附加语
　　　（简称形附，也称定语）
（6）副词性附加语（简称副附，
　　　也称状语，后附于述说词的补语）………附加的成分
　　　　　　　　　　　　　　　　　　　　（17页）

上述五大类九类的词类表和词类跟句子成分对应表，以及下面

---

　　① 想了解的，可参看陆俭明（1981）、陆俭明（2019：68—71）。

所录的话语可以说集中反映了黎先生的汉语词类观：

> 词类是语词在文法上的分类，旧称词品或词性；……从观念本质上区分的类叫词类；在句法中划入的成分叫词品……（15页注4）

> 词类是观念性质在语法中区分的品类。（16页）

> 凡词，依句辨品，离句无品。（1932年版29页注10）

黎锦熙先生的汉语词类观大致可概述如下：

其一，"词类是语词在文法上的分类。"——这跟一般的看法无异。

其二，"词类是观念性质在语法中区分的品类。"——"观念性质"指词的意义。这明显地依据词的意义划分词类。

其三，词类与词品有别："从观念本质上区分的类叫词类；在句法中划入的成分叫词品。"——这一点过去许多学者未曾充分注意。

其四，"词品"就是指词进入句子所居的语法位置（或者说"进入句子能做什么成分"）——这点黎先生的单句图解图有十分清楚的显示。请看：

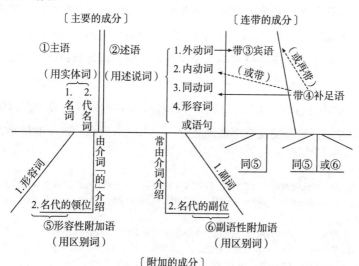

图5-3 黎锦熙的单句图解图

这清楚显示了词类跟句子成分之间的关系：

主语——名词、代名词

述语——动词和形容词

宾语——名词、代名词①

补足语——同动词所带的补足语是名词、代名词；外动词所带的补足语为动词或形容词。②

定语——形容词

状语——副词

由此可知，黎锦熙先生的"词类/词品"说，实际就是指明按意义划分所得的词类跟析句所得的句子成分相对应的情况。

其五，"凡词，依句辨品，离句无品"。这已成为学界的名言。刁晏斌（2010）这样评价这句话：

"凡词，依句辨品，离句无品"这句话的核心是"依句辨品"，客观地说，它在黎氏语法体系中占有重要地位，是黎氏"句本位"语法的重要内容，也是他的词类观的集中反映。它有着浓厚的时代背景，反映了黎氏自己对汉语词类问题的系统思考，同时也是他语法研究和教学实践的总结。正因为如此，在几乎所有关于黎氏语法的论著中，它都成为一个绕不开的话题。

如果我们注意上述"其三"，回过头去看看以往学界中对这句话的理解，就会发现有不准确之处——以往有人将"辨"就理解为

---

① 图上没标明做宾语的是名词，原因是不便标示。但书中有交代，"外动词的后面，一定要再带一种实体词（即名词或代名词，引者注）。这所带的实体词，……就叫做宾语"（23页）。

② 图上也没标明做补足语的是哪类词，但书中有交代，"作同动词的补足语的，多半是实体词"（24页）而外动词所带的补足语，从书中所举例子看，都是动词或形容词；（25—27页）另见65页注4的说明："外动词的补足语第一种，也用的是动词，……是散动词。""散动词"实际上是"名词形式"的别称（如同英语里的动词不定式和名动词）。

"（划）分"，这显然不妥，该理解为"辨别"；以往多数人将"品"直接理解为"词类"，现在看来也不妥切，当理解为"词品/词性"。我们觉得，"凡词，依句辨品，离句无品"这整个话语似该理解为：任何词，依据句子才能辨别它在句中的词品（在句中做什么成分）；离开句子，就不能确认它在句中是什么词品。不过，后来黎先生自己也将"品"理解为"词类"了。他在后来发表的《词类大系——附论"词组"和"词类形态"》一文就将"依句辨品"解释为：

> 其实，"辨"是辨别，依着句子的组织来"辨别"固有的词类，正和依着"词组"来"鉴定"词类是同样的意义……

而且黎先生在后来的版本中将"凡词，依句辨品，离句无品"修改为：

> 凡词，依靠结构，显示品类。（32 页注 10）

而这一来反倒出问题了，原文的"离句无品"真成了"离句无类"了，成了"汉语无词类了"。

四 "实体词七位"说和动词的"散动词"说

按《新著国语文法》（31页）的单句图解图，根据意义确定的词类，特别是名词和动词，进入句子会满天转类。拿名词、代名词来说，进入句子不仅能做主语、宾语、补足语，还能做定语、述语，有的（如时间名词、处所名词）还能做状语，这样，名词入句就得转成形容词、动词和副词；动词也会呈现类似情况，进入句子除了做述语和部分宾语补足语外，还能做主语、宾语、定语，这样动词入句还会转成名词、形容词、副词。其结果：（1）按意义定词类就变得毫无意义；（2）必将造成汉语"词无定类"，并将走向"汉语无词类"的境地。黎锦熙先生看到了这个问题，同时考虑到汉语本身的特点，所以对于名词、代名词，提出了"实体词七位"之说（33页）；对于动词，提出了"散动词"（亦称"散动式"）说（65、112页）。显然，"实体词七位"说和"散动词/散动式"说，都是黎先生汉语词类观的重要内容。

"实体词七位"具体指名词、代名词入句可以进入七种句法位置：（1）主位，即主语位置。（33页）（2）呼位，"在句子形式上，是离开句子而独立的；但是在说话的意义上，实在是叫他作这句话的真正主语"。例如："桂官！且坐着！""桂官！我且问你！"（34页）（3）宾位，即做宾语。（35页）（4）副位，"在副位的名词，就是用作述语（或非述语的动词）的附加语的"（43页）。或说："凡名代用在介词之后的，……通叫做在副位"①（43页）。（5）补位，即做补足语。（49—50页）（6）领位，即做定语。（52—55页）（7）同位，即出现在同位结构中，如"首都北京""蚂蚁这种动物"；或代词复指，如："电气，它是很有用的。""这本书，我很爱它。"（57—59页）

为什么要设"实体词七位"？黎先生自己有交代与说明：

> 国语的词类，词形上既没有严格的分业，就得多从句法成分上辨别出它的用法来。（17页）

> 譬如一个"人"字，一望而知其为名词，但若多找出句子来作例，就可证明用法无限制，因为它有时也作述语用，如古文中之"人其人"（韩愈《原道》）是；有时又可作形附来用，如普通语词里的"人熊""人参""人鱼"都是；有时更可作副附用，如古文中"豕人立而啼"（《左传》）是。人字在所

---

① 表时间或地位的名词的副位可不用介词，如："这座铁桥，〔 〕'今年秋季'完工。""'明天'工人休息。""茶棚里坐着许多的工人。"（44—45页）

表观念的性质上，是一个纯粹确定的名词，已经没有疑义，犹且能够如此活用，而活用的时候，成分虽改，形体仍旧，并不像西洋文字都有词头（Prefix）或词尾（Suffix）种种形态变化的表示；这就不必跟他们一样地都说为词类转变，只须"从句法成分上辨别出它的'用法'来"，名词就始终是名词，只把它区别为几个"位"就行，即此可见中国文法的特质了。（17页注7）

这无疑为名词进入句子不用到处转类找了个解决办法。

"散动词/散动式"，是指进入句子而并不处于述语位子上的动词性词语。^① "散动词/散动式"有如下三种：

一是"当名词而用为主、宾、补三个主要成分的散动词"。例如下面例子里的"坐、立""种花"和"耍狗熊"：

（1）"坐"、"立"都不是。

（2）"种花"是一件很快乐的事。

（3）他们往天桥去看"耍狗熊"。（65页）

二是"用作形容性附加语，可当形容词看"。例如下面例子里的"飞""走""来""打虎"：

（4）"飞"禽、"走"兽，都受了人类的支配。

（5）"来"的人是谁？

（6）"打虎"的武松是他的叔叔。（65页）

三是"用作副词性附加语，可当副词看"。例如下面例子里的"使劲"和"笑着"：

（7）武松用拳头"使劲"打那只老虎。

---

① 黎先生在书中交代，散动词是《马氏文通》定的名称，恰相当于英语中的"无定法"（Infinitive mood）和"分词"（Participle）。（66页注5）

（8）他"笑着"说话。（65页）

"散动词"说无疑为动词进入句子不用到处转类找了条出路。

就汉语而言，如果按词的意义给词分类，又要仿照印欧语将词类跟句子成分对应起来，必然出现"词有定类，词无定职"到处转类的混乱局面。黎锦熙先生提出"实体词七位"说和"散动词"说，则为解决这一疑难问题提供了一种可供选择的方案。①

五　如何评价黎锦熙的汉语词类观？

对于黎先生的语法思想和汉语词类观，特别是对"凡词，依句辨品，离句无品"之说历来评说不断。学界多数学者除了肯定《新著国语文法》的历史地位和"句本位"语法思想的进步性之外，对黎锦熙先生的词类观，特别是对黎先生的"凡词，依句辨品，离句无品"说，基本都持否定态度。请看：

吕叔湘先生对黎先生的汉语词类观也持否定态度。吕叔湘（1954）认为，黎锦熙"这种分类法的缺点，那是很严重的。因为这个理论的逻辑的后果应该是：（1）不能从词的意义方面说明词类（……）；（2）脱离句子的词不能说出它属于哪一类"，并认为"黎先生的实践和他的理论是有些脱节的"。朱德熙先生也持否定态度，朱德熙、卢甲文、马真（1961）也认为动词、形容词做主宾语就"名词化""名物化"之说实际"跑到汉语无词类路上去了"。而作为汉语语法学史的几部代表作都只是肯定《新著国语文法》的历史地位

---

① 关于形容词，《新著国语文法》只提了形容词可以做述语，"算作'述说词'了"；提到了用作"属于连带成分"的"补足语"，但书中未提及形容词做主宾语的情况，当然就没提出形容词做主宾语该怎么分析处理。这不能不说是《新著国语文法》的一点缺憾。

和"句本位"语法思想的进步性,但对黎锦熙先生的词类观,特别是对黎先生的"凡词,依句辨品,离句无品"说,基本都持否定态度,认为实际是"词无定类"论,"客观上也就否认了汉语词类的存在","在语法史上产生了坏的影响"。① 郭锐(2018:21)认为,《马氏文通》《新著国语文法》"根据词的意义划分出词类,但又根据词在句中的位置判断其转类","这样处理,实际上有两个词类系统,一个词类系统根据词义划出,另一个词类系统根据句法成分划出。既然可以根据句法成分划出第二个词类系统,根据词义分出的第一个词类系统也就成了多余,而根据句法成分划出的词类系统由于把词类同句法成分一一对应起来,结果得出词无定类的结论"。其余的,如董杰锋(1984)认为,"依句辨品"这"实际上等于取消了词类,也就是取消词法";林玉山(2005)认为"'依句辨品'的结果必然是'离句无品',这就等于取消了词类"。

20世纪进入90年代,开始有学者对黎先生的词类观给以一定的肯定。邢福义(1991)认为,"'依句辨品'这一说法本身还是符合汉语实际的"。胡明扬(2002)认为"'依句辨品'没有错误",因为"区分词类必须要在句子里面来进行","离开具体的句子,孤立的词语就不具有任何句子成分功能";"至于'离句无品',也没有错,因为在现实生活中根本不存在孤立的词语,而词典和词表中的词语仅仅是语言学家的抽象的产品,一切真实的词语都只存在于鲜活的句子里面"。彭兰玉、王政祥(2017)认为,黎锦熙的"句本位"思想具有原创性,"凝聚着他个人对语言本质的深刻思考",同时认为"'实体词七位','凡词,依句辨品,离句无品'的观点或方法,有

---

① 分别参看林玉山(1983:77)、马松亭(1986:53)、龚千炎(1987:52、62)、陈昌来(2002:68)、邵敬敏(2006:79)。

很深的认知理据，影响至今"。史有为（2004）也认为，"黎氏主张'词类要把句法做分野的依据'，是引进句法的形式标准。这才是'依句'之原意。所以从这一点来看，'依句辨品'有理。如果是绝对孤立的状态，我们无法知道其用法，那也就无法决定其类别，因此，'离句无品'也就并不无理"。刁晏斌（2010）更是取肯定态度，他说：

> 黎锦熙先生《新著国语文法》中的"凡词，依句辨品，离句无品"一句话长期以来饱受非议，这样的评价并不公平。如果能够把握"辨"等的准确含义，并且把所指对象限定在"合适"的范围内，"依句辨品"是正确的。……一旦承认了"依句辨品"的合理性，对依附于前一句话的"离句无品"也就没有理由否定了。

而且他从"汉语词的实际情况""划分词类的标准""黎氏自己的说解""其他学者的相关讨论""相关的研究和实际工作"以及"国外的某些研究"六个方面论说了"'依句辨品'说的合理性"；而"'离句无品'正是'依句辨品'的自然、合理延伸"，因此"'依句辨品'是正确的，而在同一范围内，'离句无品'同样也是正确的"。

学界对黎锦熙先生的汉语词类观的评论，有反面的，有正面的。到底该怎么看，任由学界众人来评说，历史会作出最后的结论。不过有一点必须指出，评论黎先生的汉语词类观不能离开20世纪20年代我国语言学的学术背景，更要看到汉语的特点。我觉得，黎先生的"凡词，依句辨品，离句无品"固然可以将它看作黎先生本人的汉语词类观，更应该将它看作黎锦熙先生对汉语特点，特别是对汉语词的特点的深刻揭示，这对他之后的汉语语法研究有深刻影响。

第六讲
陈望道的汉语词类观

陈望道（1891—1977），原名参一，笔名佛突、雪帆，浙江义乌人。早年留学日本，1919年五四运动爆发后回国，积极投身于"五四"新文化运动。1920年5月与陈独秀等在上海组织马克思主义研究会，同年翻译并出版了《共产党宣言》第一个中文全译本，对当时传播马克思主义起了巨大影响。陈望道先生也是我国知名的语言学家。1932年出版《修辞学发凡》，提出了新的修辞理论，发前人所未发，创建了现代修辞学。曾执教于复旦大学、安徽大学、广西大学等高校，1952年起出任复旦大学校长。陈先生在汉语语法研究方面也有建树，尤其在词类研究方面有独到的见解。陈先生有关词类问题的论述主要在以下两方面论著中———一是在20世纪三四十年代"中国文法革新讨论"中发表的一系列文章；二是20世纪70年代出版的《文法简论》。

一 "文法革新讨论"系列论文呈现的词类观

在第四讲"关于汉语词类问题的两次大讨论"介绍了20世纪30年代末、40年代初掀起的"中国文法革新讨论"。陈望道先生是这场大讨论的直接发起者。陈望道先生反对在汉语语法研究上对西洋语法的机械模仿、生搬硬套。他于1938年首先发表了《谈动词和形容词的分别》一文，明确指出"中国语文的动词形容词的用法和西洋的实际并不完全相同"，得到学界积极响应，由此直接引发了汉语语法研究史上第一次学术大辩论——"中国文法革新讨论"。在讨论中，陈望道先生又先后发表了《〈一提议〉和〈炒冷饭〉读后感》（1938b）、《文法革新的一般问题》（1939a）、《从分歧到统一》（1939b）、《回东华先生的公开信——论文法工作的进行、文法理论的建立和意见统一的可能》（1939c）、《漫谈文法学的对象以及标记能记所记意义之类》（1939d）、《文法革新问题答客问》（1940）、《答复对于中国文法革新讨论的批评》（1941）、《论文法现象和社会的关系》（1943a）、《文法的研究》（1943b）和《〈评黎锦熙的新著国语文法〉书后》（1943/1958）等论文。这些论文陈述、说明了以下一些观点：

在"需要一个什么样的汉语词类体系"问题上，陈望道先生坚持革新，认为"革新的气势已经形成了"，"革新的难得，希望大家现在能够宝重这革新，尽量辅助其完成"（《〈一提议〉和〈炒冷饭〉读后感》）。

在"应取'双轴制'还是'一线制'"问题上，陈望道先生认为"分部析句两步工作还是要分的"（《文法革新的一般问题》），支持"双轴制"观点。并说："我们认定双轴制的存在实在另外有它坚强的根据，不致因形态变化的有无而存废，又旧制的不大自然也另外有它的根源，就是在词论这样组织有特殊性的方面也去模仿别人不肯自己用心缔造的缘故。"（《从分歧到统一》）

在"怎么看待汉语的形态"问题上，陈望道先生首次提出了"功能"之说。他说："功能是语参加一定配置的能力，组织是由功能决定的语和语的配置。组织要受功能限制，功能要到参加组织才能显现。"（《文法的研究》）这对后来的汉语语法研究，尤其是汉语词类研究，有很大影响。

总之，在他发起的"文法革新讨论"中，陈望道先生批判了机械模仿、生搬硬套的错误，明确地提出了用功能观点来研究汉语词类、来研究汉语语法的见解。

二 《文法简论》呈现的词类观

中华人民共和国建立后，陈望道先生仍继续从事语法研究。1955年12月，他在复旦大学设立了"语法、修辞、逻辑研究室"，并主持研究室的工作。在第四讲第一节里就指出，是陈望道先生首先提出了"词的功能"之说。只是由于当时受整个学科水平的限制，陈望道先生的观点没有能形成划分汉语词类的具体标准，未能真正解决汉语词的分类问题，但对后来的汉语语法研究有重要影响。1977年，陈望道先生在病榻上完成了最后一部著作《文法简论》，在他去世后的第二年（1978）由上海教育出版社出版。全书共分七章，书中对汉语语法、汉语词类问题作了很系统的论说。

《文法简论》首先对文法作了扼要的说明。他指出，"文法是语文的组织规律"；"文法上的组织讲到句子为止"[①]；"语文的组织法则，甚至是整个的语文现象，都是'约定俗成'的"。对文法学的体制，《文法简论》有一段很精辟地论述：

> 文法可以分为词法和句法两个部门。
>
> 词法——研究成词的方法（从未成词到成词，即语素的配置），词的功能的类别。

---

① "文法上的组织讲到句子为止"这一观点跟吕叔湘先生的观点不谋而合。吕先生在《汉语语法分析问题》32小节说："一般讲语法只讲到句子为止，篇章段落的分析是作文法的范围。"

句法——研究成句的方法（从未成句到成句，即词的配置），词组和句子的类别。

词法和句法这两个部门是互相依存的，所讨论的内容常有交互错综的关系。因为造句的材料和材料组成句子的法式有着密切的联系，正如建筑房屋一样，一定的建筑材料总是同一定的建筑物相关的。当然，这两个部门又是有区别的：词法中的重要工作是词类区分；句法中的重要工作是句子成分的划分及成分配置的研究。由于这两个部门既有联系又有区别，因此，在研究文法的时候，既要将这两个部门的纠结解开，又要求得它们之间的相互配合。（9页）①

在汉语词类问题的论述上，陈望道先生的主要观点是：

（一）将词类看作词法的一部分，认为词法就是研究"词的功能的类别"（9页），并认为，汉语"略带一点句法学做中心的倾向"，"汉语研究词法旨在说明句法"（10页）。

（二）认为词类是"词的文法分类"。"研究词的文法分类就是为了研究语文的组织，为了把文法体系化，为了找出语文组织跟词类的经常而确切的联系来"（38—39页）。

（三）认为"文法中词的分类是重要的，也是可能的。之所以是重要的，是因为词类是辨认文法的线索，词的类别分得好、分得对，就可以说明语言的组织，显示词的用法，指导人们自觉地运用词"（39页）。

（四）认为"词类区分的准据是功能"。"功能，就是词在语文组织中的活动能力"，"是词参加一定配置的能力"（40页）。"词类区分的基本原则是依据词在组织中显示的功能"，这"可以从下面三方

---

① 引文均引自《文法简论》（上海教育出版社 1978 年版）。

面看出：（1）词在组织中接连的程式；（2）词在组织中通贯的条理；（3）词在组织中会同的境界"（43页）。

（五）特别强调，"意义不是区分词类的准据"（51页）。"形态也不是区分词类的准据"（55页），狭义形态"是功能的标志"，"凭'形态'分出来的词类，归根到底还是功能的类"（56页）。陈望道先生不主张采取多标准，指出"多标准意味着无标准，多标准是不可能合理地区分词类的"（58页）。

（六）词类区分的基本方法是"词的分类要用词的配置功能作枢纽：从配置求会同，从会同定词类"[①]（44页）。

三　陈望道的词类体系

陈望道先生依据他的词类理念，提出了自己的词类体系。

首先将汉语的词分为实词和虚词两大部门。

实词，分为体词、用词、点词、副词四大类。其中，体词包括名词、代词两类；代词又分人称代词、关接代词、询问泛提代词三小类。用词包括动词、形容词、断词、衡词四类。点词包括数词和指词两类，并附小类单位词。副词内附小类限词和饰词。

虚词，分为介词、连词、助词三类。其中，介词分前置介词和后置介词两小类；连词分并列连词和搭配连词两小类；助词分起发助词、提引助词、顿挫助词、收束助词和带搭助词。

在实词、虚词之外另立特殊词类"感词"，又细分呼词与叹词两小类。陈望道先生的词类体系可列表如表6-1：

[①] 陈望道先生所说的"配置"和"会同"就是指索绪尔所说的"组合关系"（syntagmatic relation）和"聚合关系"（paradigmatic relations）。

图6-1　陈望道的汉语词类体系

部门	大类	类	小类
实词	一、体词	1.名词	
		2.代词	甲、人称代词；乙、关接代词；丙、询问泛提代词
	二、用词	3.动词	
		4.形容词	
		5.断词	
		6.衡词	
	三、点词	7.数词	附：单位词
		8.指词	
	四、副词	9.副词	甲、限词；乙、饰词
虚词		10.介词	甲、前置介词；乙、后置介词
		11.连词	甲、并列连词；乙、搭配连词
		12.助词	甲、起发助词；乙、提引助词；丙、顿掣助词；丁、收束助词；戊、带搭助词
		13.感词	甲、呼词；乙、叹词

陈望道先生对每一类词都具体作了描写与说明。鉴于大家对陈望道先生所用词类名称不一定熟悉，特说明如下：

（一）"体词"是指"用以指称事物的实词"，包括名词和代词。"用词"是"用以陈述情况或事理的实词"，包括动词、形容词、断词、衡词。"点词"是"用以点分事物的数目或位置的实词"，包括数词和指词（即一般所说的"这""那"等指示代词），另附"单位词"一小类。"感词"即"感叹词"，分为：（1）"表示呼唤或应诺"的"呼词"，如"喂""嗯"等；（2）"表示惊叹、喜悦、悲伤、愤怒、惊讶"的"叹词"，如"哈哈""啊""唉"等。

（二）代词中的"关接代词"是指"不论人称，不问远近，按照一事物在语文组织中同其他成分相关相接的情况称代它的代词"，如"其""之"等词。代词中的"询问泛提代词"就是指疑问代词。陈望道先生所说的"泛提"就是如今一般所说的疑问代词非疑问用法，即表示任指（如"这件事谁都知道"里的"谁"）或虚指（如"你就随便买些什么"里的"什么"）的用法。

（三）"断词"是指"标示事物关系"的词，如"是""像""为"等词（目前都已归入动词）。

（四）"衡词"是指"标示事理趋势"的词，如"应当""能够""可以""敢""会""肯"等词（即一般所说的"能愿动词"）。

（五）副词中的"限词"是指"在附加法式中作状语时对原先语起限制（表示式度）的作用"的副词，如"不""刚""都""很""非常"等。副词中的"饰词"，是指"在附加法式中作状语时对原先语起修饰（摹拟气势或神态）的作用"的副词，如"率然""欣然""简直""索性"等。

（六）介词中的"前置介词"就是我们一般所说的介词，如"把""从""向""对（于）""关于"等；"后置介词"是指"七岁上""屋子里"的"上"和"里"等。

（七）"并列连词"是指表示联合关系的连词，如"和""而""并（且）""或"等连词；"搭配连词"是指表示主从关系的连词，如"因为""所以"、"虽然""但是"、"倘""然而"等连词。

（八）助词中的"起发助词"是指"多用在句首，揭举事物"的助词，文言中的"夫""惟""盖"等；白话中的"话说""却说"等。"提引助词"是指"可有新闻没有"里的"可"、"难道你不知道吗？"里的"难道"[①]、"这些女孩儿所疼的独有你母亲"里的"所"等。"顿挚助词"是指"喜欢呢，拿去玩儿；不喜欢呢，就放着"里的"呢"，"她呀""什么汤呀""药呀""冷呀""热呀""都喜欢管"

---

① "难道"现在一般归入副词（语气副词）。

里的"呀","一来……，二来……""一则……，二则……"里的"来"和"则"等词。"收束助词"是指句末的"了""呢""吗"等。"带搭助词"是指文言里的"之"，白话文里的"的""地""得"和"说个没完没了"里的"个"。

（九）感词里的"呼词"是指"喂""哦""嗯"等词；"叹词"是指"哈哈""啊""唉"等词。

陈望道先生有关汉语词类问题的论述是全面的，系统的，对后来的词类研究乃至汉语语法研究都有很大的影响。

第七讲
赵元任的汉语词类观

赵元任（1892—1982），江苏武进（今常州）人，生于天津。1907年考入南京江南高等学堂预科，成绩优异。1910年7月，18岁的赵元任到北京参加"庚子赔款"留美考试，以第二名的成绩被录取，同年8月赴美，入康奈尔大学学习数学、物理、音乐。1914年，获理学士学位。1915年，入哈佛大学主修哲学并继续选修音乐。1918年，获哈佛大学哲学博士学位。他先后任职于美国康乃尔大学、哈佛大学，中国清华大学、中央研究院史语所，美国夏威夷大学、耶鲁大学、密歇根大学，后长期（1947—1963年）任教于加州大学伯克利分校直至退休。赵元任在清华大学任教期间，与梁启超、王国维、陈寅恪一起被称为清华学校国学研究院的"四大导师"。

赵元任是大家公认的语言天才。他能说北京话、保定话、常州话、常熟话、苏州话、福州话、南京话、长沙话、四川话等数十种汉语方言，并通晓英语、法语、德语等外语。赵元任早年的求学经历，使他具有极为广阔的学术背景——"融会古今、贯通中外、横跨文理、精通音乐"①。"赵元任是国际上公认的语言学大

---

① 引自袁毓林为其主编的《中国现代语言学的开拓和发展——赵元任语言学论文选》（清华大学出版社，1992年）所写的"前言"。原话是："赵元任能取得这么大的成就，固然与他天资聪慧、工作勤奋有关，但更主要的一点是赵先生具有极为广阔的学术背景，可以概括为：融会古今、贯通中外、横跨文理、精通音乐。"

师"①，以他杰出的学术成就对中国文化，尤其是对汉语语言学产生了深远的影响。

一 赵元任的语言研究

赵元任的主要成就在语言学方面。他在语言学的各个方面都有深入的研究和杰出的贡献。赵元任从20世纪20年代开始就致力于推行国语（类似于今天推广普通话）的工作，参加了汉语标音符号系统的创制，独立完成了国语罗马字的制定。1922年赵元任在商务印书馆出版了《国语留声片课本》，这是为推广国语服务的，在推行国语的工作上起了示范的作用。接着于1925年又在商务印书馆出版了 *A Phonograph Course in the Chinese National Language* （《国语留声机教程》）②。"这本教材是具有开创性的意义的，对现代对外汉语教材的编写、对外汉语教学历史以及对外汉语教学方法都有很高的参考价值。"（刘颖红，2012）该书无疑可视为第一部汉语作为外语教学的初级汉语口语教材，所以我们可以毫不夸张地说，赵元任是从事对外汉语教学的先驱。

赵元任从1927年起从事方言研究工作，调查过吴语（江苏南部和浙江）、粤语、徽州话和江西、湖南、湖北三省的方言，发表过很多调查报告和专题论文，代表性的有《现代吴语的研究》（1928）、《钟祥方言记》（1939）、《湖北方言调查报告》（1948）、《中山方言》（1948）、《台山语料》（1951）、《汉语常用植物词》（1953）、《汉语称

---

① 引自季羡林先生为《赵元任全集》（商务印书馆，2002 年第 1 卷）所写的《总序》。

② 1922—1923 年，赵元任受聘于哈佛大学，教授中文。该书是赵元任在哈佛大学开展汉语教学所用的教科书。

呼用词》（1956）等。其中《现代吴语的研究》是中国第一部用现代语言学方法研究方言的著作，包括30处的调查材料，而他与4位同事合著的《湖北方言调查报告》包括64处的调查材料。

赵元任在记音方法和记音工具上也有重要的贡献。他1934年发表《音位标音法的多能性》一文，该文开头就指出：

> 这篇文章的主要目的是要证明，把一种语言里的音化成音位系统，通常不止一种可能的方法，得出的不同的系统或答案不是简单的对错问题，而可以只看成适用于各种目的的好坏问题。

这明确告诫我们，在根据调查所得的语音材料来归纳音位系统时，可以有多种选择，不是只有一种办法、一种答案。该文论述清晰，用力精当，后来成为音位理论的经典著作之一，时时为各国语言学家所广泛引用。

在语法方面，赵元任于1948年出版了 *Mandarin Primer: An Intensive Course in Spoken Chinese*（《国语入门》）一书，该书的语法部分已经较为全面地反映了美国结构主义描写语言学的理论方法，可以说已构建了一个新颖的现代汉语语法体系的雏形。20世纪50年代初，李荣先生单独将该书语法部分翻译成中文，取名为《北京口语语法》，于1952年由开明书店出版，1953年改由中国青年出版社出版。于是，美国结构主义描写语言学的理论方法开始影响现代汉语语法研究，这突出体现在丁声树等《现代汉语语法讲话》[①]一书中。该书被视为中国第一部全面运用美国结构主义描写语言学的理论方法来构建现代汉语语法体系的专著，在汉

---

① 该书内容曾以"中国科学院语言研究所语法小组"的名义、以"语法讲话"为篇名在《中国语文》上连载（1952年第7期—1953年第11期）。

语语法研究中有很大影响。

赵元任最重要的语言学著作是1968年出版的 *A Grammar of Spoken Chinese*（《中国话的文法》）。这是一部现代汉语语法专著，可以说是在《国语入门》基础上进一步运用美国结构主义描写语言学的理论方法对现代汉语语法进行了更为全面深入的描写说明，极具开创性，对后来的汉语语法研究影响极大。

二 赵元任的汉语词类观

我们说到现代汉语词类，一般都是首先想到黎锦熙1924年问世的《新著国语文法》，原因是《新著国语文法》的出版标志着系统的现代汉语语法学在中国的诞生；再说《新著国语文法》在早期的语文教学中广为使用，所以语文教学界和汉语学界对该语法著作普遍知晓。而当谈到赵元任的词类观，一般想到的是赵元任的《国语入门》和《中国话的文法》，因为汉语学界一般都阅读过这两本著作的英文原著或中文译本。然而，根据史料，就现代汉语词类概念和术语的使用，其实是始于赵元任的《国语留声片课本》和《国语留声机教程》——在《国语留声片课本》中就使用了"名词、代名词、副词、连词、语助词、感叹词"等现代术语[①]，但没有进行具体说明，仅是举例。而在《国语留声机教程》第二部分"句法的基础"和第三部分"词语、成语和话题"中，更是使用了"代词、量词、名词、副词、助词、动词、关系词、介词和方位词"等现代术语，

---

① 《马氏文通》及其稍后的一些汉语语法著作，一般都沿用《马氏文通》所使用的词类术语，如"名字、动字、静字"等。我们将赵元任、黎锦熙开始使用的"名词、动词、形容词"等词类术语称为词类的"现代术语"。

而且有所分析和阐释。由于《国语留声片课本》是推广国语的教材，《国语留声机教程》是汉语为外语的汉语教材，对汉语词类问题并未从理论上加以论述，在国内影响面小，鲜为人知。[①] 事实上从现代汉语词类的角度看，《国语留声片课本》和《国语留声机教程》可视为《国语入门》的雏形。

在《国语入门》（相关引用出自李荣编译《北京口语语法》）里专门有一节谈了"词类"问题，已明确指出要"拿语法功能做标准"把词"分分类"（31页），并据此给词分了些类。书中已将时间词、处所词、方位词[②] 从名词中分离出来，各自独立成类；已将形容词并入动词，称为"性质内动词"；只是都没有展开论述，说得比较粗略。《中国话的文法》在《国语入门》的基础上对现代汉语语法，包括词类问题，作了更为全面深入的论述。在第一章"序论"里谈到词类问题，还专设第七、第八两章专门讨论并论说汉语词类问题，有了一个完整的现代汉语词类体系，可以说全面反映了赵元任的词类观。[③] *A Grammar of Spoken Chinese* 有两个中文译本：一个是吕叔湘的简译本《汉语口语语法》，于1979年由北京商务印书馆出版。另一个是丁邦新的全译本《中国话的文法》，于1980年由香港中文大学出版社出版。考虑到汉语学界语法术语的使用习惯，下文所引赵元

---

① 刘颖红（2012）也指出："赵先生后来著作中的很多观点都直接来源于《教程》，或者继承，或者深化，尤其是《国语入门》，只可惜因为长期流落海外，《教程》不能像《国语留声片课本》《新国语留声片课本》《粤语入门》《国语入门》那样被广为人知。"

② "处所词""方位词"李荣编译的《北京口语语法》中分别用的是"地位词""定位字"（见33页）。

③ 20世纪50年代问世的《语言问题》，虽是一部重要的语言学著作，但未专门论及汉语词类问题，只是在第四讲"词汇跟语法"里谈到"类别"问题时说了这么一句话："类别这一门啊，是特别重要的，尤其在中国语言特别重要。"（见《赵元任全集》第1卷49页，商务印书馆，2002年）这里所说的"类别"就是指"分类"。因此赵元任的汉语词类观主要体现在《中国话的文法》这一语法专著中。

任的话均依据吕叔湘的简译本《汉语口语语法》。

赵元任的汉语词类观，依据我个人的理解与认识，具体如下：

（一）词类是词的形式类

赵元任认为："语法描写的很大一部分是语言形式的分类。"（5—6页）"一个形式，从最广义来说，是语言的任何一个片段，无论多长还是多短。可是实际上，作为语法分析的对象的形式，不包括很小的，例如音素，音素属性（如不带声），也不包括很大的，如一个剧本的全部对话。一般只把最小的有意义的单位即语素，两个停顿之间的最大的单位即句子，以及二者之间的大大小小的单位，包括在语法分析之内。"（6页）"形式作为类（type）而不作为例（token）。"（7页）"一般地说，一个词类是一个其成员都是词的形式类。"（227页）

（二）词类是"按其功能分的类"

赵元任认为："形式类是语言形式按其功能分的类，大大小小的形式都包括在内。例如'梨'、'雪梨'，'很大的梨'，'我昨儿买的梨'都属于名词性词语这个类。但是只有'梨'（单语素词）和'雪梨'（复合词）是词，属于词类里边的名词类。"（227页）"语法是研究一类一类的形式出现或不出现在由别的类构成的框架或槽之中的。所有在这一点上行动一致的形式是同一个形式类的成员。"（7页）赵元任认为，"类意义或语法意义""只有方便提示的作用，不再用作实在的标准"（9页）。

（三）关于实词和虚词

赵元任认为，"中国的传统的实字和虚字的分别跟现代的内容词和功能词的分别密切相应。……汉语里实词和虚词的分别，实素和虚素的分别，在一定范围内是个程度问题。'的'，'着'，'儿'，'子'等后缀显然是虚素，'嘿'，'呐'，'啊'等助词也显然是虚素。'有'，'在'，'还'等词是中间性质。程度副词'好'，'那么'，时间量词'天'，方位词'里'，'边儿'，除结构意义外也有相当确定的实质意义。同样，趋向补语'来'，'去'有相当'实'的意义；我们把'起来'看做有多重的词类成员资格，在'飞起来'里是趋向补语，在'哭起来'里是动态后缀"（230—231页）。

（四）词类的细分和总括

赵元任认为，"对于某种分类要不要再分小类或总括成大类，总的原则是问，关于这样建立起来的单位是不是能作有意义的说明。例如名词可以再分为个体名词，物质名词等，因为个体名词可以带个体量词'个'或至多两三个别的个体量词……而物质名词不能带'个'或任何个体量词……另一方面，在名词，代词等等之上可以建立一个体词类，因为它们全都能做主语，宾语，能受形容词性词语的修饰。在形容词和（动作）动词之上可以建立一个谓词类，或者叫做广义的动词，因为它们全都能做谓语，能受副词性词语的修饰。是否有足够的差别值得据以划分小类，是否有足够的共同性质值得据以建立大类，有时候是个大有选择余地的问题"（231—232页）。

（五）对汉语词的分类作多方面观察

对汉语的词的分类，赵元任不局限于某一方面（如实词和虚词的分类）的观察，而是采取多方面的观察——"可列举的类和开放的类"（228页），"有标记的和无标记的词类"（230页），自由词和不自由词（黏着词）① （80页，97页，231页），等等。

（六）关于"跨类"（即"兼类"）

赵元任认为："跨类指的是同一个词属于两类，不是指同音的两个或几个词属于不同的类。"（230页）"每种语言都有一定比例的词是兼属两类或三类的，不管你怎么分类都难于避免。"（228页）汉语的例子如：（229页）

怪：（1）这很怪。（形）（2）怪难看的。（副）（3）别怪我。（动）

背：（1）背上。（名）（2）背一首诗。（动）（3）今儿手背。（形）

"跨类的总是少数。"（229页）

三　赵元任的现代汉语词类体系

赵元任对他所分出的各类词都作了细致说明，有的进行了详尽的列举；并按照他自己的词类观建立了一个现代汉语词类体系。具体如下：

体词

　名词

　专有名词

　处所词

　时间词

---

① 赵元任先生在书里没有明确说，是从该书的 3.2 节"自由形式和黏着形式"推断的；而 3.8.2 小节有"黏着词"这一术语。

D-M复合词①

区别词②

量词

方位词

代名词③

广义的动词（即"谓词"，包括一般所说的形容词）

动词④

介词

副词

连词

助词

叹词

四　赵元任的词类观对汉语语法学界的影响

赵元任的语言学论著对语言学界影响很大，尤其是他的《中国

---

① "D-M"是指"数词＋量词""这／那＋量词""这／那＋数词＋量词"这样的组合形式，如"三本""这／那本""这／那三本"。

② "区别词"包括四小类：a. 指示区别词，如"这、那、哪"；b. 分疏区别词，如"每、各、别、另、某"；c. 数目区别词，即我们一般所说的数词；d. 量度区别词，包括"一脸的脏"中的"一"，"满肚子不高兴"中的"满"，"全国、全副武装"中的"全"，"整瓶、整条街"中的"整"，"半个、半分钟"中的"半"，等等。

③ "代名词"指"你、我、他、咱、它、你们、我们、他们、咱们、它们、人家、自己"和"谁、什么"等。

④ "动词"即"广义的动词"，包括一般所说的形容词，下分九类：a. 不及物动作动词；b. 不及物性质动词，即一般所说的形容词；c. 不及物状态动词；d. 及物动作动词；e. 及物性质动词，指"饿、饱"和"塞住了"中的"塞"、"管子通了"里的"通"等一类词；f. 分类动词，指"等于、姓、当（老师）、叫（我叫小毛）、做（做好人）"等一类词；g. "是"；h. "有"；i. 助动词。（292—293 页）

话的文法》对现代汉语语法研究有很深刻的影响。突出的有两点：
（一）句法分析开始以形式为出发点。譬如现代汉语语法研究和教学中的经典例子"台上坐着主席团"，从丁声树等《现代汉语语法讲话》开始，就普遍接受"台上"是主语（因为句首的"台上"在动词前面），"主席团"是宾语（因为"主席团"出现在动词后面）。（二）对于汉语的"主语-谓语"用"话题-评述/说明"来解释。

赵元任的现代汉语词类观对现代汉语语法研究更有直接的影响：（一）普遍接受以词的语法功能，以词的分布，作为划分汉语词类的依据这一词类观。（二）对于实词中的各个类，诸如名词、动词、形容词等，一般都总括为"体词"和"谓词"。（三）大家开始注意从多角度、多方位、多层面来观察、认识汉语词类问题。

但汉语学界对于赵元任的词类观和具体的分类处理，也并非全盘接受。譬如，没接受将"专有名词""D-M复合词"独立为一类的处理办法；对于赵元任的"区别词"也没采纳。①

---

① 目前的现代汉语词类体系内也有"区别词"一类，但"内容"完全不同。详见吕叔湘、饶长溶《试论非谓形容词》，《中国语文》1981 年第 2 期；朱德熙《语法讲义》里关于"区别词"的论述。

第八讲
王力的汉语词类观

　　王力（1900—1986），字了一，广西博白人。国际知名语言学家，中国现代语言学奠基人之一。1926年考进清华大学国学研究院，师从赵元任先生；1927年赴法国巴黎大学留学，深受其老师房德里耶斯和丹麦语言学家叶斯柏森的影响。1931年以论文《博白方音实验录》获法国文学博士学位。1932年回国，曾任清华大学、燕京大学、广西大学、西南联合大学、岭南大学、中山大学教授，1954年调北京大学任教。王力先生一直从事语言科学的教学和研究工作，为发展中国语言科学、培养语言学专门人才作出了重要的贡献。他在语言学方面的专著有四十多种，内容几乎涉及语言学各个领域，其中大多具有开创性。他在汉语语法研究方面的特点是注重挖掘汉语语法特点，总结汉语语法的结构规则。

一　"中国文法革新讨论"的前奏

　　《马氏文通》和《新著国语文法》被认为是汉语语法学"模仿语法时期"（龚千炎，1987）的代表作。这两部语法著作往往因其模仿而为人诟病。显然，一味的模仿，不适当的比附，必然给汉语语法研究带来极为消极的影响。进入20世纪30年代，汉语学界就意识到这个问题，从而在30年代末到40年代初就爆发了"中国文法革新讨论"。王力先生于1936年在《清华学报》11卷1期上发表了《中国文法学初探》一文，全文分10个部分：（一）比较语言学与中国文法，（二）西洋文法与中国文法，（三）中国文字与中国文法，（四）死文法与活文法，（五）古文法与今文法，（六）本性准性与变性，（七）中国的文法成分，（八）词的次序，（九）事物关系的表现，（十）结语。该文公开质疑和批评《马氏文通》和因袭《马氏文通》的语法著作模仿西洋语法的做法，倡导跟其他语言比较研究，努力寻求中国文法的特点。该文特别欣赏陈承泽在《国文法草创》（1922）里的一句话："中国文法是独立的，非模仿的。"王力先生说："我很相信这句话。"在该文中王力先生将汉语的词划分为以下七类：名词、代名词、动词、限制词（含形容词和副词）、关系词、助词、感叹词。1937年，王力先生又在《清华学报》12卷1期上发表《中国文法中的系词》一文，论证说明古代汉语不用系词，明确地说："不用系词乃是中国古文的常态。"这实际指出了汉语语法与西洋语法一个很重要的不同——汉语句子不一定要有动词做谓语。

王力先生这两篇文章在汉语语法学界引起极大的反响。学界认为，这两篇文章实质上是"中国文法革新的宣言书"，是"文法革新大讨论的前奏"。（龚千炎，1987）

二 《中国现代语法》《中国语法理论》所呈现的汉语词类观[①]

《中国现代语法》原是王力先生在西南联大的一部讲义，1939年

---

① 本讲中，《中国语法理论》《中国现代语法》所参考的版本为收入《王力文集》（山东教育出版社，1984、1985）第一卷、第二卷的版本，文中所注页码为该版本页码。

王先生将其一分为二，一部专讲事实与规律，一部专讲理论，前者书名仍取"中国现代语法"，后者取名为"中国语法理论"。鉴于"现代西洋对于词类的分别，就学校所传授者而言，其标准是相当混乱的"，又因汉语往往一词多用，故而王力先生在书中对汉语词的分类采用"词类"和"词品"两种思路。

在第二讲，我们介绍了王力先生在《中国现代语法》里的词类系统，即：将汉语的词分为四大类九小类，外加"记号"：（一）实词，下分四小类，（1）名词、（2）数词、（3）形容词、（4）动词；（二）半实词，就一类，（5）副词；（三）半虚词，下分两小类，（6）代词、（7）系词；（四）虚词，下分两小类，（8）联结词、（9）语气词；另加"记号"（包括现在一般说的词缀和助词中的"所""的"）。名词内附有先前学界所说的"量词"，王先生称为"单位名词"。（第一卷，343—361页）动词内附有目前所说的介词，王先生称之为"助动词"。（第一卷，26页）副词内含有目前一般所说的"助动词"（亦即"能愿动词"）。（第一卷，26—27页）"系词"，指"是、非、为、即、乃、系"以及王先生称之为"准系词"的"象、似、如"等。（第二卷，168页）"联结词"除了包含连词外，还包括"之、的"。（第二卷，256页）另外，还设有"记号"，其中除了包括现在一般所说的前缀、后缀外，还包括现在一般称之为"助词"的"的、得、所、了、着"等。（第二卷，201—215页）

王先生是依据什么来给汉语的词分类的呢？这在《中国语法理论》第一章第二节"词类"中有明确交代：

> 依我们的意思，词可分为两大类：凡本身能表示一种概念者，叫做实词；凡本身不能表示一种概念，但为语言结构的工具者，叫做虚词。实词的分类，当以概念的种类为根据；虚词

的分类，当以其在句中的职务为根据。这是很自然的标准。实词既然对于实物有所指，自然可以拿概念为分类的标准……（第一卷，20—21 页）

显然，王先生对汉语实词的分类纯粹以词的概念意义为依据。那么怎么解决汉语的实词进入句子"一词多用"的情况呢？王先生就用了叶斯柏森的"三品"说。王先生在《中国语法理论》第一章第三节"词品"里也有明确交代：

> 我们以为词类是可以在字典中标明的，是就词的本身可以辨认，不必等它进了句子里才能决定的。根据词在句中的职务而分的，我们叫做词品，不叫词类。（第一卷，19 页）

那么何谓"词品"呢？《中国语法理论》里有一段说明：

> 关于词品，我们采用叶氏的说法。……词品则是指词和词的关系而言。在任何词的联结里，只要它是指称一人或一物的，咱们都可以指出其中一个词是最重要的，其余的词都是附属品。这一个首要的词是被另一个词限制或修饰的，而这主持限制的一个词仍可受第三词的限制。因此，咱们可以从词的相互关系里，依照它们受限或主限的不同，定出若干"品级"（ranks）来。（第一卷，29 页）

词品有三个品级。叶氏没有正式给三个品级下定义，王先生给分别下了定义：

> 词在句中，居于首要的地位者，叫做首品；地位次于首品者，叫做次品；地位不及次品者，叫做末品。（第一卷，31 页）

在语法研究中，如何运用那"三品"呢？

做主语、宾语的词为首品。名词一般做主宾语，所以名词居首品为常。动词、形容词如果做主宾语，那么这种情况的动词、形容词就居于首品。

做谓语的词为次品；修饰名词的词（即做定语的词）也为次品。动词一般做谓语，所以动词居次品为常；形容词常做谓语或定语，所以形容词也是居次品为常。名词如果做定语，那么这种情况的名词就居于次品。

做状语的词为末品。副词只做状语，所以副词居于末品。如果形容词或别的词做状语，那么这些词就居于末品。

那年代采用叶氏"三品"说的还有吕叔湘先生。他们所以会采用叶氏的"三品"说，是因为鉴于汉语词类与句子成分对应极为复杂。然而不难发现，"三品"说，虽谓"词品"，实际（起码就汉语而言）并非给词分品，而是给句子成分分品级——主语、宾语为一品，谓语、定语为二品，状语为三品。因此"三品"说并未能给汉语词类划分带来福音。所以进入20世纪50年代后，王力先生、吕叔湘先生都声明放弃"三品"说了。陈保亚（1999：34）没有完全否定"三品"说，他说了这么一段话：

> 可能正是因为汉语的词类和句子成分对应关系复杂，所以王力、吕叔湘在30年代都采用三品说来分析汉语。从这种意义上说，选择三品说的理论研究汉语在方法论上有一定的意义，尤其是面对汉语中语义关系明确，而词类、语法关系不太明确的大量实例，采用三品说更能说明问题的实质。
>
> 王力、吕叔湘的"三品说"是想说明词和词之间的组合关系，不过这种理论并没有得到展开。实际上从现代"从属关系语法"的角度看，"三品说"在方法论的发展过程中是有价值的。法国特斯尼耶尔（Tesnière, L.）的从属关系语法就体现了这种价值。
>
> （34页）

三 20世纪50年代后王力汉语词类观的变化

　　1952年王力先生在《语文学习》4月号上发表了《汉语的词类》一文，其观点基本没有变，所不同的只是在分类和各类的称呼上略有变动。最重要的一点是"系词"不再单立为一个词类，将"有""是"等归入动词了。王先生还特别加了个脚注：

　　　　在另一些书里，我们把"是"字称为系词。这在理论上虽有一些根据，但在语法的说明上没有很大的用处。因此，为方便起见，就把它归入动词里去了。

另外，王先生接受吕先生的建议，将"助动词"（即一般所说的介词）改为"副动词"了。"联结词"改为一般通用的"连词"。此外，将原先归入"联结词"的表联合的"和""或"，"名词+的"做定语里的"的"和"施仁政于人民内部"的"于"新立了一个类，称之为"介词"（跟目前一般所说的"介词"不是一码事）。

　　重要的是，1955年在《北京大学学报》第2期上王力先生发表了《关于汉语有无词类的问题》。这原本是1955年5月王先生在"北京大学'五四'科学讨论会"上的一个报告，用意是参与"汉语词类问题大讨论"。同年6月又应邀在中国科学院学部成立大会上报告，足见学界对该文之重视。

　　鉴于学界对汉语词类问题存在"有"和"无"两种意见，王先生在文章中扼要介绍了"有"和"无"两种意见后，指出：在汉语有无词类这两派意见中，必须有所选择。问题的焦点在于：（一）词类的定义，（二）词义和词类的关系，（三）形态和词类的关系，（四）句法和词类的关系。文章就是按上述四个方面展开的，全面论述了自己的汉语词类观。

（一）关于"词类的定义"，实际是要说明怎么认识"词类"，目的是要告诉读者"汉语是有词类的"。王先生在评介了当时苏联语言学家有关词类的一些观点后指出：

> 词类是词的语法分类。对于这一点，诸家的意见是完全一致的。……

> 我个人认为：如果不把词汇范畴和语法范畴对立起来，那么词汇—语法的范畴和语法范畴并不是不相容的东西；前者是补充后者的，而不是排斥后者的。……把词类看成词汇—语法的范畴，是把问题看得更全面些。

最后他说：

> 我们认为，无论以词汇—语法的范畴为标准，或以单纯的语法范畴为标准，汉语都是有词类的。

（二）关于"词义和词类的关系"，王先生虽然未能完全摆脱先的按概念划分词类的观念，因此一开始还说：

> 词义和词类的关系也就是概念和词类的关系，因为词是表示概念的。按理，谁也不能反对这种关系，因为词类如果离开了现实，就是离开了物质的基础。

但是王先生的词类观还是有所变化，因此他紧接着说：

> 但是，把语法概念和一般概念区别开来，这也是非常重要的。词汇方面（所谓"物质意义"）和语法方面各有它的特点；概念范畴和语法范畴决不能混为一谈。概念范畴是没有民族性的，而语法范畴是有民族性的。

王先生甚至在文章中作了自我批评，说：

> 在这一点上，我过去是有过错误的看法的。……我一方面强调汉语的特征，另一方面又纯然从概念范畴上分别词类，汉语的特征何在？……轻视词类是不对的，因为正是在词类上表

现着汉语的特征。

最后王先生说，"不能根据概念的分类来决定词的分类"；并说"假使汉语的词类不能根据形态和句法来划分，而只能根据概念来划分，那就等于否认汉语的词类"。

（三）关于"形态和词类的关系"，王先生首先指出：

> 构形法和构词法的分别，对于汉语词类的研究非常重要，因为我们可以从狭义的形态上看汉语有无词类，也可以从广义的形态上看汉语有无词类。

王先生依据对汉语语言事实的梳理与分析，确认"说汉语语法中没有形态学是错误的"，"现代汉语里，广义和狭义的形态都有"；"虽然把形态当作划分词类的唯一的、绝对的标准是错误的，但是，尽可能从形态上划分词类则是应该的"。最后，王先生说：

> 拿汉语来说，狭义的形态加上广义的形态，也就能解决汉语词类划分的一部分问题，另一部分的问题可以由词义和词跟词的配合上获得解决。

（四）关于"句法和词类的关系"，王先生指出：

> 首先要说的是：句法和形态学虽然不应该混为一谈，也不应该把它们分割开来。它们之间是有着非常密切的关系的。……作为形态的格，它所表现的却是造句的功能，可见没有句法也就没有这一种形态。如果把形态孤立起来，和句法断绝关系，有许多地方是讲不通的。

针对当时苏联语言学界多数人不承认词在句中的语法功能作为划分词类的主要标准，王先生指出，"就汉语来说，在形态标志不足以判断某词属某类的时候，功能还是一个重要的标准"。王先生以名词为例指出，大多数名词"可以按照词所表示的'事物性'而很容易辨别出它们是名词"，但是"因为行为本来是动词所应该表示的，特性本来是形容词所应该表示的，现在要作为思想的对象来指称，而汉语里对于由动词和形容词派生的名词又往往没有任何标志，所以就比较难于辨别了。……在这种情形之下，就得用语法的特征，特别是句法的特征，加以辨别了"。

王力先生经过以上四方面分析与论述，最后下"结论"说：

由上文看来，可以得到汉语划分词类的三个标准：

第一，词义在汉语词类划分中是能起一定作用的，应该注意词的基本意义跟形态、句法统一起来；

第二，应该尽先应用形态标准（如果有形态的话），这形态是包括构形性质的和构词性质的；

第三，句法标准（包括词的结合能力）应该是最重要的标准，在不能用形态标准的地方，句法标准是起决定作用的。

这三个标准是有机地联系着的；不是根据三个标准来分类，而是要求同时适合这三个标准。

从上所述大略可知王力先生的词类观及其变化——王力先生早期是以词义为划分汉语词类的依据的，认为"表示概念的词叫做实词"，"不表示概念的词叫做虚词"。到20世纪50年代中期，王先生对于划分汉语词类的依据，在观念上有所变化，不再坚持以意义为唯一标准，而认为词义、形态、语法功能都可以作为划分汉语词类的标准。但该以哪个为主，王先生自己也没有拿定主意，并没能给出肯定的意见。这从他在《关于汉语有无词类的问题》的最后所说的"汉语划分词类的三条标准"中看得很清楚；特别是最后的结语"这三个标准是有机地联系着的；不是根据三个标准来分类，而是要求同时适合这三个标准"，更清楚地显示了这一点。而这种"多标准"理念在实际的划类过程中是很难实施的。陈望道先生曾尖锐指出："多标准意味着无标准，多标准是不可能合理地区分词类的。"（陈望道，1978：58）

此后，王先生再没就汉语词类问题发表过意见。

第九讲
吕叔湘的汉语词类观

吕叔湘（1904—1998），江苏丹阳人。1926年毕业于国立东南大学外国语文系（现南京大学外国语学院）。1936年赴英国留学，先后在牛津大学人类学系、伦敦大学图书馆学科学习。1938年回国后任云南大学文史系副教授，后又任华西协和大学中国文化研究所研究员、金陵大学中国文化研究所研究员兼中央大学中文系教授。1952年起任中国科学院语言研究所研究员，历任中国科学院哲学社会科学学部委员，语言研究所副所长、所长、名誉所长。

吕叔湘先生是我国著名语言学家，尤其在汉语语法研究方面有很深入的思考和创新的认识，他严谨和务实相结合的治学态度以及深邃的学术思想极大地启迪后学，影响一代学人的学风，成为现代汉语语法研究的引路人。

一 《中国文法要略》所呈现的汉语词类观

《中国文法要略》（下文简称《要略》）是吕叔湘先生的代表作之一。学界有评论说：

> 《中国文法要略》的出版，使人为之耳目一新，它不顾模仿的格局，全力挖掘汉语结构的特点及其规律，产生了巨大的影响。从中国语法学史看，《中国文法要略》以及王力《中国

现代语法》都是历史性著作，它标志着中国语法学开始走上了独立研究的道路。（龚千炎，1987：82—83）

从《要略》对汉语研究的实际作用来说，上述评价应该说还有所欠缺。《要略》的"表达论"，更是一大贡献。虽然吕先生后来自己很谦虚地说：

> 我写《要略》的时候考虑到写法问题，最后决定分成词句论和表达论两部分。不但是因为觉得综合起来写有不少技术性的困难，也因为自己当时对汉语的语法结构没有成熟的见解，分开来写便于将来修改。（《重印题记（1982）》）

可是，实际上该书"表达论"在我国起了开语用研究之先河的作用。

吕先生在《要略》第二章2.11里对汉语词的分类，很明确地说：

> 一般欧洲语言的词通常分成八类或九类。汉语里的词没有他们那么容易分类，因为他们的词往往可以从形式上分辨，可是汉语的词在形式上无从分辨。但是要讨论文法就非把词分类不可。现在按意义和作用相近的归为一类，暂时分为下面的几类……

在上面这段话里有"按意义和作用相近的归为一类"，有学者评论说：

> 《要略》把词的作用或功能作为给词分类的一个标准，这从汉语语法学史上看是进步的。（陈昌来，2002：95）

纵观《要略》全书，《要略》对汉语词的分类是根据意义，"词的作用或功能"仅适用于对"辅助词"（即一般所说的"虚词"）的再分类。将词分为"实词"和"辅助词"，对"实词"的再分类，完全依据词的意义。吕先生下面的话可以作为凭证："以上三类（指名词、动词、形容词——引者注），总称为实义词，因为他们的意义比较实在些。"（2.11）"凡是意义不及名词、动词、形容词那样实在的，我们一概称为辅助词。"（2.12）据此，《要略》呈现的汉语词类体系如下：

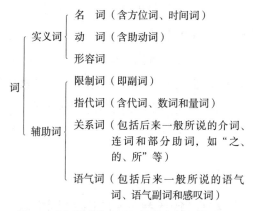

图9-1　吕叔湘《中国文法要略》的汉语词类体系

我们认为，正由于《要略》是按词的意义划分汉语的词类，所以《要略》会同时采用叶斯柏森的"三品"说。《要略》40年代版第二章有"词的等级"一节，书中说，"词与词相遇的时候有等级的分别"。具体说：

> 　　就一般而论，可分三级，我们称为甲级、乙级、丙级。在第一类组合关系上，名词是底子，形、动、名是附加，我们就把那作主体的名词定为甲级，附加的形、动、名定为乙级。有根据第二类组合关系，把那些附加在动词（以及形容词）上的形容词定为丙级，比如"狂奔之牛"里面，"牛"是甲级，"奔"是乙级，"狂"是丙级。结合关系和组合关系本是两种关系，但是因为"白马"和"马白"，"狂奔之牛"和"牛狂奔"常常可以倒换的缘故，我们把"牛狂奔"里的"牛"和"奔"和"狂"也定位甲乙丙级。

对于"三品"说，我们在第八讲"王力的汉语词类观"已进行过评论，指出："三品"说，虽谓"词品"，实际（起码就汉语而言）并非给词分品，而是给句子成分分品——主语、宾语为一品，谓语、定语为二品，状语为三品。因此"三品"说并未能给汉语词类划分带来福音。因此，吕先生跟王力先生一样，进入20世纪50年代就放弃了"三品"说。这一点，吕先生在《要略》1956年版的"修订本序（1956）"有所说明，说"在词类问题上以及句法问题上我还犯了一个很大的错误，就是无批判地采用了叶斯柏森的词级说（三品说）和词组、词结说"，并且在1956年修订本里删去了"词的等级"一节。

二 20世纪50年代吕叔湘的汉语词类观

20世纪50年代吕先生的汉语词类观集中体现在他于1954年在《中国语文》9月号、10月号上连载的《关于汉语词类的一些原则性问题》一文，该文对50年代开展的汉语词类问题大讨论带有总结的作用。50年代初，吕先生另有两本汉语语法著作：一本是《语法学习》，这是1953年由中国青年出版社出版的普及性的汉语语法书；另一本是由吕叔湘、朱德熙两位先生合著的《语法修辞讲话》，先由《人民日报》连载，后于1952年由中国青年出版社出版，这是一部服务于语言运用的、匡谬正俗的汉语语法书。以上著述反映了吕先生新的汉语词类观，从中也可以了解吕先生词类观的变化。

关于"汉语的词①能不能分类"。这是20世纪50年代汉语词类问题大讨论的核心议题。高名凯先生一直坚持划分词类要以形态为依据，汉语没有足以划分词类的词的形态，所以汉语的词不能分

_____

① 这里说的"词"是指实词。

类。吕先生则认为，"区分词类，是为的讲语法的方便"，因此，"把汉语里的词按讲语法的目的作适当的分类不是完全不可能。现在的问题不应该是'用什么标准划分的才叫做词类？'现在的问题应该是'用什么方法才能建立一个最符合讲汉语语法的需要的词类体系？'"。

基于以上认识，吕先生对于划分汉语词类提出了"三条合理要求"：

（1）能照顾词的各方面的特点，不偏重某一特点而抹杀其他特点。换句话说，使这一类和那一类有尽可能多的特点互相区别。

（2）基本上词有定类，类有定词。说"基本上"，意思是，有兼属两类或三类的词，但只占极少数。

（3）分得干净利落，没有或者很少两可或两难的情形。

这反映了吕先生在划分汉语词类上所采取的求实的态度。

吕先生依据这三条合理的要求对在汉语词类问题大讨论中学者们所提出的各种划类依据或标准的可行度，逐一进行了分析。

（一）关于"按照句子成分决定词类"。吕先生指出，该划类标准"合于上面提出的第三条要求"，"其次，词类和句子成分的关系单纯化了，学习起来有一定的便利"；然而，"这种分类的缺点，那是很严重的"：

（1）不能从词的意义方面说明词类（这就使初学的人难于领会）；（2）脱离句子的词不能说出它属于哪一类，也就不能用来做哪一词类的例子（换句话说就是词无定类，类无定词）；（3）更进一步，词类的分别既然是完全根据句子成分来定，就没有建立两套术语的必要，有一套尽够了。

因此吕先生说，按照句子成分决定词类，这实际"就是有名的

'依句辨品，离句无品'说"。

（二）关于"按照各种结构关系划分词类"。这是方光焘先生在"文法革新讨论"中提出的划类依据——"词性却不必一定要在句中才能辨别出来。从词与词的互相关系上，词与词的结合上（结合不必一定是句子），也可以认清词的性质。"吕先生说，"首先系统地运用结构关系划分词类的是陆志韦先生的《北京话单音词词汇》"，又说"结构关系分类法考虑的是一个词的可能有的结构关系，因而是同时考虑它的各方面的结构关系"。（方光焘，1939a）吕先生这一看法是很可取的，然而吕先生在该文中没有进一步展开论述，还有点就事论事，仅就陆志韦的《北京话单音词词汇》说事，因而最后只是得出了"陆先生的分类法是不是完全解决了词类问题了呢？不，还留下一些问题"的结论。

（三）关于"用'鉴定词'划分词类"。关于"鉴定字"，吕先生首先指出，"咱们可以用对于鉴定字的正反应来规定词类，也可以用对于鉴定字的负反应来规定词类"。"理想的鉴定字，应该对内有普遍性，对外无开放性，应该归入这类的词都适用，不该归入这类词的都不适用（……）。如果有例外，最好能说出条件，或是为数不多，可以列举。"从总体上来说，吕先生并不看好这一划类标准，所以他说：

> 如果例外很多，没有条件，也不能列举，无论失入或失出，这个鉴定字的价值就减低了，用来做划分词类的主要根据就不相宜了。

吕先生具体剖析了"子、头、儿、者、家、学、主义、性、度""了""着""过""'起来、下去'等等""'得'和'不'""'能、会、该、敢'等等""'很、十分、非常、更、最、太、得很、极了'等等"以及"'的'和'地'"等鉴定字，最后说：

以上所说，似乎肯定少而否定多，好像除了"不"字可以用来划分名词和非名词外，几乎没有一个鉴定字是完全可靠似的。话不能这样说，这些鉴定字虽然用来做划分词类的主要根据都有缺点，用来做辅助手段或是划分小类却大有用处。

（四）关于"用重叠形式来区别词类"。提议用重叠形式来区别词类，是俞敏和陆宗达两位先生参与汉语词类问题大讨论的文章（俞敏《北京话的实体词的词类》、陆宗达《汉语的词的分类》）中提出来的意见。吕先生认为，重叠形式"用来划分动词和形容词真是泾渭分明，一点儿不混，就只可惜普遍性还差点儿"①。但吕先生最后还是认为：

> 总起来说，重叠式不失为分辨动词和形容词的一个好办法，虽然在这方面还有点限制；别的词类有的用不着，有的用不上。

（五）关于"词类分别和词的意义的关系"。吕先生认为，词类的分别跟词的意义"有关系"，问题是"能不能根据词的意义分类呢"？吕先生说：

> 理论上，应该说是能。陆宗达先生说，"词是干什么的呢？是代表或者反映客观存在的事物跟这些事物间的关系的。反映的对象能分类不能？能。那么反映他们的词也就必然能分类。"陆志韦先生说："根据意义，也可以分类。……"
>
> 但是两位陆先生实行的分类办法并不根据意义，为什么？这里头有道理。因为凭意义分类，第一，不同的人可以得出不同的结果，……第二，有些词难于决断，……连王了一先生和我自己，尽管在我们的书上只说凭意义划分词类，实际上还是免不了要利用结构关系来帮忙，……由此可见，尽管词的意义

① 指不是所有动词、形容词都能重叠。

跟词的语法特点有关，考虑整个词类体系的时候定出一些比意义更具体的标准来是应该的。

最后吕先生指出：

> 归总一句话，无论用什么方法划分词类，词义是一项重要的参考标准，如果一种分类法的结果有跟词义大相冲突的地方，准保不受欢迎。

（六）关于"一个标准和多种标准"。吕先生说：

> 各种标准怎样配合？这是给汉语里的词划分词类的时候遇到的最严重的问题。……是全部应用一个标准呢，还是分别应用不同的标准？是同时应用几个标准呢，还是一次只用一个标准？要用一个标准划分一切词类，事实上恐怕难于办到。至于各种标准如何配合，各人的看法不同。

吕先生认为，"按照一般的分类原则，一次只能应用一个标准"。所以吕先生会一开始就说，"各种标准怎样配合？这是给汉语里的词划分词类的时候遇到的最严重的问题"。

（七）关于"一词多类的问题"。吕先生说：

> 一个词能不能属于两个类？当然能够。假如咱们已经给甲、乙两类词分别找出一些语法上的特点，发现有一个词在一种场合具有甲类词的特点，在另一种场合具有乙类词的特点，那它自然属于甲类，也属于乙类。

吕先生以"拿把锁把门锁上"为例，说明前面的"锁"可以有"一把锁、两把锁"的格式，后面的"锁"可以有"锁门、锁着、锁了、锁上、锁起来"的格式。假如咱们采取这两套格式作为区别名词和动词的标准，那么前一个"锁"就是名词，后一个"锁"就是动词，这个"锁"就是真正的一词多类，就是认为是两个词也不为过分。

总之，"'一词多类'的情形是会有的"，但是吕先生指出，"不应该有大量的'跨类'的词"。因此吕先生说：

> 要建立一个词类，就不要让这一类里的词有全部或大部兼属另一类的可能；如果有这种情形，应该重新考虑划分词类的标准。我觉得这是在划分词类的问题上值得重视的一个原则，……要求做到基本上词有定类，类有定词。

（八）关于"词类通假说"和"词类活用说"。对于"词类通假说"，吕先生一针见血地指出："词类通假说是同时应用两个标准的结果。""就其本质来说，词类通假说只是句子成分定类法的一种加工形式。""在理论上，它是站不住的，因为它同时应用两个标准，而其中之一，按句子成分定词类，是具有高度的排他性的。"至于"词类活用"，跟"词无定类""词类通假"一样，"尽管简便，恐怕都不免要埋没真象"。

从上述介绍可以感觉到，与20世纪40年代相比，吕先生的汉语词类观有很大变化，放弃了单纯依据词的意义给词分类的观念。但可以看得出来，到底该如何划分汉语的词类？该依据什么？确定各类词的主要标准是什么？吕先生还未拿定主意。因此吕先生在该文最后坦率而又语重心长地说：

> 这篇文章也许会使一部分读者感到失望，因为我在最后没有端出一整套划分停当的词类来。说实在的，现在谁都还拿不出无懈可击的一套。在这个问题上，我到现在为止还是个寻路的人。……照我所知道，凡是在词类问题上认真思索过一番的人，都承认这是个相当复杂的问题。认识问题的复杂性，我想，该是走向解决问题的第一步。第二步呢，就要占有材料。说句笑话，咱们现在都是拿着小本钱做大买卖，尽管议论纷纭，引证的事例左右离不了大路边儿上的那些个。而议论之所以纷纭，恐怕

也正是由于本钱有限。必得占有材料，才能在具体问题上多做具体分析。原则问题的考虑对于具体问题的研究有指导作用，那是一定的，可是另一方面，词类问题的全盘解决毕竟要依靠这一群词和那一群词，甚至这一个词和那一个词的透彻研究，这也是无可怀疑的。在这方面，咱们过去做的工作真是太不够了。

这段话，充分体现了老一辈学者那种求实谦逊、不断探索的治学态度。这是很值得我们永远学习和记取的。

三　吕叔湘后期的汉语词类观

吕叔湘先生后期的汉语词类观，集中反映在《汉语语法分析问题》（1979）一书中。学界对该书有这样的总体评论：

> 最能体现吕叔湘近年语法思想的当推《汉语语法分析问题》（商务印书馆，1979）一书，这是作者几十年来刻苦治学的结晶，也是对近百年来汉语语法研究的一个提纲挈领式的小结。……
>
> 该书最突出的特点就是用"问题"来促使人们去进行"观察与思考"，而这正是汉语语法研究健康发展的关键。（邵敬敏，2011：160—161）

又有评论说：

> 1979年商务印书馆出版了吕叔湘的《汉语语法分析问题》一书，标志着新时期汉语语法研究的正式开始。该书既对过去语法研究给予了高屋建瓴的总结，又为新时期的语法研究指明了方向，正由于该书的学术价值及其所处的特定时代，也奠定了吕叔湘在新时期汉语语法学史上的领袖地位。（陈昌来，2002：542—543）

120　另一则评论说：

　　《汉语语法分析问题》是吕叔湘的一部重要学术著作，1979年由商务印书馆出版。全书7万来字，篇幅不长，但话题广泛。吕先生在书中比较全面地检视、归纳和剖析了自《马氏文通》以来汉语语法研究的许多重要的或有争议的基本问题。该书是吕先生长期的思考所得，凝聚了他多年的心血，字里行间渗透着他关于汉语语法研究的真知灼见，即使是摆出问题，其提问的角度和方式也予读者以很大的启示，这部著作在当时乃至后来的汉语语法研究中都发挥了极其重要的指导和启迪作用。（王灿龙，2019）

　　在词类问题上，该书除了继续坚持划分词类的目的是"主要为了讲语句结构：不同类的词或短语在语句结构里有不同的活动方式"（34节，27页）之外，更进一步阐述了以下几方面问题：

　　（一）引导人们将词类问题置于两个维度中来加以认识。该书35节（27—28页）指出：

　　　　说到给词语分类，首先要辨别一种语言单位的分类有"向下看"和"向上看"两个角度。"向下看"的意思是看这个单位是怎样由下级单位组成的，例如把词分成简单词，复合词，又把复合词分成并列式，主从式等等。这叫做按结构分类。"向上看"则相反，是看这个单位在上级单位里担任什么角色。例如有一些词经常在句子里做谓语，算是一个类，称为动词；另有一些词经常跟动词发生施事、受事以及别种关系，算是另一个类，称为名词。这叫做按功能分类，也就是一般所说的分词类。

　　（二）关于划分词类的依据，吕先生的观点比起20世纪50年代来有明显的变化，突出的一点是彻底放弃依据词的意义来给词分类的观念，而得看这个词"在上级单位里担任什么角色"，而且端出了一个清晰的汉语词类体系。吕先生在36节（28页）明确地说：

西方语法用形态变化做划分词类的依据，一方面可以归入按结构分类法，因为形态变化可以包括在广义的结构之内，另一方面又跟按功能分类有联系，因为形态变化不同的词在语句里的功能也不同。作为分类的依据，形态变化比句法功能更可靠，因为词在语句里的用法有固有的、转变的、活用的各种情况，而形态变化"说一不二"的。汉语没有严格意义的形态变化，就不能不主要依靠句法功能（广义的，包括与特定的词的接触）。……我们也不要忘了，就是有形态变化的语言，也少不了有一些没有形态变化的"小词"，要给它们分类也得依靠句法功能。

（三）对于用句法功能做划分词类的依据，取单一标准还是多标准的问题，吕先生在37节（28—29页）也作了更为明确的说明：

用句法功能做划分词类的依据，有单一标准和多重标准的问题。单一标准当然最好，但是往往找不着理想的标准。理想的标准应该是对内有普遍性，对外有排他性（不开放性），也就是说，用这个标准划定的一类词确实是"应有尽有，应无尽无"，否则就有"失入"或者"失出"的毛病。（……）找不着这种理想的标准，就不得不采用多重标准，而多重标准的结果总是参差的，就有协调的问题。……必须解决如何综合利用的问题。

这真是真知灼见。就我自己实际的研究感受来说，确实是如此。

（四）吕先生在38节（29页）里，还提出了如何看待分大类、分小类的问题。吕先生指出：

词类的划分是否分成几个大类就够了，还是要进一步分小类？事实是在分大类的时候已经常常涉及小类，……本来，分类的目的是显示事物的异同，世界上各种事物，包括有形的和无形的，总是有同有异，有大同小异，有小同大异，情况极其复杂。这一切都反映在语词的形式上，反映在语词的用法上，光是分成十个八个类是不够说明问题的。语词的分类（语法上的分类，不是语义上的分类）虽然不能够也用不着像生物分类那样，按门，纲，目，科，属，种一层层分下去，但是有的类分个两次三次还是有用处的，例如动词就很有细分的需要。这也是推进语法研究途径之一。

（五）关于概括性更大的"超级大类"的问题。"超级大类"就是指一般所说的实词、虚词这样的大类。吕先生（39节，30页）认为：

> 看来光在"虚、实"二字上琢磨，不会有明确的结论；虚、实二类的分别，实用意义也不很大。
>
> 倒是可列举词类（又叫封闭的类）和不能列举的词类（又叫开放的类）的分别，它的用处还大些。指代词，方位词，数词，量词，趋向动词，助动词（范围有问题），介词，连词，助词是可列举的词类；名词，一般动词，形容词，副词是不能列举的词类。……一部较详细的语法书，从原则上讲，应当把每个可列举的词类的成员全部列举，不应当满足于举例。
>
> 另外，也可以把此类概括为体词，谓词，小词三类。体词包括名词，指代词，数词，量词，方位词，这些词类的功能有共同之处，所以体词这个名称有用。谓词只包括动词和形容词两类；如果形容词合并在动词里边，那么谓词就跟动词是一回事了。

目前还没有一部详细的汉语语法书，日后如果编写这样的语法书，应谨记并实践吕先生这一主张。

（六）关于"词类转变"。吕先生在53节（39页）提出了"词类转变"的原则，并作了更具体的说明。吕先生说：

主要的原则是：凡是在相同的条件下，同类的词都可以这样用的，不算词类转变；凡是在相同的条件下，同类的词不是都能这样用，而是决定于习惯的，是词类转变。语义变化可以作为参考，不作为判断的标准。

吕先生所谈的四种情况是[①]：（1）在一定的条件下，同类的词都能这样用，因而这种用法可以列入这类词的功能之内。（2）语义的变化比较特殊，只是偶尔这样用，没有经常化，这算是临时"活用"，不同于永久性的词类转变。（3）语义有明显的变化，同类的词不能随意仿效，是词类转变。（4）语义没有明显的变化，但是语法特点有不同程度的改变，改变到什么程度就该认为词类已经转变，颇难决定。这个问题主要发生在"动词名用"上，情况相当复杂，需要专门研究。

吕先生这些意见都是很有指导意义的。

四 《汉语语法分析问题》呈现的汉语词类体系

下面是吕先生在《汉语语法分析问题》中推出的现代汉语词类体系：名词、方位词、量词、动词（含及物动词和不及物动词，含趋向动词、助动词即能愿动词、判断词"是"、特殊动词"有"）、形容词、非谓形容词、副词、代词、介词、连词、助词，共11类。同时吕先生在书中对每一类词都作了一定的说明，除了个别重要的、必须交代的以外，那"说明"部分不在此赘述了，有兴趣的读者可直接阅读吕先生原著。

这个词类体系有几点值得注意：

---

　　　① 吕先生所谈的四种情况，都举实例作了说明。具体可参看吕先生原书。

其一，不像一般那样区分实词和虚词。上文已经说到，在吕先生看来，"虚、实二类的分别，实用意义也不很大"（39节，30页）。

其二，方位词从名词中独立出来，因为在用法上有些特殊性。（41节，31页）处所词、时间词还是包含在名词之中。

其三，未提及感叹词和象声词（亦称"拟声词"）。为什么不提及，没作交代。这不能不说是个缺憾。在《中国文法要略》里，有"感叹词"一说，不过是放在"语气词"里的，说"感叹词就是独立的语气词"（17.61，316页）；也没提到象声词。20世纪50年代吕先生与朱德熙先生合著的《语法修辞讲话》里，有"象声词"一类，包含一般所说的感叹词与象声词。80年代吕先生主编的《现代汉语八百词》，其中的《现代汉语语法要点》是吕先生撰写的，其中感叹词、象声词都独立成类，只是将"感叹词"改称为"叹词"。这可能反映了吕先生对感叹词和象声词是否独立成类，有一个漫长的思考过程，只可惜没有跟读者说说。

第十讲
高名凯的汉语词类观

　　高名凯（1911—1965），福建省平潭人。1931年秋考入燕京大学哲学系，1935年毕业后升入燕京大学研究院哲学部学习。1936年受燕京大学派遣，赴法国巴黎大学攻读语言学，在导师马伯乐的指导下于1940年完成毕业论文《汉语介词之真价值》，获博士学位。1941年回燕京大学国文系任助教，1945年起任燕京大学国文系教授，1952年院系调整后，任北京大学中文系教授。

　　高名凯是我国杰出的才华横溢、富于雄辩的语言学家。他在介绍西方语言学理论方面做了大量工作，对中国20世纪语言学的研究起到了引领作用；他对我国语言学，特别是语法学和理论语言学的开拓与发展，作出了重要的贡献。在高先生的学术生涯中，留给学界印象最深的莫过于他关于汉语词类问题的观点——"汉语实词没有词类的分别"，学界简称为"高名凯先生的汉语无词类论"。

一　高名凯的成名作《汉语语法论》

　　高名凯先生是我国著名的理论语言学家、汉语语法学家。[①] 20

---

　　① 高名凯先生也是著名的翻译家，翻译了罗素的《哲学大纲》，翻译了二三十种巴尔扎克小说，还发表过一些哲学著作和译著，与吴小如合译了《巴尔扎克传》。

世纪40年代，他跟王力、吕叔湘先生一起反对简单模仿拉丁语、英语语法，以实际行动用普通语言学理论作为指导进行汉语语法研究。他在汉语语法研究方面的成名作就是1948年出版的《汉语语法论》，陆志韦先生为该书写了序文，序文中说：

> 从许慎之后，以至马建忠跟近来模仿《文通》的著作，都不过谈些文言文的字法跟句法。直到最近，才发现国语文法之类的书，可惜那些作家都好像是说着汉语而根本不考虑到汉语是怎么一回事。像赵元任先生等人能从现代文法学的立场来研究方言的，真是凤毛麟角。可是有系统的著作在高君名凯以前从没见过。

确实，20世纪40年代吕叔湘先生的《中国文法要略》（1942—1944）、王力先生的《中国现代语法》（1943—1944）和《中国语法理论》（1944—1945）以及高名凯先生的《汉语语法论》（1948），"是革新探索时期汉语语法研究所取得的重大成果"（陈昌来，2002：79），标志着汉语语法研究进入了一个新的历史阶段。这些著作的共同特点是：以现代语言学理论为指导，力图摆脱西洋语法的格局，努力建立反映汉语特点的语法体系。这无疑使汉语语法研究从《马氏文通》和《新著国语文法》跨出了可贵的一步。这几部语法著作对中国20世纪语言学的研究起到了引领作用，为中国现代语言学的开拓与发展作出了重要贡献。

高先生有关汉语词类问题的核心观点是"汉语无词类"，这在《汉语语法论》里就有所体现；而在20世纪50年代汉语词类问题大讨论中高先生连续发表的《关于汉语的词类分别》（1953）、《再论汉语的词类分别（答 Б.Г.穆德洛夫同志）》（1954）、《三论汉语的词类分别》（1955），以及后来发表的《关于汉语实词分类问题》

（1960b）、《汉语语法研究中的词类问题》（1963b）、《库兹涅佐夫对汉语词类问题的看法》（与刘正埮合写，1957）、《从"动词形容词的名物化"问题说到汉语的词类问题》（与计永佑合写，1963），更充分阐述了他的汉语词类观，并在汉语学界引起极大反响。1960年，高先生又撰写出版了语法理论专著《语法理论》一书。该书系统论述了普通语法学中一些重大的理论问题，特别是提出了区分语法形式学和语法意义学的观点，这对语法研究有指导意义。该书对汉语词类问题的具体论述有所修改，但核心观点不变。

二 《汉语语法论》中有关词类问题的论述

在《汉语语法论》1948年版中，高先生就阐述了自己的词类观，基本的观点是，语词按形态分出来的类才是真正的词类。正是基于这一观点，高先生对西洋语言的词类提出了自己的看法。他说：

> 西洋的一般通俗语法学家往往把语词分做几个词品（parts of speech）。普通的是：名词，代名词，形容词（静字），副词（状字），冠词，介词，连词，叹词等等①。然而我们试研究一下这个分类法是不是很合理的。先说叹词。感叹本是表情语言中的问题，和理性的语法本来是属于两个界域。……不能混为一谈。我们平常所说的语法是指理性的语言所有的规则和形式而言。所以叹词根本就不能和名词动词等列在一起。……所以严格的说起来，这些词品的分类，并不是很健全的。（41—44页）

高先生接受马伯乐的观点，认为：

> 中国的语词实在不能照西洋的办法把他分成这许多词品。

---

　　① 高先生在这段话里没提到动词，不知为什么。

按上所云，西洋语言的词品分类已经有问题，然而印欧语系的语言因为有"屈折"的缘故，一部分的语词至少在形态学上可以说有词品的分别。但是中国语的情形则不同。中国语并没有形态的区别。……中国语的一切语词差不多都可以同时有各种词品的功能。（44页）

高先生又说：

在我看来，一切的语词不论其为何种语言，从语法的立场看，都可以分做实字和虚字两种。……实字是函有基本观念（fundamental idea）的，而虚字则是一些语助词，帮助语法范畴的表达。……所谓词品就是这些实字的品类。词品的分类应当从两个观点来规定：（一）以思想的范畴为根据，（二）以语词的形式为根据。前者是内蕴的，后者是外形的。（49页）

我们知道所谓语法成分不但可以由"屈折"、虚字等去表达。语词位置的前后以及造句法的安排都是语法成分的一种，都是形式成分的一种。不过这语法成分，这形式成分不是由形态学表示出来，而是由造句法表示出来而已。中国语词并没有形态学的分别，但是在造句法中，我们可以看出动词和名词的分别。（50页）

最后，高先生说：

一切的虚字应当另外讨论，他们都是特殊的语法成分，并没有基本的观念。有基本观念的语词，一般的说，只有名词，动词，形容词和副词。有的语言，这四种都有他们的特殊的形态构造。在中国语词之中，都没有。然而用思想范畴及语词秩序的观点来说，中国的词品，可以说有三种，即名词动词和约词[1]。（52页）

---

[1] 高先生将形容词和副词合为"约词"。

从以上所引的高先生在《汉语语法论》里对实词的分类的看法来看，一方面高先生认为划分词类要根据词的形态。这是高先生对词类问题最基本的看法，据此他认定"中国语词并没有形态学的分别"。可是高先生在书中又认为，中国语词"在造句法中，我们可以看出动词和名词的分别"，并作了具体说明：

> 用思想范畴及语词秩序的观点来说，中国的词品，可以说有三种，即名词动词和约词。……名词是指示事物，动词是指示历程，这事物和历程，以哲学的眼光来说，就是代表了宇宙间一切的"有"。一般的说法，形容词是指示事物的性质，副词是指示历程的状态。然而我们既然承认事物和历程都是"有"，则范围事物的和范围历程的实在可以视为一物。所以形容词和副词可以不必加以分别，尤其在中国语言中，根据造句法的安排，形容词和副词实在可以算是一个东西，我们无妨名之曰"约词"（qualificative）。（52—53 页）

高先生根据词在造句中的地位，《汉语语法论》第二编"范畴论"将汉语实词分为以下各类：

> 指示词，下分近指指示词和远指指示词；
>
> 代名词，下分人称代名词和反身代名词；
>
> 数词，下分系数词和基数词；
>
> 辅名词[①]，下分度量衡单位词、"部分"辅名词、范词[②]；
>
> 动词，内含动词之态、动词之体、动词之时、欲词、愿词、

[①] 高先生所说的"辅名词"即现在一般所说的"量词"。

[②]《汉语语法论》（1948）所说的"'部分'辅名词"（如"杯、袋""口、包""群、串""阵、场"和"些、点"等）和"范词"（如"条、根""辆、棵""张、座"和"个、只"等）就是现在一般所说的"量词"。

动词之性、绝对动词、分合动词；

量词①，下分率词、比词、渐词。

以上是高先生在《汉语语法论》（1948）中有关词类问题的论述。概而言之，高先生在《汉语语法论》（1948）中有两种词类观——根据词的形态划分的词类和根据词在造句中的地位划分的词类。

三　20世纪50年代高名凯有关词类问题的论述

高先生在《汉语语法论》（1948）中所阐述的词类观，在20世纪50年代进行的汉语词类问题大讨论中有所变化——只承认按词的形态划分所得的词类，这在《再论汉语的词类分别（答 Б . Г . 穆德洛夫同志）》中有所交代：

> 我在旧著《汉语语法论》里也曾主张过汉语的词可以根据它在句子中的地位来规定它的词类，现在我认为必须修改这种理论；因为离开"物质的外壳"来谈词的分类是很危险的。所以，我这一篇文章，除了回答穆德洛夫同志以外，同时也是自我的批评。

高先生在20世纪50年代的汉语词类问题大讨论中，从《关于汉语的词类分别》（可称之为《一论》）到《三论汉语的词类分别》始终坚持认为，汉语的实词"没有词类的分别"。正因为这样学界就称高名凯先生的词类观为"汉语无词类论"，将这一次大讨论称为"关于汉语有没有词类的讨论"。这次讨论规模远比第一次讨论大，王

---

① 高先生所说的"量词"即现在一般所说的"范围副词"和"程度副词"。

力、吕叔湘、俞敏、周祖谟、胡裕树、张斌和朱德熙等知名学者都参与了讨论，各自发表自己的意见。学界对高先生的汉语词类观归纳为以下的形式逻辑三段论：

> 实词的词类是按词的形态划分的；
>
> 汉语的实词没有形态；
>
> 所以汉语的实词不能分类。（吕叔湘，1954）

在当时的政治背景下，高先生的观点受到学界批判，讨论几乎一边倒，有的还上纲上线；同意高先生观点的寥寥，高先生几乎是孤军作战。可是高先生并不屈从，毫不畏惧，连续发表文章，为自己的观点辩护。

"汉语有没有词类的讨论"之后，高先生对《汉语语法论》进行了较大的修改，于1957年由科学出版社出版了修订本，1986年收入商务印书馆"汉语语法丛书"。在修订版中，高先生更坚定地认为汉语实词"没有词类的分别"。高先生在第一编第一章"汉语的词类"第二节"汉语有没有词类的分别"里斩钉截铁地说，"我们认为汉语的实词不能再行分类"。理由是，"词类的分别必须有个'物质的外壳'"，即"词的形态变化"；汉语的词没有足以分别实词词类的"物质的外壳"。高先生依据上述观点，在修订本第一编"构词论"的第一章"汉语的词类"里除了明确表示：

> 词类既是词的语法分类，我们就必须拿词的语法形式来作为词的分类标准。（61页）
>
> 词类的分别必须有个"物质的外壳"，这是不可动摇的原则，因为脱离了"物质的外壳"，脱离了"物质标志"来讲词类，就是唯心论的主张，而且事实上是不可能划分词类的。（62页）

还特别增添了对主张汉语实词可以分类的种种理由逐一批驳的内容，具体是（均引自商务印书馆1986年版本）：

（一）有人认为根据词的语法功能，根据词在句子中的结合性，可以划分词类。高先生回复说：

> 词的句法功能当然是划分词类所要注意到的，但这功能显然是与词的语法意义有关，而且同一个词可能在不同的场合下有不同的句法功能，如汉语的"吃"既可以作为主语用，又可以作为动句的谓语用。所以，只注意词的句法功能也是不能分类的，因此，还必须注意词的形态。要知道词的形态其实就是语法上的词类意义和词的句法功能的标志。（62—63页）

（二）有人认为可以根据词的意义给词分类。高先生指出：

> 只根据词的词汇意义而加以分类的，是错误的办法，马建忠的错误就在于他完全依照词汇意义来分类。（64页）

（三）有人认为说汉语的实词没有词类的分别，就等于说汉语是低级的语言。针对此说法，高先生指出：

> 持这种论调的人用心是良好的，但是他们是站在一个极端错误的理论上来看问题的。……其实语言并没有高级和低级的分别，……各语言的不同的语法结构只说明各语言的特点，不说明各语言的高低。……汉语尽管在词的形态变化上没有印欧语那样的丰富，词类的分别不是印欧语的一套，但汉语之应用虚词和词序远非印欧语之所能及。我们既不能拿汉语作为高级语言的标准，来断定没有汉语这样富于虚词和词序规则的印欧语是低级的语言，也不能够拿印欧语作为高级语言的标准，来断定缺乏实词的词类分别和词形变化的汉语是低级的语言。（65—66页）

（四）有人认为世界的事物都可以分类，词类是客观存在的，所以汉语的实词可以分类。对此高先生说：

> 词当然可以分类，而且可以分出许许多多的类，但这不

133

是语法上的词类。词可以分类并不足以说明语法上有词类的存在，……词类是客观存在的，只是一句断语，这断语需要论证加以证明，只说词类是客观存在的，而没有加以证明，是任何科学家也不能满意的。……所以，这种论调是和科学相去太远的。（68页）

（五）有人认为"声调的变化或'破读'是分别词类的形态"，可以作为分类的标准。高先生认为这种理论来源于高本汉的《汉语词群》（*Word families in Chinese*）。高先生具体分析了高本汉的论说和所举的实例，指出"高本汉以为汉语中读音略有不同的表示词类的分别"，其实只是语义的不同，而非词类不同。"这些理论的困难都是在于语义问题和语法问题的相混。"（68—72页）

（六）有人认为"汉语有拿重叠作为形态的"，言下之意重叠可作为词类分别的标准。高先生指出：

汉语事实上有拿重叠来表示语法作用的地方的，但这重叠既不是词的形态，也与词类的分别无关。（72页）

（七）有人认为词头词尾是词的形态，可作为词类分别的标准。对此高先生认为：

汉语的确有一部分词头和词尾，但这些词头和词尾都只是构词法上的形态，不是词类分别的形态。（72—73页）

（八）有人认为"了""着""的"等为词的形态，言下之意可用来划分词类。高先生认为，这也不是"词的形态变化所有的情形"，"不能把它看做是词的形态。就是有人把它看成词的形态，它也只是广义的形态变化或词的外部形态，它也不能帮助我们解决词的分类问题"（74—75页）。

（九）有的人认为汉语虽然没有分别词类的形态，但可以根据词和词的结合性来规定汉语的词类。高先生在书中具体分析了不少词和词的结合情况，从而指出：

> 如果根据词和词的结合性可以规定词类的理论是正确的话，这情况也就只有强迫我们承认汉语的实词没有词类的分别。（76页）

（十）有的人认为不讲词类就不能讲语法。高先生指出：

> 他们认为不讲词类就不能讲语法。这种观点也是同样错误的。语法的范围很广，词类只是其中的一部分，汉语虽然没有实词的分类，这也并不等于说汉语的任何词类都不存在，这也并不等于说汉语就没有语法，汉语的语法就没有方法讲。……要知道以为不讲实词词类就不能讲语法也是站在一个错误的观点来看问题的。他们认为只有印欧语所有的语法结构才算是语法，别的语言所有的语法结构就不算是语法。并且汉语语法的研究所以陷入困难，其中的主要原因之一，就是硬把汉语的词归入一个固定的词类。（78页）

在批驳各种说法之后，高先生最后问：

> 汉语有其独具的特点，我们为什么一定要拿印欧语的语法格局来硬套在汉语头上，而不愿意依据汉语的具体特点来研究汉语语法的内部规律呢？（78页）

以上所述，第一，足见高先生坚持汉语实词无词类态度之坚决；第二，高先生的出发点是希望大家依据汉语语法的具体特点来研究汉语语法的内部规律。

四　20世纪60年代高名凯有关词类问题的论述

高先生20世纪60年代有关词类问题的论述主要体现在以下论著中：论文《关于汉语实词分类问题》（1960b）、《汉语语法研究中的词类问题》（1963b）；专著《语法理论》（1960a）。①

前面我们谈到，在20世纪50年代，无论在汉语词类问题讨论中还是在《汉语语法论》（修订版）中，高先生更坚定地坚持划分词类只能根据词的内部形态和形态变化，汉语没有词的内部形态和形态变化，所以汉语实词没有词类的分别。而在《语法理论》中，在60年代发表的两篇谈论词类问题的论文中，观点有所变化。

先看《语法理论》。该书系统论述了普通语法学中一些重大的理论问题，特别是提出了区分语法形式学和语法意义学的观点，这对语法研究有指导意义。其中第七章专门谈论词类问题。高先生认为：

> 词类是词的基本的语法种类。因为词类是与某种语法形式结合在一起而表现某种语法意义的概括的，因此，词类是语法范畴，而研究词类也必须从词的语法意义和词的语法作用下手。词类是词的语法分类，这句话就说明了不是依照词的语法意义和语法作用来加以分类的，并不是语法学上所说的词类。（156—157页）

同时高先生认为：

> 词的内部形态变化也是和词的句法功能有关系的。它们就是把词的具体的句法功能加以抽象化的结果，并且把这抽象化的结果用特殊的物质外壳固定下来的。词的内部形态既与词的句法功能有关，那么，词的句法功能或词跟其他词的结合性也就可以成为词类标志之一了。（167页）

> 词的句法功能或词的结合性也是词的语法特点之一，词的语法形式之一；词的内部形态也就是词的句法功能或词跟其他

---

① 高先生在1963年还出版过一部语言学理论专著《语言论》，这是高先生留给后世的最后一部专著，凝聚着高先生一生研究语言和语言学的心血，但该书没有谈论词类问题。

的词的结合性的一个具体的表现；所以词的句法功能或词跟其他的词的结合性在理论上也应当被认为可以作为区分词类的标准。（169页）

但是具体谈到汉语的词类，高先生还是认为"汉语的实词并没有固定的词类意义"（174页）。"从词的句法功能或词跟其他的词的结合性来说，也是同样的情形。"（178页）

从上可以看出，高先生虽然还是坚持汉语实词无词类分别，但他已经不再坚持词的内部形态和形态变化是划分词类的唯一标准，而有条件地承认词的句法功能，词跟其他词的结合性，也可以作为词类分别的依据，只是那是辅助性的，还是"以词的内部形态为主"。

现在再看高先生的论文《关于汉语实词分类问题》。这原本是高先生在北京大学1959年"五四"科学讨论会上的发言。高先生在该论文中所持的观点基本上跟《语法理论》专著的观点是一致的。下面这段话很清楚地表明了这一点：

> 关于汉语的词类问题，从前我只把形态看成表示词类意义的形式，那种说法太窄了，现在我认为应该说词的形态变化，词的结合能力或词的句法功能等都是词的词类意义的外部标志。问题在于汉语的实词无论从哪一方面来看，都表现其具有多种的词类意义，因之，没有固定的词类特点。
>
> 总之，我认为汉语有词类范畴，问题在于汉语的词是否有固定的类可分。我认为汉语的实词是多类的，没有一个实词是只属于一类的。

最后再看论文《汉语语法研究中的词类问题》。这是高先生应邀在安徽大学所作的学术报告，后就在《安徽大学学报》上发表。该文对汉语语法研究中的词类问题作了全面的论述，这从文章目录上可以看出：

一　导言

（一）汉语语法研究历史简述

（二）目前存在的情况

二　汉语词类问题的争论

（一）"意义观点"与"形式观点"之间的争论

（二）"狭义形态观点"与"广义形态观点"的争论

（三）"三个标准问题"的争论

（四）"句法功能观点"与"名物化观点"之间的争论

三　对"句法功能观点"的评论

（一）"句法功能观点"的主要论点

（二）对上述观点的评论

（1）关于广义与狭义的"事物范畴"

（2）关于词类的语法特征

（3）关于名词跟谓词的对立

（4）关于小类与大类

（5）关于"个体词"与"概括词"的问题

四　汉语词类问题的实际情况

（一）汉语有词类语法范畴而无实词词类

（二）汉语词位的特点

五　汉语语法研究的前途

（一）汉语词位的语法变体的研究

（二）以句法分析为基础的汉语语法分析的原则

（三）汉语语法意义结构类型的研究

　　无须细说，从全文的大小标题上可以看出，高先生在思考汉语词类问题时，是将词类问题放在整个汉语语法研究中来考虑的。读者如有兴趣可以去阅读高先生这篇文章[①]。

五　如何看待高名凯的汉语词类观？

高先生始终坚持"汉语实词无词类"。这一观点在整个中国语言学学界可以说没有人认同。为什么大家不认同？我想原因有二：

其一，正如我们在第一讲里所说的，"没有分类便没有科学"。任何学科领域，要研究必须对所研究的对象进行分类。词是句子的建筑材料，要研究、归纳出语法规律，必须对词进行分类。至于该按什么来分类，那是另一个问题。高先生对此并不认同，在《汉语语法论》修订版里专门批驳了这种看法，但高先生的批驳既无理又无据，只是说，"词可以分类并不足以说明语法上有词类的存在"，并认为因为世界上的事物可以分类所以词可以分类，"这种论调与科学相去太远"。这何以服人？其实"与科学相去太远"的是高先生自己的"无词类"论。西方"形态语言"对词可以按照词的形态加以分类，对于"非形态语言"的汉语，不必坚持按形态分类。

其二，在第二讲里我们引过吕叔湘先生的一句话："区分词类，是为的讲语法的方便。"在第二次汉语词类问题讨论中，吕先生又说，"我想这句话并没有说错"。"认清了区分词类的目的，对于回答汉语的词能不能区分词类这个问题有帮助。"（吕叔湘，1954）确实，正如陈乃凡（1954）所说的："咱们既然承认汉语有语法，那么不管它有没有形态，都必须承认它有词类的分别才对。"对此高先生也不认同。他在《三论》中认为，"不讲词类就不能讲语法是倒果为因的

---

① 该文另见《高名凯语言学论文集》，商务印书馆，2011 年；《高名凯文选》，北京大学出版社，2010 年。

说法"。并说:

> 不讲词类就不能讲语法的感觉只是一个错觉。当然,如果认识汉语没有词类,我们就应当共同努力来就汉语的特点为祖国的人民寻找一套讲语法的办法,但这绝不是一个人的能力所能成功的,我们大家无妨研究研究(我愿意在最近期间提出我对这问题的意见,以供参考)。

遗憾的是因为高先生英年早逝,未能如其愿。

高先生也没有认死汉语实词不需要和不能分类,因为他在《汉语语法论》里就曾经将汉语的实词分为以下三类:一是具有名词功能的词;二是具有动词功能的词;三是具有形容词功能的词。这只是个名称不同而已。高先生只是强调汉语没有印欧语那样的词类语法范畴和词类分别。但就这一说法而言,高先生的看法是符合汉语实际的,汉语确实没有印欧语那样的词类语法范畴。要说高先生的整个论述有遗憾之处,那就是三段论中的最后那句结论性的表述,应该修改,整个三段论应表述为:

> 实词的词类是按词的形态划分的;
>
> 汉语的实词没有词的形态;
>
> 所以汉语的实词没有印欧语那样的词类的分别。

这就没有问题了。其实,由于印欧语是"形态语言",汉语是"非形态语言",所以虽然使用同样的术语,但内涵有所区别——印欧语的词类是"形态类",汉语的词类是"功能类"。

高名凯先生谈论汉语词类问题的真正用意是呼吁大家:"研究汉语语法,就不应当仿效西洋的语法,以词类为出发点。研究汉语语法必须……依照汉语的特点,走上独立的创造的道路。"(高名凯,1953)这一点是高先生一再强调的。

第十一讲
朱德熙的汉语词类观

朱德熙（1920—1992），江苏苏州人。1939年考取国立西南联合大学物理系，一年后转入中文系，师从唐兰、闻一多先生学习、研究古文字学和古音韵学，并得到罗常培和陈梦家两位教授的教导。1945年毕业后在昆明中法大学中文系任教。1946年应聘在清华大学中文系任教，1952年晋升为副教授，同年调入北京大学中文系，并受国家委派至保加利亚索菲亚大学任教，1955年回国。生前为北京大学中文系教授，是国内外知名的语言学家、语法学家、文字学家、教育家。朱先生主要从事汉语语法研究，在语法研究方面，他一直是一位积极的探索者、实践者，成为我国思想最活跃、最富有创新精神、研究卓有成效的语法学家之一。

朱德熙先生在《现代汉语形容词研究》（1956）、《关于划分词类的根据——在北京大学1959年"五四"科学讨论会上的发言》（1960）、《说"的"》（1961）、《关于动词形容词"名物化"的问题》（1961）、《语法讲义》（1982a）、《语法分析和语法体系》（1982b）、《语法答问》（1985）、《词义和词类》（1991）、《语法分析讲稿》（2010）等一系列论著中，从理论上全面论述了词类问题。基本观点是：词类是概括词的语法分类；划分词类只能根据词的语法功能；划分词类的具体标准是词的分布；划分词类具有一定的相对性。下面我们逐一加以介绍说明。

一 词类是概括词的语法分类

朱德熙、卢甲文、马真在《关于动词形容词"名物化"的问题》里强调指出：

> 划分词类的时候，不能根据个体词在句子里所实现出来的语法性质给它分类，必须先把证实了同一性的个体词归纳为概括词，再在概括词的基础上进行分类。

概括词是相对于个体词而言的。什么叫"个体词"？什么叫"概括词"？《关于动词形容词"名物化"的问题》里说：

> "会不会"这个格式里包含几个词，可以有两种不同的回答：一种回答说是三个词，另一种回答说是两个词。这两种回答里头的"词"的含义不一样。第一种回答所说的"词"是指在一定的语言片段里出现的"词的个体"；第二种回答里所说的"词"①是指所有已经证实了同一性的"词的个体"的"集合"。为了称述方便起见，我们暂时把前一种意义的"词"叫作"个体词"，后一种意义的"词"叫作"概括词"。

为使读者明了，不妨再从另一个角度举例说明。请看：

> （1）"她会₁不会₂来？"
>
> "我看她不会₃来了。"

如果我们问："例（1）的对话里有几个'会'？"可以有两种回答：

> 甲：有三个"会"。
>
> 乙：有一个"会"。

甲的回答是，句子里有一个算一个。对话里不是出现了三个"会"

---

　　　① 原文没有引号。从上下文看，该有引号。

吗？所以说："有三个'会'。"乙的回答实际已经对这三个"会"作了些思考，认为它们是同一个"会"，因为从形式到意义[表示有可能实现]都相同，所以说："有一个'会'。"甲回答中所说的"会"，实际说的是"个体词"；乙回答中所说的"会"，就是"概括词"。由个体词概括为概括词所遵循的原则是"同音同义"，一般称为"语法单位的同一性原则"。《关于动词形容词"名物化"的问题》指出：

> 个体词的语法性质只是这个个体词在一定的语言片段里所实现出来的语法性质，概括词的语法性质则是隶属于这个概括词的所有的个体词的语法性质的总和。

因此，《关于动词形容词"名物化"的问题》说：

> 词类是概括词的分类，不是个体词的直接分类。

"词类是概括词的分类"①，这是朱德熙先生对美国结构主义"分布"理论运用于语法研究的创造性发展，这跟下一节将要介绍的朱先生的另一个观点"划分词类的基本根据应该是词的语法功能"密切相关。

二　划分词类的根据只能是词的语法功能

大家知道，中外学界曾提出过三种区分词类的依据：一是词的形态；二是词的意义；三是词的句法功能，即语法功能。从理论上来说，这三种依据中的任何一种，似乎都可以成为我们划分词类的依据。但朱先生在《语法答问》（1985）中强调指出："划分词类的根据只能是词的语法功能。"这一观点在朱先生的其他论著中也多次表述过。请看：

---

① 关于"词类是概括词的分类"，也有学者持不同意见，认为"词类的划分同时存在于个体词和概括词这两个范畴中"。详见王仁强、黄昌宁（2017）。

划分词类的基本根据应该是词的语法功能。(《关于划分词类的依据——在北京大学1959年"五四"科学讨论会上的发言》)

我们把甲类词跟乙类词分成两类,只有在一种情况下才是可能的,即甲乙两类的语法特征不同……(《关于动词形容词"名物化"的问题》)

本文分析"的"字的基本方法是比较不带"的"的语法单位——假定为x——跟加上"的"之后的格式"x的"在语法功能上的差别,由此分离出"的"的性质来。(《说"的"》)

汉语不像印欧语那样有丰富的形态。因此给汉语的词分类不能根据形态,只能根据词的语法功能。(《语法讲义》3.1.1)

词类是反映词的语法功能(即语法分布)的类,所以理所当然只能根据语法功能分类。(《词义和词类》)

为什么"划分词类的根据只能是词的语法功能"?我们不妨逐一分析一下形态、意义、语法功能在划分词类中的运用情况。

第一种依据,词的形态。对印欧语那样有丰富形态的语言来说,这项依据很适用。可是,对汉语来说不适用,因为汉语属于"非形态语言"。至于汉语有无形态,20世纪50年代苏联汉学家康拉德(Н.И.Конрад)认为汉语有丰富的形态,列了许多;当时中国不少学者也跟着说汉语有形态。我们同意高名凯先生的看法,康拉德等先生所说的"汉语的形态",并不是词类划分所依据的形态。(详见第九讲)

形态那依据虽好,但汉语用不上。

第二种依据,词的意义。对于"词的意义"可以有两种理解:一种是指词的概念义,一种是指词的语法意义。20世纪40年代王力先生的《中国现代语法》和吕叔湘先生的《中国文法要略》就是根据词的概念意义给汉语划分词类的。汉语语法研究的实践已经表明此路不通，因为词的概念意义跟词类并不完全对应。譬如，"战争"与"打仗"基本意义相同，但前者是名词，后者是动词。再如"突然"和"忽然"，基本意义相同，但它们的语法功能迥然不同。请看：

	状语	谓语中心	宾语	补语	定语	很～	并不～	词性[1]
突然	＋	＋	＋	＋	＋	＋	＋	形容词
忽然	＋	－	－	－	－	－	－	副词

根据词的语法功能，很显然，"突然"是形容词；"忽然"是副词，因为它只能做状语。

正如吕叔湘先生自己所说的，"王了一先生和我自己，尽管在我们的书上只说凭意义划分词类，实际上还是免不了要利用结构关系[2]来帮忙"（吕叔湘，1954）。

另一种是指词的语法意义。通常说，名词表示事物，这里说的"事物"是名词这一类词的语法意义。既然说名词表示事物，动词表示行为动作或变化，形容词表示性状，那么似乎可以依据词的语法意义给词分类——表示事物的词是名词，表示行为动作或变化的词是动词，表示性状的词是形容词。然而我们要知道，意义，即使是语法意义，极为复杂，难以实际操作。因为无论是"表示事物"还是"表示行为动作或变化"，还是"表示性状"，实际存在不同层次、不同平面的语法意义。关于这一点，朱德熙、卢甲文、马真在《关于动词形容词"名物化"的问题》"事物范畴与名词性"中有深刻的

---

[1] "突然"的语法功能，除了做状语，还能做谓语中心（这件事很**突然**）、宾语（感到**突然**）、补语（这场暴风雪来得**突然**）、定语（**突然**事件）、可以受"很/挺"类程度副词修饰（很**突然**|非常**突然**）、可以受"不"修饰（这并不**突然**）。

[2] 所谓"结构关系"说的就是词的语法功能。

论述，文中指出：

> 就汉语来说，所谓"事物"与"非事物"（行动和性状）

之间的对立，至少可以从以下三个不同的平面上去理解。

对此朱先生举实例作了具体论述，充分说明"事物"这一语法意义确实就有不同层面的含义。

"通常说名词表示事物的名称，动词表示行动，形容词表示性状。"这可视为在词类层面的"'事物'与'非事物'之间的对立"。我们不妨将"名词表示事物"的"事物"标记为"事物$_1$"。

可是，朱先生接着指出，"在汉语里，'什么'指称事物，'怎么样'指称行为、动作或性状。从'什么'和'怎么样'的区别上可以看到'事物'与'非事物'在另一个层次上的对立"。就"什么"和"怎么样"本身的词性而言，"'什么'跟名词的功能基本相同，'怎么样'则跟谓词的功能基本相同"。可是它们"所能替代的范围不一样。'怎么样'只能替代谓词（包括谓词性词组），'什么'既能替代名词（包括名词性词组），又能替代谓词"。所举的实例是：

看什么？看电影。	看什么？看下棋。
怕什么？怕鲨鱼。	怕什么？怕冷。
考虑什么？考虑问题。	考虑什么？考虑怎么样做好工作。
葡萄、苹果、梨，什么都有。	唱歌、跳舞、演戏，什么都会。

显然，在这一层次上对立的"事物"不同于词类层面"名词表示事物"里的"事物"。我们不妨将"什么"指称事物的"事物"标记为"事物$_2$"。上面的实例清楚地表明，"事物$_2$"所指范围要比"事物$_1$"来得大。即：

$$事物_2 > 事物_1。$$

再有，在一般人的心目中，汉语句子里的主宾语表示事物。而这是又一个层面的"事物"。值得注意的是在现代汉语里"什么"可以做主宾语，"怎么样"也能做主宾语。例如：

（1）问：a. 什么才是对的？

问：b. 怎么样才是对的？

（2）问：a. 她喜欢什么？

问：b. 她喜欢怎么样？

我们不妨将"主宾语表示事物"里的"事物"标记为"事物$_3$"。很清楚，从范围上来看：

$$事物_3 > 事物_2。$$

无疑，事物$_3$ > 事物$_2$ > 事物$_1$。据此朱先生在批评"名物化"理论时说了一段很深刻的话：

> 名物化论者所说的"事物"正是这种广义的"事物"。这种意义上的"事物"在哲学上或心理学上可能是有根据的，可是它跟作为名词的语法意义的"事物"不是一回事，至少没有直接的关系。因此决不能根据这一点来论证主宾语位置上的动词和形容词的词性问题。

这三种不同层面的"事物"不要说一般人搞不清楚，就是语言学家一般也缺乏这样的认识而相混淆，"名物化"之说正说明了这一点。[①]显然我们难以依据"表示事物"来确定名词。

"表示行为动作或变化"和"表示性状"也有不同的层面。因而我们也难以依据"表示行为动作或变化"和依据"表示性状"这种

---

① 有人说主语宾语位置上的动词形容词是"当名词用的"；有人说这种位置上的动词形容词已"转成"名词；有人说这是动词形容词的"名物化"或"名词化"；有人说，单个的动词形容词做主语、宾语，"干脆说，就是名词"。以上大同小异的说法，概括为"名物化"之说。详见朱德熙、卢甲文、马真（1961）。

意义依据来确定动词、形容词。[①] 总之，依据词的语法意义来划分汉语词类，理论上说似乎可以，实际上是行不通的，具体不在这里赘述。

这样说来，划分汉语词类就得运用第三种依据，即依据词的语法功能来给现代汉语里的词分类，其理据已在第三讲作了具体说明，这里不再重复。

不过更需要明了的是，也正如朱先生在《语法答问》贰"词类"里所指出的：

> 我们可以根据形态给印欧语的词分类，可是归根结柢还是根据语法功能。譬如英语用后缀 s（实际语音形式是 -s、-z、-iz）表示名词复数。我们可以根据这一点来确定英语的名词这一类。这看起来是根据形态分类，实际上仍旧是根据功能。因为凡是能加表示复数的后缀 s 的词在句子里的语法功能是一致的。而且正因为这样，分出来的类才是有价值的。要是根据形态分出来的类并不能反映句法功能，这种分类就没有意义。（11—12 页）

语言事实也告诉我们，即使在印欧语里，也有一些词没有形态标志和形态变化，例如英语里的名词 sheep（羊）、deer（鹿），本身并无形态标记，表示复数时后边也不加表复数的后缀 -s，它们单复数的语音形式是一样的。可是，在以英语为母语的人的语感里，这些词跟复数形态标志的词同等看待，看成同一类；讲英语语法的人也仍旧把这些词归入名词，这是因为它们跟有形态标记、形态变化的名词在语法功能上是完全一致的。这就是说，英语语法学里将无形

---

① 就"表示行为动作或变化"来说，"花开[动词]了""花红[形容词]了""他大学生[名词]了"都可视为"表示行为动作或变化"。再拿"表示性状"来说，"白[形容词]房子""白色[名词]房子""呈现白色[动词性词语]的房子"里的"房子"的定语都会让人觉得是"表示性状"。

态标记、无形态变化的sheep和deer归入名词，根据的是它们的句法功能。再如俄语中性名词пальто（大衣），其词以-o结尾，而且入句不变格，无形态变化，单从形态看跟副词一样。可是，大家都将它归入名词，因为它在句子中的语法功能跟有形态标志、形态变化的名词完全一样。因此朱德熙先生指出："我们能够根据形态划分词类，是因为形态反映了功能。形态不过是功能的标志。"（12页）这一观点跟前面介绍的陈望道先生的观点是完全一致的。而词的语法功能实际是词类语法意义的外在表现。

三　关于词类与句法成分之间的关系

在本书第三讲，我们已经指出，印欧语（如英语）词类与句法成分之间是一对一的关系，汉语则是一对多的对应。这一点正是朱德熙先生首先明确指出的，[①]并图示如下（虚线表示有一定限制）：

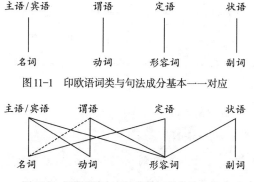

图11-1　印欧语词类与句法成分基本一一对应

图11-2　汉语词类与句法成分一对多对应（a）

----

① 汉语词类与句法成分一对多的对应，此意早在高名凯先生1948年出版的《汉语语法论》就有所表述。书中说："中国语的一切语词差不多都可以同时有各种词品的功能。"（44页）高先生在1960年发表的《关于汉语实词分类问题》里又说："汉语的实词是多类的，没有一个实词是属于一类的。"但十分明确地阐述这一点，并以图示之，那是朱德熙先生的《语法答问》。

朱先生关于汉语词类与句法成分一对多的关系的看法是基本符合汉语实际的，但这个图还没完全反映，事实上名词做状语的情况越来越多，动词中的双音节动词绝大部分都能直接做定语；此外动词、形容词做主宾语是有一定条件的，正如名词做谓语一样；另外形容词做状语也只是一部分，而非全部。因此宜图示如下（虚线表示有一定条件）：

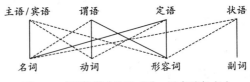

图11-3　汉语词类与句法成分一对多对应（b）

这里需要进一步说明的是，只因为在"词类与句法成分之间的关系"上汉语跟印欧语不一致，所以在句法分析上也表现出重要的差异，那就是朱先生所指出的：

> 就印欧语而论，抓住了词类和层次，就可以在一定程度上讨论句法。因为在印欧语里词类和层次在一定程度上可以控制结构关系。我们可以用转换语法里的两条转写规则（rewriting rule）来说明这一点（用原书序号）：
>
> （6）S →NP+VP
>
> （7）VP →V+NP
>
> 这两条规则表面上只说到词类和层次，完全没有涉及结构关系，可是（6）的 NP+VP 实际上就是"主语＋谓语"，（7）的 V+NP 实际上就是"述语＋宾语"。这是因为在英语里，NP+VP 只能是主谓关系，V+NP 只能是述宾关系。这种办法在汉语里是行不通的。因为汉语光凭词类和层次不能控制结构关系。（《语法答问》，64页）

四　划类的具体标准是词的分布

具体如何依据"词的语法功能"给汉语的词分类？具体操作，依据词的分布。"所谓词的分布就是指的概括词所能占据的语法位置的总和。"[1]朱先生将一般所说的形容词三分为"（性质）形容词""状态（形容）词"和"区别词"，运用的就是分布分析法。请看：

词项	状语	谓语中心	宾语	补语	定语	很～	并不～	"的"字结构	词性
红	－	＋	＋	＋	＋	＋	＋	＋	性质形容词
粉					＋			＋	区别词
通红	－	＋	－	＋	＋			－	状态形容词[2]

朱先生将助词"的"（含书面上读音为 de 的"的"和"地"）分为三个："的₁""的₂""的₃"，采用的也都是分布分析法。这一点朱先生在《说"的"》一文里有明确交代："本文分析'的'字的基本方法是比较不带'的'的语法单位——假定为 x——加上带'的'之后的格式'x的'在语法功能上的差别，由此分离出'的'的性质来。"

朱先生所说的"词的分布"是指词的总体分布，或者说是指"词的分布的总和"。

朱先生在分布理论方面的贡献，正如后来陈保亚评论所说的："无论就国内还是国际上有关分布理论的学说看，朱德熙等有关分布理论的讨论都是相当深入全面的。"（陈保亚，1999：48）"朱德熙等

---

[1] 参看朱德熙《语法分析讲稿》3.5 "词类划分的标准"。"概括词"在袁毓林整理的书稿中改用"类象词"。这里我们还是恢复用朱先生常说的"概括词"。

[2] 朱先生强调要根据词的语法功能，即词的分布给词分类，但是朱先生在这一点上贯彻得不彻底，那就是虽然指出了"红"与"通红"的语法功能即语法分布迥然不同，但还是合称为"形容词"，只是在"形容词"下再区分为"性质形容词"与"状态形容词"。现在都已经区分为不同的词类——"红、干净"等为形容词，"通红、干干净净"等为状态词。具体见北京大学中文系现代汉语教研室（1993）和马真（1997）。

在50年代末至60年代初的工作大大加深了人们对分布理论的认识。"（陈保亚，1999：50）

五　关于词类的共性与个性

朱德熙、卢甲文、马真在《关于动词形容词"名物化"的问题》里提出了词类的共性和个性的问题。文中指出：

> 词类是根据词的语法性质分出来的类。同类的词必须具有某些共同的语法性质，异类的词必须具有互相区别的语法性质。
>
> 说同类的词必须有共性，并不是说同类的词语法性质全部相同。……
>
> 异类的词必须有相互区别的个性，但这也不是说异类的词之间就毫无共性。……
>
> 总起来说，同类的词必须有共性，同时其内部又有不同的个性；异类的词必须有互相对立的个性，但这也不妨碍它们之间有某些共性。正是因为同类的词可以有不同的个性，所以大类之下可以分出小类来（例如动词里的及物动词和不及物动词）；因为异类的词之间也有共性，所以我们可以把不同的词类归并为一个大类（例如把动词和形容词合并为谓词）。
>
> ……通常把这三类词（指名动形三类——引者注）都归到实词这个大类里去跟虚词相对待，实词这个类正说明了名词、动词和形容词之间的共性。

朱先生在词类的共性与个性论述的基础上，进一步提出了"语法性质""语法特征"与"已实现的语法性质""未实现的语法性质"这两对概念。文中指出：

> 一个词类的"语法性质"和它的"语法特征"显然是不同

152

的概念。词类的语法性质指这一类词的全部共性。既然是全部共性，其中当然也包括这一个词类与其他词类之间的共性在内。词类的"语法特征"指的是仅为此类词所有而为它类词所无的语法性质，即指这个词类所以区别于其他词类的个性。

这一论述不仅有力地批驳了"名物化"论，更为词的分类提供了理论上的支撑。

六　对汉语里的名词和动词的看法

朱先生在《语法讲义》（1982：101）中说，"事实上绝大部分动词和形容词都能做主宾语"；朱先生在《语法答问》（1985：7）里也说，"百分之八九十的动词和形容词可以做主宾语"。然而，朱先生并不就此认为动词形容词做主宾语就成为名词了。朱先生不仅多次批评"名物化"的说法，而且多次强调汉语里名词跟动词的不同和对立。请看：

动词和名词是不同的词类……（朱德熙、卢甲文、马真，1961）

在汉语里，动词形容词跟名词之间的对立是很显著的……（朱德熙、卢甲文、马真，1961）

汉语的名词和动词在语法性质上有显著的对立……（朱德熙、卢甲文、马真，1961）

这两种词类的对立大概是自然语言的普遍现象，汉语也不例外。（朱德熙，1984a）

汉语的名词和动词在语法性质上有显著的对立……（朱德熙，2010：89）

值得注意的是，在朱先生于1985年出版的最后一部书《语法答问》

里，也没有否定或者修改这一基本看法。

七 划分词类有一定的相对性

朱先生指出：

> 千万不要天真地以为世界上任何一种语言都一定是天造地设的八大词类，一个也不多，一个也不少；也不要以为一个词属于哪一个词类是绝对的，毫无活动余地的。（《语法答问》，17页）

分类本身具有一定的相对性。划分词类也存在着相对性，这就看你怎么处理了。举例来说，假如按功能甲和功能乙来考察我们所要划分的词，可能会呈现下列三种情况：

A. 有些词只符合甲功能，不符合乙功能；

B. 有些词只符合乙功能，不符合甲功能；

C. 有些词既符合甲功能，又符合乙功能。

我们在进行分类时，下面四种都可以选择：

1. 分为两类，将C视为兼类词。按此处理则：

　　符合甲的是名词：A+C

　　符合乙的是动词：B+C

2. 分为三类，将C独立为一类。按此处理则：

　　符合甲不符合乙的是名词：A

　　符合乙不符合甲的是动词：B

　　既符合甲又符合乙的为另一类词：C

3. 分为两类，认为C是名词，不是动词，按此处理则：

　　符合甲的是名词：A+C

　　符合乙不符合甲的是动词：B

4.分为两类，认为C是动词，不是名词，按此处理则：

符合乙的是动词：B+C

符合甲而不符合乙的是名词：A

以上四种处理办法都是允许的，采用哪一种，要放到整个分类系统中去考虑，"看哪一种分类办法能够最充分地反映它们的语法分布情况"（《语法答问》，19页），"要看哪一种方法划分出来的类在分布上有最大的共同性"（《语法分析讲稿》，94页）。

八　《语法讲义》的词类系统

上面我们系统介绍了朱先生的词类观。最近看到朱先生于1952—1955年受国家委派在保加利亚索菲亚大学任教时所编写的《华语教材》，上面所述的朱先生的汉语词类观在该汉语教材里已有雏形。据朱先生《华语教材》手稿，在40.5节里讲到词类时就指出：

在汉语里，区分词类的问题要比一般的印欧语复杂些。这有两个原因：第一，因为汉语的词大部分没有词类标记；第二，汉语的词的功能变动的范围比一般印欧语大，譬如"新"是形容词，但是它也可以修饰动词，如"新买的书"；"红"是形容词，但是它可以变成动词，如"红了脸"。因此有些外国的资产阶级学者说汉语没有词类。这种理论是错误的，事实上，我们在形态学的范畴里可以找到词类之间的界限。例如名词之后不能加词尾"了"或"着"；副词（不，还，都，也，就……）决不能修饰名词。动词和形容词的重叠方式不同等等。

《华语教材》将汉语的词分为11类，具体如下：

1.名词：中国、保加利亚、花、鸟、布、国家、同志、天、思想、制度……

[时间词] 时点：今天、七点半、星期天上午、三年以前……

时段：两年、三天、一会儿、一个钟头……

[位置词] 上、下、里、外、上边……

2. 量词：个、只、件、块、张、枝、次、下、遍……

3. 动词：飞、说、笑、讨论、学习、爱、害怕、高兴、死、有、是……

[助动词] 能、能够、会、可以、想、要、得（děi）……

4. 副动词：把、被、从、向、给、替、跟、对于、关于……

5. 形容词：大、小、快、慢、真、假、红、黑、一般、特别……

6. 数词：一、二、三、十、百、千、万、半、几……

7. 代词：我、你、他、谁、什么、怎么、这、那、哪……

8. 副词：先、再、也、还、就、很、极、太、不、常常、一定、当然……

9. 连接词：和、跟、但是、因为、所以、要是、除非、虽然、可是……

10. 语气词：吗、呢、吧、啊、了、罢了……

11. 象声词：啊、哟、唉（叹词）；砰、哗啦、叮当（拟声词）……

这是受当时汉语语法研究水平的影响。① 20世纪50年代后，朱先生

---

① 我们看到，20世纪50年代有影响的现代汉语语法著作都将汉语词类划分为11类。请看：吕叔湘、朱德熙《语法修辞讲话》（1951）：名词、动词、形容词、副名词（量词）、副动词（介词）、数词、代词、副词、连接词、语气词、象声词。中国科学院语言研究所语法小组《语法讲话》（《中国语文》1952.7—1953.11）：名词（特殊类：时间词、地位词、定位词）、代词、指示词、数词、量词、动词（特殊类：助动词、副动词）、形容词、副词、连词、语助词、象声词（含叹词）。张志公《汉语语法常识》（1953）：名词、动词（特殊类：助动词）、形容词、数量词（数词、数量短语）、指代词、系词、副词、介词、连词、助词、叹词。"暂拟汉语教学语法系统"（1956）：名词（附：方位词）、动词、形容词、数词、量词、代词、副词、介词、连词、助词、叹词。

按照自己的词类观，将汉语的词分为三大类17小类[1]：一是实词，下分（一）体词，细分为：（1）名词、（2）处所词、（3）方位词、（4）时间词；（5）区别词、（6）数词、（7）量词、（8）代词[2]；（二）谓词，再分为：（9）动词、（10）形容词。二是虚词，直接分为：（11）副词、（12）介词、（13）连词、（14）助词、（15）语气词。三是另类[3]，包括：（16）拟声词和（17）感叹词。以上分类可表示如下：

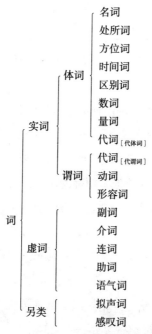

图11-4　朱德熙先生的词类系统

---

① 具体见朱德熙《语法讲义》。其实，朱先生从20世纪50年代末开始在北京大学中文系开设的"现代汉语（二）"、80年代初开始开设的"语法分析"对现代汉语词类就如此划分。

② "代词"又一分为二：一是"体词性"代词，如"我、谁、这、那、什么"等，归入"体词"类；二是"谓词性"代词，如"这么、怎么样、怎么"等，归入"谓词"类。见《语法讲义》3.6节。

③ "另类"是我给加的。《语法讲义》里未给命名。

从上可以看出，这个词类系统的特点是：

第一，将处所词、方位词、时间词从名词中分出来各自独立成类。

第二，将吕叔湘先生所说的"非谓形容词"改称为"区别词"。朱先生给区别词所下的定义是：

> 区别词是只能在名词或助词"的"前边出现的粘着词。(《语法讲义》，52页)

区别词有单音节的，如"金、银、男、女、雌、雄、公、母、正、副、粉"等；双音节的，如"彩色、袖珍、野生、国产、大型、重型、微型、额外、公共"等。

第三，对现代汉语里的副词第一次作了非常明确的规定："我们把副词定义为只能充任状语的虚词。"(《语法讲义》，192页)

第四，将代词明确地一分为二："体词性代词"和"谓词性代词"。关于代词，朱先生有非常明确的说明：

> 代词是实词里的一类。就语法功能说，有的代词是体词性的(我，你，他，什么)，有的是谓词性的(这么样，怎么样)。我们把它们归为一类，是因为代词跟一般的体词和谓词不同，都有替代作用。(《语法讲义》，80页)

朱先生的词类系统是严格按照他的词类观划分得到的。不过好像也存在让人感到不够缜密之处——

其一，朱先生说：

> 形容词可以分为性质形容词和状态形容词两类。性质形容词包括单音节形容词(大、红、快、好)和一般的双音节形容词(大方、干净、规矩、伟大)。状态形容词包括：
>
> （1）单音节形容词重叠式：小小儿的。
>
> （2）双音节形容词重叠式：干干净净（的）。

（3）"煞白、冰凉、通红、喷香、粉碎、稀烂、精光"等。……

（4）带后缀的形容词，包括 ABB 式："黑乎乎、绿油油、慢腾腾、硬邦邦"，A 里 BC 式："脏里呱唧"，A 不 BC 式："灰不溜秋、白不雌列①"。双音节形容词带后缀的只有"可怜巴巴、老实巴焦②"等少数例子。

（5）"f＋形容词＋的"形式的合成词（f 代表"很、挺"一类程度副词）：挺好的、很小的、怪可怜的。（《语法讲义》，73 页）

事实上，性质形容词和状态形容词在语法功能上有很大区别。这一点朱先生自己也说："从语法功能上看，这两类形容词也有很大的区别。"（《语法讲义》，73 页）既然从语法功能上看这两类形容词"有很大的区别"，为什么不彻底分为两个独立的类呢？我们看到，后来北京大学中文系现代汉语教研室《现代汉语》、马真《简明实用汉语语法教程》、郭锐《现代汉语词类研究》以及袁毓林、马辉、周韧、曹宏《汉语词类划分手册》都分别独立成类了，分别命名为"形容词"和"状态词"。

其二，代词区分为"体词性的"和"谓词性的"，这是很符合语言实际的。但是又合称为"代词"，这好像违反了自己的分类根据了——不是严格按照"词的语法功能"立类，而是按照"词的语法意义"立类了。

上述两点，可能是由于当时照顾到学界一般的观念的缘故。

---

① 原书作"白不雌列"，现写作"白不呲咧"。
② 原书作"老实巴焦"，现写作"老实巴交"。

第十二讲
胡裕树、张斌的汉语词类观

胡裕树（1918—2001），安徽绩溪人，笔名胡附，复旦大学教授。张斌（1920—2018），湖南长沙人，笔名文炼，上海师范大学教授。二位都是中国著名语言学家，而且"长期在现代汉语语法领域中合作研究，佳作迭出，成绩辉煌，被学界同仁誉为汉语语言学星空中耀眼的'双子星座'"（范开泰，2002）；有意思的是，他们俩的合作就是从1954年合作撰写《谈词的分类》开始，一直到2000年合作撰写最后一篇文章《词类划分中的几个问题》为止，"可以说对现代汉语词类问题的探讨贯串他们合作研究的始终"（范开泰，2002）。他们的词类观就集中反映在他们以文炼、胡附为笔名合写的《谈词的分类》（1954）、《关于分类的依据和标准》（1995）、《词类划分中的几个问题》（2000）等三篇论文以及胡裕树主编的《现代汉语》（1962、1979、1981）和张斌主编的《现代汉语描写语法》（2010）。

一　词的分类是汉语语法研究中很重要的一环

在20世纪50年代参与词类问题讨论时发表的《谈词的分类》一文中，胡裕树、张斌先生不同意王力先生在《中国现代语法》中词的分类"不是语法的主要部分"的观点，也不同意吕叔湘、朱德熙先生在《语法修辞讲话》中"区分词类，是为的讲语法的方便"的看法，强调"词的分类是汉语语法研究中很重要的一环"，并说"我们认为词类是客观存在的东西"。对于他们这个看法，吕叔湘先生在对词类问题讨论带有总结性的《关于汉语词类的一些原则性问题》（1954）一文中专门进行了点名评论：

> 我曾经说过一句话："区分词类，是为的讲语法的方便。"有些同志不满意这句话，例如文炼、胡附二位。……文、胡两位"认为词类是我们语言中客观存在的东西"。这句话要看是怎么个讲法。要是说"词类"这种分别是客观存在的，那我完全同意。但是还是不能离开分类的目的来谈词类的分别，因为一切分类都是有一定的目的的。为了不同的目的，咱们可以有不同的分类……要讲客观存在，这种种类别都是客观存在的。可见不能离开分类的目的来谈客观存在。

而在高名凯先生于1957年出版的《汉语语法论》（修订本）中也不同意这一看法。（见第十讲。）

可是文、胡二位对吕先生的评论并不以为然，在他们后来的论著中进行了不点名的回应，并进一步强调划分词类的重要意义。他们说：

> 语法上区分词类的目的是为了指明词的外部结构关系，说明语言的组织规律。（胡裕树主编，1981：317）
>
> 语法学的建立，首先是从划分词类开始的。……
>
> 从普通语言学的角度看，划分词类有助于发现汉语与其他语言的共性及汉语的个性。跨语言的研究表明，无论是屈折语（如拉丁语）、孤立语（如越南语），还是黏着语（如日语），都有词类的区别，而且一般都有名词、动词、形容词的区别。所以，总体的词类划分倾向应该是一致的。……
>
> 从理论的角度看，词类划分有助于说明短语和句子的结构，

是语法研究的起点。……划分词类的一个重要的目的就是根据词的组合情况寻找词的聚合类，换句话说，划分词类的过程就是通过词的组合规律发现词的聚合规律的过程。……可以说，不立词类，就很难展开语法结构的说明。

从应用的角度看，划分词类还有它的实际意义，特别是在对外汉语教学和自然语言信息处理领域中。……（张斌主编，2010：76）

二 "分类"和"归类"是不同的概念

在谈论词类的论著中，我们常常看到"汉语的词可以分为多少类"或"汉语的词可以归为多少类"，这给人的感觉是"分类"和"归类"的区别只是说法不同而已。其实"分类"和"归类"的含义并不相同。胡裕树主编的《现代汉语》（1981）将二者的差异说清楚了：

分类是以全体词作对象的，得出来的结果是词类；归类是以个别词作对象的，得出来的结果是词性。（胡裕树主编，1981：331页）

由此而知，分类的对象是事物的全体，归类的对象是事物的个体。分类要获取的结果和归类要获取的结果是不一样的：

从分类的角度看，各类词都有自己的特点，类和类之间的区别是明显的。从归类的角度说，有些词经常具备两类或两类以上的语法功能，这就是词的兼类。（胡裕树主编，1981：331页）

因此，谈到词类问题，我们只说"词类是词的语法分类"，不说"词类是词的语法归类"。因此划分词类不能拿孤立的词来分类。特别是就汉语而言更是如此。二位先生在《谈词的分类》一文中特别论述了这一点，理由是：

其一，为什么有些语法学者低估区分词类的意义呢？问题就出在分类的方法上，他们把孤立的词拿来作分类的对象。拿孤立的词来分类，在综合性的语言里，是行得通的，因为综合语有单词的形态变化。……凭着不同的形态，我们可以把它分类。我们的语言里，单词的形态变化比较少，单拿形态作为区分词类的标准是不够的。那么拿孤立的词来作为分类的对象，除了以意义作为标准外，似乎别无其他办法了。

其二，然而，拿孤立的词作对象，以意义作标准去区分词类，不可避免地要发生许多的困难，会得出"词无定类的结论"。为了避免这一点，有些语法学者就有词的"本性""准性""变性"的规定。而他们说的词的本性，"只是根据它们的意义来决定"的。

其三，退一步说，即使我们假定一个孤立的词，可以依照它的意义来分类，仍然会碰到难以解决的问题。譬如"腐烂""腐化""腐败"就难以凭它们的意义来确定是不及物动词还是形容词。其实，"腐烂"和"腐化""腐败""不是同一词性的"[①]。

其四，以孤立的词作对象，专从意义上区分词类，即使区分出来，也没有多大的实用价值。

三 关于划分词类的依据与标准

胡裕树、张斌二位先生于1995年发表《关于分类的依据和标准》一文，首先指出，分类的依据和分类的标准"不能完全吻合"。而就划分词类而言，他们认为，"意义是词类的依据，或者说是基础，但不是标准"；"划分词类以功能为标准"。那么词的"功能"是

---

① "腐烂"是不及物动词，不是形容词；"腐化""腐败"则是形容词。

指什么呢？二位先生在《谈词的分类》里已有交代：

> 单词形态变化不多的汉语，却必须从结构上来区分，从词和词的相互关系，词和词的结合上来区分，即是说从形态学上来区分。

那么什么是形态呢？二位先生在《谈词的分类》里也有说明：

> 形态有广狭两种意义，狭义的形态，是指单词的接头接尾而言，……广义的形态，除了单词的形态变化外，还包括词和词的相互关系，词和词的结合，语词的先后次序[①]，等等。

《谈词的分类》里也说到，汉语有狭义形态，这些狭义形态"可以给我们区分词类以帮助"，然而这种帮助"是不够的"。"因为在汉语中，单词有形态变化的毕竟是少数，不足以作为汉语区分词类的主要标准。也正因为如此，使得我们不得不求助于广义形态"。二位先生这个观点来自胡裕树先生的老师方光焘先生。他们在《谈词的分类》里引了方先生《体系与方法——评东华先生的总原则》的话："我认为词与词的互相关系，词与词的结合，也不外是一种广义的形态。中国单语本身的形态既然缺少，那么辨别词性，自不能不求助于这广义的形态了。"二位先生认为方先生的话"是正确的"。

我们看到，在后期他们关于区分词类的基本观点没变，始终坚持"分类的基本根据是词的语法功能"（胡裕树主编，1881：317），但在具体说法上略有不同，"词类是词的语法分类，是根据词的分布总和及组合能力的不同而进行的分类"（张斌主编，2010：74）。这一看法明显地跟朱德熙先生的观点相吻合的。[②] 这正如范开泰

---

① "语词的先后次序"，二位先生视为形态。这看法未见于其他学者的论著。胡裕树先生的老师方光焘先生也未曾说过，二位先生在其他论著中也再未提到。"语词的先后次序"能否视为形态的一种，需斟酌。

② 关于朱德熙先生的汉语词类观，详见第十一讲。

（2002）所指出的：“在汉语词类问题上两位先生按照词的结构功能划分词类的基本观点没有改变，研究深度则不断加深。”

四　关于次范畴的再分类问题

胡裕树、张斌二位先生在《现代汉语动词的次范畴》（1993）和《词类划分中的几个问题》（2000）中就“次范畴的分类问题”发表了自己的看法。所谓“次范畴的分类”是指名词、动词等这样的词类次范畴的再区分若干次类或小类。二位先生在《词类划分中的几个问题》一文中谈了这样几个观点：

（一）词类次范畴的再分类主要考虑的问题是，“如何使词类与结构成分的对当关系更加密切”，因为“简单的分类对帮助人们掌握用词造句的规律用处不大”。

（二）给词类次范畴再分词类或附类，“不要只着眼于结构成分的对当关系。或者说，不要只看到句法关系，还需着眼于语义和语用”。

（三）分出的次类虽然不能与结构成分对当，但是如果这一类在用法上有特点，就应该划分出来。例如区别词，与定语并不完全对当，因为充当定语的不限于区别词。可是划出来这一类词，能提示人们如何使用，所以是有用的。反过来看，如果划分出来的类在用法上并无特点，就不宜划分。

（四）各类实词的次类必须有结构上的对立。

《现代汉语动词的次范畴》一文讨论了动词次范畴的功能再分类的问题，虽谈的是动词，但对于别类词再划分次类或小类有参考价值。这里仅将二位先生提出的动词的概念再分类时需要遵守的几条原则转述如下：

（一）从形式出发去探求功能的原则。文中指出：

> 词的语法功能既包含着语法意义（关系意义），也包含着形式（关系形式），所以功能是词的语法意义和语法形式的统一。……意义是内蕴的，形式是外观的。……因此，从发现程序来说，总是要透过形式去发现意义。功能形式，就是一个词在句法结构里所能安排的位置，可称之为"分布"或"广义形态"。从句法平面给动词进行次范畴分类，得借助于功能形式。

（二）从词组（短语）里确认功能的原则。文中说：

> 动词的功能，一般地说，在以静态形式出现的词组里就能体现出来，把动词放在词组结构里，就可看出它和其他词结合能力，从词组里确认动词的句法功能就可进行分类，而不必放到以动态形式出现的句子中去确认它的功能。

> 确认动词在词组里的句法功能也要从形式出发。……

（三）多角度多层次分类的原则。文中说：

> 动词是一个大类。可以从不同角度根据不同标准给动词进行下位分类。……所有从功能上分出来的类都是有用的，都可以说明动词在语法结构里的用法。

> 动词类是一个系统。次范畴分类是讲它的子系统。动词类可以逐层逐级往下分。在不同的层次里，作为分类根据的具体功能不一样，因此用来鉴别不同功能的框架也不一样。

> 不同角度不同层次分类时根据不同的功能，但这不是多标准。因为在一定角度一定层次只能用一个标准，即用某一种功能。

五　胡裕树建立的词类体系

胡裕树先生在他主编的《现代汉语》中，首先根据"能不能单独充当句法成分"将词分为实词和虚词两大类。实词，根据词和词的组合能力，下分为名词、动词、助动词、形容词、数词、量词、副词、代词八类。虚词，根据其"同实词或词组的关系"，下分为连词、介词、助词、语气词、叹词五类。叹词包括拟声词，其特点是"在句子当中的位置比较灵活，通常不同其他实词发生特定的关系，也不充当一般的句法成分，但是它们能独立成句，所以是一种特殊的词类"（331页）。

六　张斌建立的词类体系

张斌先生主编的《现代汉语》（1988）将汉语的词分为13类：名词、动词、形容词、数词、量词、副词、代词、连词、介词、助词、语气词、叹词、象声词。而《现代汉语描写语法》（2010）又有所不同。

跟胡裕树先生一样，张斌先生在《现代汉语描写语法》里根据"能不能单独充当句法成分"将词分为实词和虚词，"能充当句法成分的词，统称为实词"，"不能单独充当句法成分的词，统称为虚词"（76页）。实词共有八类：名词、动词、形容词、数词、量词、区别词、代词、副词；虚词共有四类：介词、连词、助词、语气词。另外有两类特殊的词类：象声词和叹词。实词的再分类跟虚词的再分类，其依据跟胡裕树先生相同。

七　二位先生建立的词类体系比较

胡裕树先生的词类体系在前，张斌先生的词类体系在后，二位先生的词类体系基本相同，略有差异：（一）张先生不单独立"助动

词"，将助动词归入动词（改称为"能愿动词"）。（二）张先生单立
"区别词"，而区别词在胡先生的词类体系中包含在形容词中，称为
"非谓形容词"。（三）张先生将象声词和叹词分立为两类，不像胡先
生那样合并为一类。（四）张先生将八类实词归并为"体词""谓词"
和"加词"三类：体词包括名词、数词、量词，谓词包括动词、形
容词，加词包括区别词和副词。张先生将四类虚词归并为"关系词"
和"辅助词"两类：关系词包括连词和介词；辅助词包括助词和语
气词。（五）张先生又将代词三分为"代体词""代谓词"和"代加
词"。《现代汉语描写语法》将整个词类体系归纳、图示为：

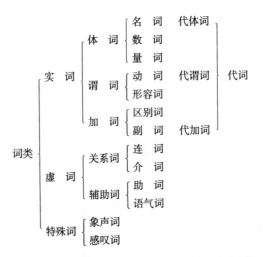

图12-1 《现代汉语描写语法》的现代汉语词类系统（张斌主编，2010：78）

　　显然，张斌先生有关词类问题的论述和所建立的词类体系，吸
收了20世纪80年代之后语法研究的一些研究成果。

第十三讲
郭锐的汉语词类观[*]

郭锐，四川绵阳人，1979年考入北京大学中文系汉语专业学习，1983年本科毕业留校任教，从事现代汉语教学与研究工作。先后在职攻读了硕士学位、博士学位，1999年获博士学位，现为北京大学中文系教授、博士生导师。

郭锐的汉语词类观，详见其专著《现代汉语词类研究》（2002年初版，2018年修订本）。该书是郭锐历时十多年潜心从事现代汉语词类问题研究的成果，集中反映了他的词类观。

一　对划分词类的可能性与目的的看法

在20世纪50年代发生的汉语词类问题大讨论，主要是围绕着汉语实词是否可分类展开的——以高名凯为代表的少数学者认为汉语实词不能分类，因为汉语的词本身没有词类分别的形态标志。这就是"汉语无词类"派。而当时绝大多数学者认为汉语实词可以分类，姑且称他们为"汉语实词可分类"派，他们所持的理由又各有差异（具体见第二讲介绍）。郭锐认为汉语的实词可以分类，但其理由并非"汉语实词可分类"派所说的理由，而且他在《现代汉语词类研究》一书第三章中对那两派的观点作了如下的评论：

---

　*本讲经郭锐审阅定稿。

高氏之所以认为汉语没有词类，表面上的原因是以印欧语的眼光看汉语，认为词类只能根据形态来划分，但根本的原因是没有认识到词类的本质是什么。词类从本质上说不是形态上的类别，正如人的性别区分的本质不是人的体貌特征或衣饰特征。而批评高氏的人同样也没有认识到词类的本质是什么，或仍把形态看成词类的本质，硬要找出一些汉语的形态来（陆宗达、俞敏），或把词类的本质看成功能（包括词与词的结合和句子成分）（文炼、胡附、曹伯韩）。实际上功能（组合中的关系和位置）也不是词类的本质。从这一点上看，高氏的观点是值得肯定的：词类和词在句子中的功能是不同的概念，语法功能不是词类的本质。正因为如此，高氏并未被说服。[1]（3.1.1，60 页）

郭锐认为汉语实词是可分类的，他在第三章3.1.2小节里更斩钉截铁地说"汉语有词类的证据：语法位置对词语的选择限制"。这在第一章中就说了这理由：

> 词在组合中不是随机排列的，而是有序的，这种有序性体现为语法位置对词语的选择限制，不同的语法位置允许进入的词是不同的。这就表明，词语本身的性质有不同，我们可以根据词的性质的不同把词分成不同的类。从自然分类的角度看，词类是在句法结构中总结出来的，而不是为讲语法的方便预先人为设定的。划分词类的目的是揭示词本身的性质，建立一个词的通用参照系统。换句话说，我们认为语言是有条理地组织起来的，语言中存在独立于语言学家的自然秩序，而不是杂乱无章的。词在这种自然秩序中都有自己的位置。（1.4，26 页）

---

[1] 本讲中关于郭锐词类观的引文，若无特殊说明，均出自《现代汉语词类研究》（修订本）。

说到划分词类的目的，前面我们曾引用吕叔湘先生的看法——是为了讲语法的方便。在20世纪50年代就有学者不认同此说法。文炼、胡附在《谈词的分类》（1954）一文中就认为，"词类是我们语言中客观存在的东西。区分词类，是为了把这些客观存在的东西分门别类地找出来"。对此吕先生在稍后发表的《关于汉语词类的一些原则性问题》（1954）还进行了反驳，认为自己的看法"没有错"，因为"一切分类都是有一定目的的"。

郭锐对"划分词类的目的是为了讲语法的方便"之说也不是很认同，并作了深刻的论述。他说：

> 分类有自然分类和人为分类之分，依据对象的本质特征所作的分类是自然分类，与自然分类相对的是人为分类。人为分类往往为特定的实用目的服务，而自然分类并不为实用目的服务，其目的是揭示自然规律。

> 从自然分类的角度看，词类是在句法结构中总结出来的，而不是为讲语法的方便预先人为设定的。从划分词类的过程来说，是句法规则在前，划分词类在后。为讲语法方便并不是划分词类的目的，而只是结果。划分词类的目的是揭示词本身的性质，建立一个词的通用参照系统。换句话说，我们认为语言是有条理地组织起来的，语言中存在独立于语言学家的自然秩序，而不是杂乱无章的。词在这种自然秩序中都有自己的位置。我们的语言观是上帝真理派的。[1] 我们不反对别的学者持变戏法

---

[1] Householder 在《结构语言学方法综述》（1952）一文中，把当时的结构主义语言学家分成两派：变戏法派和上帝真理派。变戏法派对语言的态度是，语言不过是一堆乱七八糟的素材，语言学家的任务是将这堆材料排列组合，搞出一套规则来，因而结构在一定程度上依赖于人的安排。上帝真理派对语言的态度是，语言的结构是语言本身固有的，它存在于材料之中，语言学家的任务是去发现这个结构，尽可能清楚、经济、精细地描写这个结构。

派的语言观，但本书采取的是上帝真理派的语言观。

因此，从自然分类的角度说，划分词类可以说不能考虑怎样对句法分析有利，词类是怎么样的就怎么划，不能因为讲句法方便而违背事实。比如英语中，"the old"可以做主语，为句法分析方便，可以把"old"看作名词，过去有人这么讲。这样句法分析确实方便了：名＋动＝句子。但这样讲却违背了事实，实际上，这里的"old"等仍是形容词性的……

从自然分类角度看，以句法分析为目的划分词类不但容易得到不真实的类，而且得到的方便可能是假的方便。比如黎锦熙 (1924) 的词类假借、依句辨品大概对句法分析是最方便的，动词一旦做主语就变成名词，名词一旦做定语就变成形容词，这样处理可以把句法规则写得很简单，的确方便了，却违背了事实，至少相当一部分动词在主语位置上仍是动词性的；而且方便也是假的，因为这种处理实际上把问题推到对一个词是动词还是名词的判断上，其总体难度是一样的。（3.2，66—67 页）

在此论述的基础上，郭锐进一步提出"词类是通用参照系统"的观点：

分类除了发现客观的自然秩序外，还要建立起一个通用参照系统（general reference system）。……通用参照系统是表达事物和现象间多种关系的系统，其特点是，尽管它可能是基于一种特征建立的，它却可以解释其他许多关系（Forey, 1983：152—153）。生物分类是这样的系统（不但可以了解生物的进化关系，还可以了解生物的习性、生理特征），元素周期分类也是这样的系统（不但可以了解化学性质，还可以了解物理性质）。词类也是这样的通用参照系统。（3.2，67 页）

郭锐关于划分词类的目的的论述，无疑更为全面、深刻。

二 词类从本质上说不是分布类

郭锐跟我一样，有关现代汉语语法学的理论思想接受的都是朱德熙先生的。上面第十一讲我们介绍了朱先生的汉语词类观。朱先生一个很基本、很重要的观点：词类是语法分布的类。我和郭锐当然都接受这一观点。我们在参与朱德熙先生领衔的"现代汉语词类研究"课题时，考虑到以往学界划分词类大多是脑袋中先有了名词、动词、形容词等不同词类的概念以及类的区分，然后去找标准，这就难免带有先入之见的主观性。我们不能走这老路。当时朱先生就带领我们走一条新路——先一个词一个词地全面考察每个词的语法功能和分布特征，整个课题计划考察两万多词，然后根据分布上的异同，归纳出不同的词类。确立了这个思想，就先请郭锐设计表格，并准备先考察100个词试试。表格列出所能想到的用法项目和分布特征。具体操作时就用"＋""－"号来表示具有或不具有该项功能或该特征。就这样，朱先生、郭锐、我和陈小荷，就开始填写起表格来。头两个星期大家都在一起填写，以便于讨论切磋，后来就各自填写。我们的现代汉语词类研究就是这样起步、进行的。

年轻人少框框，少保守性，且思维敏捷，容易产出新的思路。郭锐就是这样一位年轻人。就在实验性阶段，郭锐就感到汉语的词在分布上极为纷繁复杂，甚至可以说有点紊乱，要想纯粹根据分布上的差异大小划分出名词、动词、形容词这些传统的词类，是很难很难的，可以说"不可能"。由此开始他放弃了词类是分布类的观念，探索另外的新路。

郭锐在《现代汉语词类研究》第四章一开头就指出：

目前有一种观念，认为词类是分布类，词类的本质是分布。这是自结构主义语言学产生以来的普遍观念。这种观念主要用两种方式说明：一是用分布观念直接说明，二是用索绪尔的组合关系、聚合关系加上美国描写语言学的分布分析来说明。（4.1.1，68页）

那这有什么问题呢？郭锐在第一章中就有所说明：

分布同词类的关系是错综复杂的，表现在以下方面：一、并非只是词类性质决定词的分布，词的词汇意义、语用因素、构词方式、韵律特征等都有可能影响词的分布。二、有一些语法位置反映了相同的词类性质，这样的分布差异不能反映词类性质的差异。……三、有一些语法位置可能允许多种词类性质进入。（1.4，28页）

而在第四章中更具体地说：

说分布相同的词形成一个词类，这里的“分布”有三种可能的情况：

1. 单项分布（……）。从聚合角度定义词类的说法属于这种情况，即具有某项相同功能的词属于同一词类。

2. 总体分布。即所有分布都相同，Bloomfield 的说法基本是这种情况。

3. 部分分布。在部分分布特征上有共性的词可以归为一类。

无论是什么意义的分布，都不能证明词类是分布类，认为词类是分布类的观点是不能自圆其说的。（4.1.1，69—70页）

何以见得不能自圆其说呢？郭锐从“单项分布观的悖论”（4.1.2）、“总体分布观的悖论”（4.1.3）、“部分分布观的悖论”（4.1.4）三个方面以语言事实对“词类是分布类”进行了证伪。郭锐认为，分布只是词性的外在表现，“词与词之间之所以有相同或相异的语法分布，是因为有相同或相异的表达功能和语义类别”，而这才

是"词类的本质"。(4.1.6)

有人会想不通，我们把意义相同或相近的词，如"突然"和"忽然"归为不同的类（"突然"归形容词，"忽然"归副词），所用的方法不就是分布分析吗？请看：

	状语	谓语中心	宾语	补语	定语	很～	并不～	词性
突然	＋	＋	＋	＋	＋		＋	形容词
忽然	＋	－	－	－	－		－	副词

怎么能说"词类不是分布类"呢？对此，郭锐进一步作了深刻的说明：

> 根据分布划分词类，实质是根据语法位置对词语的选择限制划分词类。这种选择限制一定有某种依据作为选择限制的条件，否则选择会是无限制的。那么，这种选择限制的依据是什么呢？若认为词类是分布类，选择限制的依据是分布，那我们只能说一个词之所以能出现在某个语法位置，是因为这个词能出现于这个位置，这实际是同语反复。或者说一些词属于某个词类，是因为它们有相同分布，而它们之所以有相同分布，是因为它们属于同一词类，这又成了循环论证。但在变戏法派的结构主义看来，这就是问题的最终答案，他们拒绝谈意义，谈理据。语言学发展到今天，我们已经不满足于这样的答案，我们还希望了解答案背后的理据。（4.1.6，85 页）

三　词类本质上是表述功能类以及语义类与句法分布的综合体的类

郭锐在否定了"词类是分布类"观念之后，明确提出了自己的观点：划分词类大类的本质依据是词的表述功能。他说：

我们认为，之所以词语的分布有差异，是因为词语的某种性质有差异，这种性质就是词的表述功能和语义类别。（4.2，87页）

那么什么是"表述功能"呢？郭锐说，朱先生《语法讲义》里所提出的"指称""陈述"[①]，就属于"表述功能"的概念，"表述功能就是指词语表达语义的模式"（4.3.1）。"词语表达语义的模式"又该怎么理解呢？请看实例：

（1）a. 想打球

b. 看打球

a和b里的"打球"意义相同，而且都是做宾语，但是a里的"打球"用来回答"怎么样"的提问（"他想怎么样？""他想打球。"），而b里的"打球"用来回答"什么"的提问（"你去看什么？""我去看打球。"）。这种差异实际反映了"打球"这个词语在a和b中的"语义表达模式"的差异，也就是"表述功能"的差异——"打球"在a里表示陈述，在b里表示指称。由此也可以认识到，词语的"表述功能"与词语充任的"句法成分"是不同的概念，"句法成分"是从直接组成成分之间的句法关系而言的，而"表述功能"则是就词语本身的性质而言的。

朱德熙先生只提到"陈述""指称"两种表述功能。这两种表述功能是语言中最基本的表述功能——"陈述"表示一个断言，语义外向，一般可以用"怎么样"提问；"指称"表示一个对象，语义内向，一般用"什么"提问。郭锐认为，词的表述功能除了"陈述""指称"外，还应包括"修饰""辅助"。"修饰"是指修饰语位

---

① 朱德熙先生在《语法讲义》里有"指称性主语""陈述性主语"（7.4）和"指称性宾语""陈述性宾语"（8.11）。

置上的成分的表述功能；"辅助"是指介词、连词、助词、语气词的表述功能，它们起着对陈述、指称、修饰的辅助作用——或改变所附成分的表述功能，或帮助表示某种语法意义，或起连接作用等。（4.3.2，89—91页）

这样，词的表述功能实际可以有四类：陈述、指称、修饰、辅助。"陈述"和"指称"是对立的，这在表述中属于"基本对立"，它们是最基本的表述功能，具有独立性，有了它们就可以完整地表达意思；"修饰"是依附于"陈述"和"指称"的，又可分为"体饰"和"谓饰"两小类，"体饰"和"谓饰"之间也是对立的，这在表述中属于"二级对立"，不具有独立性，可使意思表达更为完善、丰富；"辅助"可附在上述三个表述功能的任何一个上，起适度调节作用。（4.3.3，91—92页）

从表述功能本身的性质看，表述功能又可分为两个层面：内在表述功能和外在表述功能。内在表述功能是词语固有的表述功能；外在表述功能是词语在某个语法位置上所实现的表述功能。两个层面的表述功能一般情况下是一致的。例如：

（2）小王黄头发。

例（2）中的"小王"，无论从哪个层面看，都是指称。但有时两个层面的表述功能会不一致，像例（2）中的"黄头发"，就其内在表述功能看属于"指称"，但从外在表述功能看属于"陈述"，因此它前面还能受到某些副词的修饰。请看：

（3）小王也黄头发。

（4）小王的确黄头发。

可见"黄头发"的内在表述功能属于"指称"，外在表述功能属于"陈述"。又例如：

（5）这本书的出版……

例（5）中的"出版"，就其内在表述功能看属于"陈述"，所以还可以受状语修饰，这个状语只能加在定语后面的"出版"头上，不能加在整个偏正词组的头上。请看：

（6）这本书的及时／迟迟出版……

（＊及时／迟迟这本书的出版……）

可见"出版"的内在表述功能属于"陈述"，外在表述功能属于"指称"。

"外在表述功能"（如上面例子里"黄头发"和"出版"所体现的）是词语临时体现的表述功能。

表述功能可区分为两个层面的表述功能，相应地，词语的词性也可以区分为两个层面的词性。具体说：

把对应于内在表述功能的词性叫词汇层面的词性，把对应于外在表述功能的词性叫句法层面的词性。词汇层面的词性就是词语固有的词性，需在词典中标明；句法层面的词性是词语在使用中产生的，需由句法规则控制。……对应于三种表述功能的内在层面，实词的词性也可三分：谓词（陈述）、体词（指称）、饰词（修饰）。（4.3.5，94页）

据此，郭锐最后带有总结性地说：

在体词、谓词、饰词这样的大类层级上，词类实际上是以词的词汇层面的表述功能为内在依据进行的分类。词的词类性质的差异先于词的分布的差异，词的词类性质是词固有的，而不是在使用中临时产生的。（4.4，97页）

并进一步指出；

词性是先于语言学家的划分存在的，是语言本身的组织构造的一部分。以词性为基础的词类不是分布类，分布只是词性的外在表现。词性和分布没有完全整齐的对应，不可能纯粹根据分布的异同划分词类，即使采用原型论模型也不可能纯粹根据分布划分词类。语法位置对词语有选择限制，根本原因是这些词语本身有性质上的差异。我们根据分布划分词类，实质是通过分布来推断导致分布差异的词本身的性质差异。这种性质就是词性的本质。（4.5，106页）

在上述基础上，郭锐进一步对名词、动词、形容词、区别词、副词、量词等这样的基本类的本质作出了论证。朱德熙先生用"很～"和"～宾"两个语法功能区分动词和形容词，原因是单独根据"很～"或"～宾"都无法干净地区分动词和形容词，必须把这两个语法功能捆绑在一起才能有效地区分出动词和形容词。但朱先生没作具体说明。郭锐对此作了具体分析，以便让大家了解具体怎么使用这分类标准。他细致地考察、分析了"很～"和"～宾"两个功能的捆绑方式，实际上可以有很多种：

1. 根据能否带真宾语分成两类：

　a类（及物谓词）：[＋（～宾）]：想、唱

　b类（不及物谓词）：[－（～宾）]：醒、大

2. 根据能否受"很"修饰分为两类：

　a类（程度谓词）：[＋很～]：想、大

　b类（非程度谓词）：[－很～]：唱、醒

3. 把受"很"修饰和带宾语赋予合取关系，分成四类：

　a类：[＋很～∧＋（～宾）]：想

　b类：[－很～∧＋（～宾）]：唱

　c类：[－很～∧－（～宾）]：醒

　d类：[＋很～∧－（～宾）]：大

4. 把受"很"修饰和带宾语赋予合取关系或析取关系，分为两类：

a 类（动词）：[− 很 ～ ∨ + （～宾）]：想、唱、醒

b 类（形容词）：[+ 很 ～ ∧ − （～宾）]：大

5. 把受"很"修饰和带宾语赋予合取关系或析取关系，分为两类：

a 类：[+ 很 ～ ∨ − （～宾）]：想、醒、大

b 类：[− 很 ～ ∧ + （～宾）]：唱

6. 把受"很"修饰和带宾语赋予合取关系或析取关系，分为两类：

a 类：[+ 很 ～ ∨ + （～宾）]：想、唱、大

b 类：[− 很 ～ ∧ − （～宾）]：醒

7. 把受"很"修饰和带宾语赋予合取关系或析取关系，分为两类：

a 类：[− 很 ～ ∨ − （～宾）]：唱、醒、大

b 类：[+ 很 ～ ∧ + （～宾）]：想

8. 把受"很"修饰和带宾语赋予合取关系或析取关系，分为两类：

a 类：[（ + 很 ～ ∧ + ～宾）∨（ − 很 ～ ∧ − （～宾））]：想、醒

b 类：[（ − 很 ～ ∧ + （～宾））∨（ + 很 ～ ∧ − （～宾））]：唱、大

9. 把受"很"修饰和带宾语赋予合取关系或析取关系，分为三类：

a 类：[+ （～宾）]：想、唱

b 类：[− 很 ～ ∧ − （～宾）]：醒

c 类：[+ 很 ～ ∧ − （～宾）]：大

10. 把受"很"修饰和带宾语赋予合取关系或析取关系，分为三类：

a类：$[(+很\sim\wedge+(\sim宾))\vee(-很\sim\wedge-(\sim宾))]$：想、醒

b类：$[-很\sim\wedge+(\sim宾)]$：唱

c类：$[+很\sim\wedge-(\sim宾)]$：大

11. 把受"很"修饰和带宾语赋予合取关系，分为三类：

a类：$[+很\sim]$：想、大

b类：$[-很\sim\wedge+(\sim宾)]$：唱

c类：$[-很\sim\wedge-(\sim宾)]$：醒

12. 把受"很"修饰和带宾语赋予合取关系，分为三类：

a类：$[-很\sim]$：唱、醒

b类：$[+很\sim\wedge+(\sim宾)]$：想

c类：$[+很\sim\wedge-(\sim宾)]$：大

13. 把受"很"修饰和带宾语赋予合取关系或析取关系，分为三类：

a类：$[(-很\sim\wedge+(\sim宾))\vee(+很\sim\wedge-(\sim宾))]$：唱、大

b类：$[+很\sim\wedge+(\sim宾)]$：想

c类：$[-很\sim\wedge-(\sim宾)]$：醒

14. 把受"很"修饰和带宾语赋予合取关系或析取关系，分为三类：

a类：$[(-很\sim\wedge-(\sim宾))\vee(+很\sim\wedge-(\sim宾))]$：醒、大

b类：$[+很\sim\wedge+(\sim宾)]$：想

c类：$[-很\sim\wedge+(\sim宾)]$：唱

如果词类本质上是分布类，那么无法解释为何朱先生选择第4种分类方案，排斥其他分类方案。原来在于名词、动词、形容词、

量词、区别词等基本类的划分，还要考虑词的语义类别。之所以选择第4种分类方案，是因为这样划分出的两类词，与两类词的语义类别正好吻合：a类表示行为动作（属于动词），b类表示性质（属于形容词）。据此郭锐进一步得出结论：

> 词类本质上是表述功能类以及语义类与句法分布的综合体的类。

具体说，在大类层级（体词、谓词、饰词），词类本质上是表述功能，而在基本层级上（名词、时间词、处所词、方位词、量词；动词、形容词、状态词；区别词、指示词、数词、数量词、副词），词类是语义类与句法分布的综合体。语义类的不同与句法分布的分化吻合时，才有分为不同词类的必要。（郭锐，2011）他在另一篇文章里进一步阐述了他关于"词类基本类是语义类别与语法分布的综合体"的观点。（郭锐，2017）上述内容已写入《现代汉语词类研究》（修订本）。（4.4，99—103页）

四　词类本质与划类标准不是一回事

词类本质与划类标准不是一回事。郭锐同意文炼（1995）的看法：要区分划类的依据和划类的标准。所以他说：

> 分类的依据可以是不能直接观察到的东西，但分类标准必须是能观察到的东西。（4.6，106页）

词的表述功能只是分类的内在基础，只能是作为划分词类的依据，不能直接用来作为分类的标准。因此在具体划分汉语词类的操作上，即在具体确定某个词的词性的操作上，还得制定可观察的标准。郭锐认为：

> 一种因素要作为划分词类的标准，需满足以下三个条件：

A. 能反映词的词类性质，即内在表述功能。……

B. 可以观察。……

C. 具有全面性。……（5.1，118 页）

过去曾提到过的划分词类的标准主要有以下三种：词的形态、词的语法意义、词的语法功能。郭锐以词的语法功能为划类标准。为什么？"形态可观察性高，……但在汉语中缺乏全面性，只能作为补充标准"；词义，不管是词汇意义还是类别意义（即语法意义）都"不可直接观察，也不能作为划类标准"；"语法功能反映词的表述功能，也可观察，具有全面性，可以作为划类标准"。（5.2.1—5.2.4，119—125页）

"语法功能包括两个方面：（一）与别的词或词组结合的能力。（具体分布）（二）做句法成分的能力。（概括的分布）"（5.4.1，131页）就汉语来说，郭锐认为，不能单纯以具体分布为划类的标准，也不能单纯以概括分布为划类标准，"只有具体分布和概括分布结合，才能有效划分汉语的词类"；词的具体分布和概括分布结合可合称为"词的语法分布"。词的语法分布反映了词的内在表述功能，有时可观察，所以可以作为划分词类的标准。（5.4—5.5，130—136页）

为能准确把握词的语法分布，郭锐提出通过计算词的语法功能的"相容性"（compatibility）以确定词的"等价功能"，并拿来作为分类的具体标准。

五　词的"等价功能"和词的语法功能的"相容性"

怎么理解词的"等价功能"？怎么理解词的语法功能的"相容性"？举例来说，在现代汉语里，a类词有这样的语法功能：（1）能受"很"修饰，即"很～"；（2）能带"极了"这样的补语，即

"～极了"。a类词也偶然能做主语、宾语，但不常做主语、宾语。另有b类词，它们经常做主语、宾语，但不具有"很～""～极了"这样的语法功能。那么我们可以将"很～""～极了"视为a类词的"等价功能"；同样，可以将"做主语""做宾语"视为b类词的"等价功能"。从中也可以发现：（一）"很～""～极了"这两项语法功能有较大的相容性；同样"做主语""做宾语"这两项语法功能有较大的相容性。（二）对a类词来说，"很～""～极了"这两项语法功能跟"做主语""做宾语"之间，有某些相容性，因为a类词不仅能出现在"很～""～极了"这样的语法位置上，也偶然能出现在主语、宾语的语法位置上；但是相容性极小。而对b类词来说，"很～""～极了"这两项语法功能跟"做主语""做宾语"的语法功能之间，则毫无相容性。具有较大相容性的语法功能往往不止两个，如上面说到的"很～""～极了"具有等价功能，除了它们之外还有"～得很""～得不得了""不～"等，甚至还可以包括不受数量词修饰，即"*数量词～"。以上"很～""～极了""～得很""～得不得了""不～"和"*数量词～"就形成"等价功能束"。郭锐指出，"划类标准就是从等价功能束中选择出来的"（6.2.1，144页）。这样，"确定等价功能就成了划分词类的关键。如何确定等价功能？可以利用功能的相容性来确定功能的划类价值，以此找出具有区分词性作用的功能，从中选择划类标准"（6.2.2，176—177页）。显然，"具有较大相容性的功能往往反映了这两个不同语法位置对词语选择限制相同，……反映了共同的词类性质"（6.2.2，145页）。

郭锐在书中不仅提出了"词的语法功能的相容性"的概念，利用功能的相容性来确定功能的划类价值，而且提出了计算词的"语法功能相容度"的计算公式和计算办法。（6.2.2.2，146页）具体是：设功能间的相容度为C；又设功能间的相容度在0和1之间，即

0≤C≥1。郭锐认为，相容度从理论上说可以有三种：第一种，功能x相对于功能y的单项相容度，用"Cx-y"表示；第二种，功能y相对于功能x的单项相容度，用"Cy-x"表示；第三种，功能x和功能y的总相容度，用"Cy*x"表示。相应地，计算公式也有三种：

（1）Cx-y=xy重合词数/x词数

（2）Cy-x=xy重合词数/y词数

（3）Cy*x= xy重合词数/（x词数+y词数−xy重合词数）

假如我们碰到下面甲、乙两种情况：

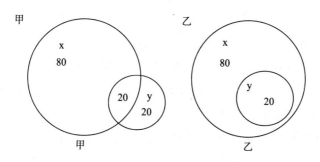

图13-1

甲种情况是具有x功能的词和具有y功能的词呈交叉状况，具有x功能的词有80+20=100个，具有y功能的词有20+20=40个。其中只具有x功能的词有80个，只具有y功能的词有20个，兼有x和y功能的词有20个。功能x相对于功能y的单项相容度计算，即运用公式（1）计算如下：

（1）Cx-y=20/100=0.2

功能y相对于功能x的单项相容度计算，即运用公式（2）计算如下：

（2）Cy-x=20/40=0.5

乙种情况是具有x功能的词和具有y功能的词呈完全重合的状况，具有y功能的词包含在具有x功能的词之中。其中具有x功能的词有80+20=100个，具有y功能又具有x功能的词有20个。乙种情况只能用公式（3）运算：

（3）Cy*x= 20/（100+20−20）=0.2

郭锐指出："总相容度意义不大。……总相容度虽然能反映出x相对于y的相容度，但不能反映y相对于x的相容度……"（6.2.2.2，146页）

郭锐细致分析、计算了40组主要语法功能之间的相容度，诸如"不～&没～""不|没～&谓语""不|没～&～黏补[①]""不|没～&～准宾[②]""很～&～着|了|过"、"主|宾&状"，等等。[③] 考虑到词的分布不只受语法规则的制约，同时也受语义、语用、韵律、构词方式等其他因素的影响，因此在计算相容性、确定词的等价功能时，还得排除其他因素对功能相容性的干扰，为此干扰还建立了六条用来判断语法功能之间的等价功能的规则。[④] 根据那六条规则并经不同功能之间相容性的计算，形成了三种等价束：

等价束1：不～，没～，～着了过，〈谓语〉，〈补语〉，～〈补〉，～〈真宾〉，～〈准宾〉，〈状语〉～，很～，很不～，～极了，～得很

等价束2：〈主语〉，〈宾语〉，〈定语〉～，〈数量〉～

等价束3：〈修饰语〉

---

① "黏补"指"黏合式补语"的紧缩，指黏合式述补结构里的补语，包括结果补语（"抓紧|说清楚"里的"紧|清楚"）和趋向补语（"写上|走回去"里的"上|回去"）。参看朱德熙《语法讲义》9.2。

② "准宾"是"准宾语"的紧缩，包括动量宾语、时量宾语和数量宾语三类。参看朱德熙《语法讲义》8.6。

③ 相容性的计算公式，甲和乙两种图，具体计算，均引自《现代汉语词类研究》（修订本）6.2.2.2。

④ 限于篇幅，在此不具体介绍那六条用来判断语法功能之间的等价功能的规则，详见《现代汉语词类研究》（修订本）6.2.2.3。

郭锐指出："等价束1代表了谓词，等价束2代表了体词，等价束3代表了饰词。"（6.3.1，151页）

郭锐就是根据所求得的不同类型的等价束，依据在一定规则指导下不同功能之间相容度的计算，最终建立了现代汉语的词类系统。他将现代汉语的词分为六个大类共20类。这在第二讲已作介绍。为让读者在阅读完本讲后对郭锐的词类观有个完整的印象，我们不避重复，复述如下：

谓词一大类，包括动词、形容词、状态词；

体词一大类，包括名词、量词、方位词、时间词、处所词；

饰词一大类，包括区别词、数词、数量词、指示词、副词、拟声词；

虚词一大类，包括介词、连词、语气词、助词；

叹词和代词各为一大类。

这里还需说明的是，这20类词不在一个平面上，是处于不同的层级上，是逐级划分而得的，具体如下：

全部词［能否与别的成分组合］——

　－独立词……………………………………叹词

　＋组合词［能否充任句法成分］——

　－虚词………………介词、连词、语气词、助词

　＋实词［能否充任核心句法成分］——

　－饰词………拟声词、数词、数量词、副词、区别词、指示词

　＋核词［能否：不～／没～／很～／在～／所～／～宾／～补］——

　－体词……量词、名词、方位词、时间词、处所词

　＋谓词………………形容词、动词、状态词

另类……………………………代词（不是一个独立统一的词类，分别

属于体词、谓词、饰词）

六 划类策略的选择

如何选择词的划类策略？郭锐认为，"划类策略的选择没有对错之分，只有好与不好之分，从理论上说，……选择何种策略，应考虑整个语法体系及划类目的"。（7.3，167页）这与朱德熙先生所说的"划分词类相对性"之说是一致的，所谈内容也大同小异，这里就不详细介绍了。

七 郭锐的词类观源于研究实践

郭锐有关现代汉语词类问题的看法以及他所建立的汉语词类体系完全源于他踏踏实实的研究实践，具体说是他通过对四万多个词一个一个认真考察、分析所获得的。这在他的书中一开始有所交代：

> 笔者考虑词类问题始于1986年。朱德熙、陆俭明先生承担国家"七五"社科重点科研项目"现代汉语词类研究"，笔者作为课题组成员参加。后来与北京大学计算语言研究所的国家"七五"自然科学重点项目"现代汉语语法信息库"课题组合作，其参加者有俞士汶、朱学锋教授，对3万多词进行了功能考察。"八五"期间，我们和计算语言所继续合作，在"七五"课题研究的基础上扩大收词量和功能考察范围，先后又有张芸芸、王惠参加课题组。本书所依据的就是历时十余年、包括朱德熙和陆俭明先生在内的多位学者参与填写和修改、校对的4万多词的考察材料。（1.1，13—14页）

这一点是极为难能可贵的。对汉语词类问题作全面、深入的论述的，在汉语学界除了朱德熙先生，就数郭锐了。

他也很坦诚地摆出难解的问题。他说，对拟声词在词类体系中的地位，还缺乏足够的认识，尚不清楚如何用书中方法来论证。这应该说是一种很实事求是的治学态度。

郭锐的词类观无疑既体现了朱德熙先生关于"词的形态不过是词的语法功能的标志，而词的语法功能实际是词类语法意义的外在表现，因此划分出来的词类，在意义上也一定有共同点"的观点，同时又深化了对词的语法意义、语法功能的认识，并且使得词类划分朝着可论证的方向前进了一步。郭锐的研究及其研究成果体现了汉语词类研究上的螺旋式上升。

第十四讲
袁毓林的汉语词类观[*]

袁毓林，江苏昆山人。1984年考入杭州大学中文系，师从倪宝元、王维贤教授攻读硕士学位；1987年获文学硕士学位后考入北京大学中文系师从朱德熙先生攻读博士学位，1990年获文学博士学位。1990年8月至1996年12月任教于清华大学中文系，职称为副教授；1996年12月至2022年3月任教于北京大学中文系，从事现代汉语教学研究工作。北京大学教授、博士生导师。现任澳门大学中文系讲座教授。

袁毓林早期从事动词和名词的配价研究，后又转入认知语言学和中文信息处理研究，卓有成效。对汉语词类问题他也进行了新的有益的探索，积极开展汉语词类的认知研究，对汉语词类提出了自己的看法，这集中反映在他的三篇文章和两本专著中。三篇文章是《词类范畴的家族相似性》（1995）、《一个汉语词类的准公理系统》（2000）和《基于隶属度的汉语词类的模糊划分》（2005）；两本专著是《汉语词类划分手册》（2009）和《汉语词类的认知研究和模糊划分》（2010）。

　　　　* 本讲经袁毓林审阅定稿。

一　崭新的词类观——词类在本质上说是一种原型范畴

任何学科领域，学术要发展，最重要的是要有新思想、新观念、新思路。就词类来说，真要让大家对词类问题有一个全面、清醒的认识，而且在实际运用中能做到人人都能操作自若，也必须在原有词类理论的基础上提出新思想、新观念、新思路。可喜的是，20世纪90年代中期有学者开始对汉语词类问题分别从不同角度进行了探索。上一讲我们介绍了郭锐的词类观，他的专著《现代汉语词类研究》对语法研究中的词类的本质，提出了一种崭新的、更为深刻的看法："词类从本质上说不是分布类"（2002：1.5.1；2018：4.1.6），"词类实际上是以词的词汇层面的表述功能为内在依据进行的分类"（2002：4.4；2018：4.4）。而袁毓林则依据认知心理学的"原型范畴"理论，对汉语词类问题也获得了新的认识。什么新的认识？

早在1995年，袁毓林就发表了《词类范畴的家族相似性》一文，明确指出词类从本质上说是"一种原型范畴"。这在我国可以说是一个崭新的词类观。

"词类是一种原型范畴"，这话具体该怎么理解呢？这首先需要了解"词类范畴的家族相似性"。

词类范畴的家族相似性，是一种比喻的说法。意思是：属于同一词类的各个词在语法性质上有程度不同的相似性，其中有些词在分布上有较多的相似性，它们成为这一类词的典型成员，而有些词跟同类中的其他词在分布上相似性较少，它们成为这一类词的非典型成员。这也就是说，"词类是一种原型（prototype）范畴，是人们根据词与词之间在语法性质上的种种相似性而概括出来的"（袁毓

191

林，1995）。

袁毓林怎么会提出这样一种新观点呢？在他求学和从教年代，可以说普遍接受的是朱德熙先生关于按词的语法分布来划分词类的观点。袁毓林开始接受的当然也是这种观点，认为"词类是反映词的语法功能的类，所以只能根据词的语法分布来划分词类"。但是他看到，由于词的语法分布的复杂性，词类划分常常会面临"两难的局面"。（袁毓林，1995）请看他文章中所举的名词、副词和代词这三类词面临的两难局面：

朱德熙说："名词的语法特点是：（1）可以受数量词修饰，例如：一支笔、三本书、几件事、一种风气；（2）不受副词修饰：*很勇气（比较：很勇敢），*早战争（比较：早打仗），*不青年（比较：不年青）"。朱先生所说的名词是一个比较纯净的类，已经把时间词、处所词和方位词排除在外了。那么能不能用上面两个关于名词的语法特点作为划定名词范围的标准呢？事实上是很困难的。撇开"皮肤""体育"等零星的一般名词不受数量词修饰不说，整个专有名词这一小类在一般情况下就不受数量词修饰。因此，我们不能说：名词是能受数量词修饰而不受副词修饰的一类词。

朱德熙把副词定义为"只能充任状语的虚词"，并且说："副词只能作状语，不能作定语、谓语和补语"。事实上，像"很""极"等少数副词不仅能作状语，而且还能作补语。例如：

很棒～棒得很　　极好～好极了

可见，上面关于副词的定义偏紧，把"很"、"极"等老牌的副词排除在外了。而且，这个定义对少数只能作程度补语的副词（如：透、透顶）也缺少概括力。

上面的讨论集中地反映了词类划分的两难局面：一方面，

不得不根据分布来给词分类；另一方面，彻底的分布主义的操作路线很难贯彻到底。这在代词这一类上表现得尤为明显，如果纯粹考虑分布，就根本得不到代词这样一个类。因为从分布上看，有的代词（如：你、我、他、什么）接近于体词，有的代词（如：这么样、怎么样）接近于谓词，像"怎么"甚至还能带宾语（如：我能怎么你呢？）。

为什么会出现这种"两难的局面"呢？袁毓林认为，现在的"词类划分工作基本上是以经典的范畴化理论为逻辑背景的"，而依据认知心理学理论，词类划分更适宜"基于原型的现代范畴化理论"。袁毓林（1995）指出：

> 基于原型的现代范畴化理论认为：范畴不一定能用一组充分必要特征/条件来下定义，在区别一个范畴时，没有一个属性是必要的。实体的范畴化是建立在好的、清楚的样本（exemplar）的基础之上的，然后将其他实例根据它们跟这些好的、清楚的样本在某些/一组属性上的相似性而归入该范畴。这些好的、清楚的样本就是典型（即原型），它们是非典型事例范畴化的参照点。这种根据与典型事例类比而得出的范畴就是原型范畴（prototype-based category）。

"词类是一种原型范畴"，这实际告诉我们，类与类之间界限并不是我们想象的那样清晰，即各个词类范畴的边界不是很明确的；因此，难以给每个词类清晰界定；而同一个词类（即同一范畴）中的各个成员，其地位也并不是那么平等。尽管如此，我们还得给每类词下个定义。那么依据什么来下定义？袁毓林（1995）指出：

> 由于词类是一种原型范畴，某一词类的全体成员往往并不共有一条为其他词类的成员所无的分布特征，所以无法用几条特征之间的合取/析取关系来下严格定义，而只能下一种基于

某类词的优势分布的带有概率性的宽泛定义。但是，这种宽泛定义太模糊，不能令人满意。好在各类词中的典型成员往往共有一些为其他词类的典型成员所无的分布特征，从而可以凭借典型成员所独具的分布特征来给词类下一种比较严格的定义。比如，典型的名词都可以受数量词修饰、但不受副词修饰。据此，可以给名词下这样一个比较严格的定义：以能受数量词修饰、但不受副词修饰的一批词为典型成员的一类词。

有意思的是，不管是语言学家还是普通人说话，正确的话语从"词类"的角度看，都是一个正确的词类序列。这正确的词类序列依赖于人类有正确的"词类"知识。那么人们的"词类"知识是从哪儿来的呢？可以说是源自人们头脑中所存在的"关于词类的内在知识"。那么人头脑中的"词类的内在知识"又是如何形成的呢？袁毓林（1995）指出：

> 主要来源于人们对词和词之间在功能和意义上的家族相似性的概括。……是建立在日常生活经验的基础之上的。

至此，我们可以明了，"词类是一种原型范畴"无疑为人们对词类提供了一种新的认识。

二　运用"模糊集合"和"模糊聚类"观念来处理汉语词类划分问题

有了"词类是一种原型范畴"这一理论思想，那么具体该如何划分汉语各个词类？袁毓林在专著《汉语词类的认知研究和模糊划分》（2010）和论文《基于隶属度的汉语词类的模糊划分》（2005）中，提出了运用"'模糊集合'（fuzzy set）和'模糊聚类'（fuzzy clustering）的有关观念和方法"对汉语词类进行"模糊划分"的观点。而在具体实施之前，他回答了一个问题："汉语有没有词类？"质疑了一种说法："词类是表述功能类。"

"汉语有没有词类？"这是学界一度讨论的问题。袁毓林的回答是肯定的。袁毓林（2010）借用白硕教授的话[①]来回答，给人有别开生面、与众不同的感觉：

> 从理论上来说，如果某种语言没有词类，那么其结果将只能是下面两种情况之一：（1）这种语言的所有词的用法全部或基本上全部相同，没有或基本上没有分布差别。也就是说，所有的词差不多都是一个类，即这种语言虽然有 n 个词但只有 1 个词类。（2）这种语言每个词的用法都各不相同，或基本上各不相同，没有或基本上没有分布上的共同点。也就是说，这种语言如果有 n 个词那么差不多就有 n 个词类。

袁毓林接着指出：

> 显然汉语的实际情况并不是这样的。比如，极为粗糙地考察一下就可以发现：有些词的位置比较自由（free），既可以出现在其他词之前，又可以出现在其他词之后，这就是所谓的不定位词，绝大多数实词都是这样的。而有些词的位置却不那么自由，即是黏着的（bound），它们或者只能出现在其他词之前（end-bound），或者只能出现在其他词之后（start-bound），这就是所谓的定位词，绝大多数虚词都是这样的。光是这样就可以分出不定位词、前置定位词和后置定位词三种词类来。如果再往细处观察，比如，能不能用在"不、很"的后面，能不能用在"个、的"的前面，能不能单独回答问题，等等，那么

---

① 袁毓林（2010：5）交代，参考白硕《语言学知识的计算机辅助发现》（科学出版社，1995年）一书。

就能分出更多、更细致、也更有用的词类来。

"词类是表述功能类",这是郭锐(2002,2018)的词类观。袁毓林不赞成此说法,故而不仅专门发表《对"词类是表述功能类"的质疑》(2006)一文提出质疑,而且在《汉语词类的认知研究和模糊划分》(2010)一书中专设一章"第九章 关于词类与表述功能类的关系",进一步论述他的质疑。袁毓林认为"词类是分布(即语法功能)的类"。

那么具体如何对汉语词类进行"模糊划分"呢?袁毓林(2005)中交代了"汉语词类模糊划分的基本步骤":

> 采用动态聚类的方法,以各词类的典型成员作为初始的聚类中心。具体的工作步骤是:首先,根据每类词的典型成员的语法表现,来选定一组分布特征;并按照这些不同的分布特征对于相关词类的重要性,根据经验给其中的每个特征设定权值(weight);其中有正分(即加分),也有负分(即扣分)。然后,计算总分,典型成员应该得100分或接近100分,非典型成员则小于100分、但一般大于50分。最后,折合成介于区间[0,1]中的不同的值来描写词类归属模糊的词对于有关词类的隶属度(degree of membership),从而从量上确定这些词的词类归属。

为了统一规范和便于计算,文章制定了如下关于分布特征的权值设定和有关词对于有关词类的隶属度的计算办法的约定:

(1)任何一个词,它对于某个词类的隶属度,总是在闭区间[0—1]之间。

(2)假定一个词完全满足某个词类的各种主要的分布特征时得100分,即它完全属于这一词类;那么,它属于这一词类的隶属度为1。

(3)假定一个词完全不满足某个词类的各种主要的分布特

征时得 0 分，即它根本不属于这个词类；那么，它属于这一词类的隶属度为 0 。

（4）每个分布特征的权值根据经验来设定，符合该特征的得正分，不符合一般特征的得零分，不符合关键特征的得负分。

（5）根据一个词的总的得分（积分）来计算（折合）其相对于某个词类的隶属度，并且取其中最大的隶属度作为判定其词类归属的根据。如果最大的隶属度是相等的两个、或接近相等的两个或多个，那么这个词可能兼属于两种或多种词类。

（6）当某个词对于某个词类的积分小于 0 时，按照 0 来计算。

这个"约定"很必要，但是有了上述关于分布特征的权值设定和有关词对于有关词类的隶属度的计算办法的约定，还必须有具体的对各个词类的"分布特征和权值设定"。

三　各个词类的分布特征和权值设定

下面我们根据袁毓林在文章《一个汉语词类的准公理系统》（2000）和专著《汉语词类的认知研究和模糊划分》（2010）中对各个词类的分布特征和权值设定所作的具体说明，仅举名词、动词、形容词、状态词、副词、介词、语气词这几类的分布框架和形式定义，他的操作思想由此可见一斑：

（一）名词　名词在意义上表示事物的名称。在语法功能上一般都能做主语、宾语、定语，一般不做谓语、状语、补语。名词一般可以受数量词修饰，但不受副词修饰。这是典型的名词区别于其他词类的分布特征，可以用来作为给名词下功能定义和给名词设计分布框架的依据。给名词所下的偏紧的定义是：

名词是一种可以受数量词修饰、但不受副词修饰的词。

据此，可以把名词的分布框架设计如下：

N: SL_ & *F

其中，N代表名词，S代表数词，L代表量词，F代表副词，_代表分布框架中的槽，&代表合取连词（约等于"和""并且"的意义），SL_表示可以在数量词之后的句法位置上出现，*F表示不能在副词之后的句法位置上出现（下同）。

表人名词（如：张飞、李广、王安石、赵子龙等）与一般名词在语法功能上有所不同（如：不受数量词修饰，能用"谁"提问，能用"他/她"指代），于是，我们可以给表人名词下这样的定义：

表人名词是可以做主语和宾语、不能做谓语、不能受副词和数量词修饰、可以跟代词"谁、他/她"互相替换的词。

据此，可以把表人名词的分布框架设计如下：

Na: {_Pred & Vt_} & {*SL_ & *F_}

E（Na）= E（谁/他/她）

其中，Na代表表人名词，_Pred表示可以做主语，Vt代表及物动词，Vt_表示可以做宾语；E代表分布环境，E（Na）= E（谁/他/她）表示表人名词跟代词"谁、他、她"的分布基本相同，斜杠/表示相容性的选择关系（约等于"或者"的意义）。

（二）动词　动词在意义上表示动作、行为、变化等。在语法功能上可以做谓语和补语、还可以做主语和宾语，一般都可以受否定词"不"或"没有"的修饰。其中，有的能带真宾语，它们是及物动词；有的不能带真宾语，它们是不及物动词。及物动词有的能受"很"修饰，有的不能受"很"修饰，不及物动词则不受"很"修饰。于是，我们可以给动词下这样的定义：

动词是可以受"不"修饰的词中或者可以带真宾语、或者不受"很"修饰的词。

据此，可以把动词的分布框架设计如下：

V：不 _ & { _ OV* 很 _ }

其中，V代表动词，O代表真宾语。析取式 { _ OV* 很 _ } 可以等价地转换为下列三个合取式，它们分别说明了动词的三种小类：

V$_1$：不 _ & { _ O & 很 _ } （如"想、爱、喜欢、同意"等）

V$_2$：不 _ & { _ O & * 很 _ } （如"买、切、提供、研究"等）

V$_3$：不 _ & { * _ O & * 很 _ } （如"锈、肿、地震、让步"等）

在动词中有一类表示能够、愿望的动词叫助动词，如"能够、可以、可能、应该、愿意、乐意、值得、会、敢、肯"等。助动词在语法功能上的特点是只能带谓词宾语，不能重叠，不能带"着、了、过"等助词。于是，我们可以给助动词下这样的定义：

助动词是只能带谓词宾语，但不能重叠、不能带助词"着、了、过"的词。

据此，可以把助动词的分布框架设计如下：

Vz：！_ O（VV）& * （ _ X _ ）& * _ 着 / 了 / 过

其中，Vz代表助动词，！代表只能，O（VV）代表谓词宾语，（ _ X _ ）表示某个词或某种成分的重叠形式。

（三）形容词　形容词在意义上表示事物的性质，如"大、小、好、坏、胖、瘦、干净、疲劳、漂亮、顺利"等。在语法功能上形容词可以做定语、谓语、状语和补语，还可以做主语和宾语。形容词可以受"不"和"很"的修饰，不能带宾语。于是，我们可以给形容词下这样的定义：

形容词是可以受"不"和"很"修饰、不能带宾语的词。

据此，可以把形容词的分布框架设计如下：

A：不 _ & { 很 _ & * _ O }

其中，A代表形容词。这个分布框架是跟动词相对比而设置的。如果照顾到部分形容词在特定的格式中可以带宾语这一事实（如：高你一头、大她三岁、忙了我一个礼拜），那么上面的分布框架应该修正为：

A：不 _ & { 很 _ & * 很 _ O}

（四）状态词　状态词在意义上表示事物的状态，如"高高儿的、整整齐齐的、通红、冰凉冰凉的、香喷喷的、灰不溜秋的、老实巴交的"等。在语法功能上状态词可以做谓语、状语和补语，还可以做主语和宾语。状态词只有加上助词"的"以后才能做定语。状态词不能受"不"和"很"的修饰，不能带宾语、也不能带补语，只受时间副词修饰，不受其他副词修饰。这是状态词区别于动词和形容词的地方。于是，我们可以给状态词下这样的定义：

状态词是可以做谓语和补语但不受"不"和"很"修饰的词。

据此，可以把状态词的分布框架设计如下：

Z：Sub_ & VP_ & * 不 / 很 _

其中，Z代表状态词，Sub代表主语、Sub_表示可以做谓语，VP_表示可以做补语。

（五）副词　副词在意义上表示程度、范围、时间、重复、否定、语气等；从数量上看，副词虽然为数并不少，但是可以一一列举。因此，副词是一个较大的封闭类。在语法功能上副词基本上只能做状语。只有极少数副词[①]还可以做补语。如"很好～好得很、极快～快极了"。于是，我们可以给副词下这样的定义：

副词是只能做状语的词。

据此，可以把副词的分布框架设计如下：

---

① 似不宜说"少数"，只能说"个别"。

F：！_VP

显然，这种定义偏紧，对"很"等老牌的副词不合适。说副词能做状语也就是说它能修饰谓词（包括动词、形容词和状态词）；副词一般不能修饰名词[①]。于是，我们可以把副词的定义修正为：

副词是能够修饰动词和形容词但不能修饰名词的词。

据此，可以把副词的分布框架修正如下：

F：_V / A & * _N[②]

（六）介词　介词在句子中主要起把名词介绍给动词的作用；从数量上看介词为数不多，可以一一列举，是一个不太大的封闭类。在语法功能上介词不能单说，后面必须跟着宾语。介词不能重叠，也不能带时态助词"着、了、过"等，在这两点上跟助动词相似，区别在于介词不能像助动词那样单说，也不能构成正反重叠的"～不～"格式。于是，我们可以给介词下这样的定义：

介词是必须带宾语，但不能构成正反重叠式的黏着词。

据此，可以把介词的分布框架设计如下：

J：◇_Obj &（* _不 _）

其中，◇表示必须，Obj 表示介词宾语，（_不 _）表示正反重叠式。

（七）语气词　语气词经常附着在句子之后，表示陈述、疑问、祈使、感叹等语气。语气词的数量不多，基本上可以毫无遗漏地一一列举。它们在语音上的特点是永远读轻声，在语法功能上的特点是只能附着在其他成分之后。语气词不管位于句中还是句尾，后

[①] 一般所说的处所名词、时间名词、方位词，袁毓林单独立类，不放在"名词"这个类里。至于目前新出现的"很德国、很女人"等说法，袁毓林在书中说明"暂不考虑"这种"名词的去范畴用法"。

[②] 在副词的分布框架和形式定义里，袁毓林只交代了副词可修饰动词 V 和形容词 A，未交代副词修饰状态词 Z，而他在文字说明中明确地说"副词能够修饰谓词（包括动词、形容词和状态词）"。这应该说是个缺憾。

面一定有停顿；在句尾的话，语气词可以连着出现。[①]于是，我们可以给语气词下这样的定义：

> 语气词是只能附着在其他成分之后、停顿（或另一语气词）之前的黏着词。

据此，可以把语气词的分布框架设计如下：

Yu：！X - _ ［ _ ］#

其中，Yu代表语气词，［ _ ］表示另一个可以出现也可以不出现的语气词，#代表停顿。

四　汉语各种词类的隶属度量表

为各类词建立"分布特征和权值设定"是必要的，有助于划分词类。但光这样还不够，袁毓林认为还必须建立"各种词类的隶属度量表"，以便于计算测定一个词的所属词类的隶属度，"从而在量上确定这些词的词类归属"（袁毓林、马辉、周韧、曹宏，2009：前言，VII）。袁毓林给词归类的基本思路虽然还是根据词的一系列用法（语法功能）上的特点，来把一个个具体的词归入不同的类；但跟过去不同的是以原型理论作为指导。袁毓林将现代汉语的词归并为三大类19类，具体是：

（一）实词。下分（1）名词，（2）时间词，（3）方位词，（4）处所词，（5）动词，（6）形容词，（7）状态词，（8）区别词，（9）副词。

（二）虚词。下分（1）介词，（2）连词，（3）助词，（4）语气词，（5）感叹词，（6）拟声词。

（三）具有指代功能的词。下分（1）代词，又细分为"体代

---

① 语气词在句尾连着出现的情况如："他走了吗？""他们正开会呢吧？"

词""谓代词";（2）数词，又细分为"系数词""位数词""合成数词";（3）量词，又细分为"简单量词""复合量词";（4）数量词，又细分为"真数量词""准数量词"。

为使词的归类既具有可操作性，又具有可计量性，很自然地，在建立"现代汉语词类的隶属度量表"的同时，还设计建立"现代汉语语法结构类型的隶属度量表"[①]。"现代汉语语法结构类型的隶属度量表"的构思与"现代汉语词类的隶属度量表"相类似。具体工作步骤是:（袁毓林、马辉、周韧、曹宏，2009：前言，VII）

（1）首先，根据每类词的典型成员的语法表现来选定一组用法（即分布特征），按照这些不同的用法（分布特征）对于该词类的重要性，根据经验给其中的每个用法（分布特征）设定一个分值。这样，为每一种词类制作了一张总分为100分的词类量表。

（2）然后，对于一个个具体的词，比照上面的相关词类的量表进行测量：符合某种用法的得正分（即加分），不符合一般用法的得零分，不符合重要用法的得负分（即扣分）。

（3）接着，计算总分，典型成员应该得100分或接近100分，非典型成员则小于100分，但一般大于60分，负分一律折为0分。

（4）最后，折合成介于区间［0，1］中的不同的值，来描写词类归属模糊的词对于有关词类的隶属度（degree of membership），从而在量上确定这些词的词类归属。

为检验所制定的这两个隶属度量表的可靠性、科学性，袁毓林团队还对800多个词类属性比较复杂的词语进行具体测试，并将测试

---

① 为什么还要建立"现代汉语语法结构类型的隶属度量表"？请具体参看《汉语词类划分手册》正文1.3，5—6页。

过程与结果一一记录在案，汇集成一部小型的现代汉语词类模糊划分词典，作为全书的下编，完成了《汉语词类划分手册》一书。全书分为上下两编——上编是理论篇，交代说明"现代汉语词类的隶属度量表"和"现代汉语语法结构类型的隶属度量表"以及具体计算方法；（具体参看袁毓林、马辉、周韧、曹宏，2009：3—148）下编是800多个词语的归类隶属度计量的实录篇。"现代汉语词类的隶属度量表"和"现代汉语语法结构类型的隶属度量表"的建立应该说是汉语词类划分上具有开创性的一项工作，虽然具体计算、确定一个词的词类归属，手续较为繁琐。下面不妨举几个例子，让读者有点感性认识。

五 汉语词类模糊划分举例

【相继】（647页）一个跟着一个。

对于副词的分布特征的适应情况：

（1）可以做状语直接修饰动词性成分。得30分。例如：～发生 | ～兴起 | 同学们～提问。| 奇怪的现象～出现。

（2）不能修饰名词性成分。得10分。

（3）不能加上助词"的"构成"的"字结构。得10分。

（4）不能做主语或宾语。得10分。

（5）不能做谓语和谓语核心。得10分。

（6）不能受状语或补语修饰。得10分。

（7）不能做补语。得10分。

（8）不能重叠。得10分。

结论：副词，积分100分，隶属度1，属于典型的副词。

【现年】（640页）现在的年龄。

对于名词的分布特征的适应情况：

（1）不能受数量词修饰。得0分。

（2）不能受副词修饰。得20分。

（3）可以做典型的主语，但不能做宾语。得20分。例如：～二十岁。｜张杰～五十六岁。｜父亲～八十岁。

（4）不能做中心语受其他名词修饰或做定语直接修饰其他名词。得0分。

（5）不能后附助词"的"构成"的"字结构，然后做主语、宾语、定语。得0分。

（6）不能后附方位词构成处所结构，然后做"在、到、从"等介词的宾语。得0分。

（7）不能做谓语和谓语核心，所以不能带宾语、不能受状语和补语的修饰、不能后附时体助词"着、了、过"。得10分。

（8）不能做补语，一般不能做状语直接修饰动词形成分。得10分。

结论：名词，积分60分，隶属度0.6，属于不太典型的名词。

【绝后】（434页）没有后代。

对于动词的分布特征的适应情况：

（1）可以受否定副词"不、没有"的修饰。得10分。例如：他这样作恶多端，不～才怪呢。｜张家并没有～。

（2）可以后附或中间插入时体助词"了、过"。得10分。例如：张家已经～了好几年了。｜岳家没有绝过后。

（3）不能带宾语。得0分。

（4）不能受程度副词"很"等修饰。得10分。

（5）不能有"VV、V—V、V了V"等重叠形式，但是有"V不V"等正反重叠形式。得10分。例如：这跟~不~没有关系。｜张家~了没有？

（6）可以做谓语核心，可以受状语修饰。得10分。例如：张家早就已经~了。

（7）不能做状语直接修饰动词性成分。得10分。

（8）不能跟在"怎么、怎样"之后，对动作的方式进行提问；不能跟在"这么、这样、那么、那样"之后，用以作出相应的回答。得0分。

（9）不能跟在"多"之后对性质的程度进行提问，也不能跟在"多么"之后表示感叹。得10分。

结论：动词，积分70分，隶属度0.7，属于不太典型的动词。

【不错】（191页）好，不坏。

对于形容词的分布特征的适应情况：

（1）可以受程度副词"很"等修饰。得20分。例如：我们队的整体状态很~。

（2）不能直接带宾语。得20分。

（3）可以做谓语或谓语核心，可以受状语和补语修饰。得10分。例如：信息产业1999年收益~。

（4）不能直接修饰名词性成分。得0分。

（5）可以前加"很"、后加"地"，然后修饰动词性成分。得10分。例如：挺直的鼻梁、整齐的牙齿和那双天生爱笑的眼睛，很~地组合在一起。

（6）可以做补语，还可以带"得很、极了"等补语形式。得10分。例如：事情办得~。｜南宁的朝阳溪给我留下了深刻的印象，～得很。

（7）不能做"比"字句的谓语核心，不能用在"越来越……"格式中。得0分。

（8）一般不能跟在"多"之后，对性质程度进行提问；不能跟在"这么、这样、那么、那样"之后，用以作出相应的回答；偶尔可以跟在"多么"之后，表示感叹；但是可以用在"多么"之后。得5分。例如：我说了这么多，你也许以为我是一个多么～的人。

结论：形容词，积分75分，隶属度0.75，属于不太典型的形容词。

第十五讲
沈家煊的汉语词类观[*]

沈家煊，1946年生，上海市人。1968年毕业于北京广播学院英语播音专业，"文革"后考入中国社会科学院研究生院语言系，师从赵世开先生攻读硕士学位，1982年毕业后留中国社会科学院语言研究所工作至今。现为研究员，博士生导师。沈家煊近40年来一直运用当代前沿语言学理论，特别是运用认知语言学理论和语言类型学理论研究解释种种汉语语法现象。近十多年更勤于探究汉语特点，成果丰硕，对推进汉语语法研究有积极的贡献。

一 有关汉语词类问题的两个新观点

一说到汉语词类问题，一般考虑的大问题是：汉语的实词能不能进行分类？汉语的词该依据什么来分类？分类的具体标准该是什么？汉语的词该分为多少类？怎么看待词的兼类现象？等等。汉语学界掀起的汉语词类问题讨论，就是围绕着这些问题展开的。沈家煊并未就这些问题发表看法，但他就汉语词类问题提出了两

---

* 本讲完稿后曾请张伯江转呈沈家煊先生审阅，并亲自打电话给沈先生，请他直言意见或提出修改意见。沈先生回复张伯江邮件认为，"小改说不清楚，大改就不是陆先生的意思了。有争论比没有争论好，争论得面红耳赤比不了了之好"；并表示"会对反方意见陆续作出回应"。笔者在本讲对沈先生的汉语词类观的介绍是否有偏误，敬请读者评述。

个新观点。

其一，沈家煊于2007年提出了一个大家从未考虑过的崭新的有关汉语词类的看法："'出版'是动词（陈述语）也是名词（指称语）"，意思是汉语名词包含动词。这就是"名动包含说"之源。他说，印欧语的名动形是分立的，"但是长期以来汉语语法的框架模仿英语语法"，也将名动形看作是分立的，实际上汉语的名动形是层层包含的关系，即名词包含动词，动词包含形容词，简称为"名动包含"。沈家煊以文氏图①对比如下：

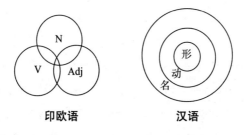

图15-1　印欧语和汉语里的名词、动词、形容词（引自沈家煊，2009）

沈先生给出的汉语"名动包含"文氏图，可能会让读者误解，以为那大环是名词，小环是动词，小圆是形容词。为让读者清楚，不妨改用下图表示：

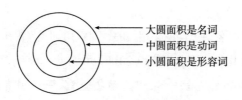

图15-2　汉语"名动包含"示意图

① 文氏图是19世纪英国哲学家、数学家John Venn所创设的，在不太严格的意义下，用来展示不同集合之间的数学或逻辑关系。

沈家煊从2007年起发表、出版了一系列论著（沈家煊，2007，2009a，2009b，2010a，2010b，2010c，2011a，2011b，2012a，2012b，2012c，2012d，2012e，2012f，2013，2014a，2014b，2015a，2015b，2016a，2016b，2017a，2017b，2017c，2018，2019a，2020，2021a，沈家煊，乐耀，2013），反复阐述"名动包含"这一新观点。关于"名动包含说"的要义，沈家煊在2016年出版的《名词和动词》一书的开篇就有所说明，在2019年出版的《超越主谓结构——对言语法和对言格式》说得更清楚，摘录如下：

> "名动包含说"的要义是，汉语名词动词的性质和两者之间的关系都不同于印欧语的名词动词。性质不同是指，印欧语的名词和动词是语法范畴，跟语用范畴指称语和述谓语不是一样东西，而汉语的名词和动词说它是语法范畴，其实是语用范畴，或者说，名词和动词的语法意义就是指称语和述谓语，这跟赵元任说汉语主语的语法意义就是话题是一致的。关系不同是指，印欧语的名词和动词是分立关系，名词是名词，动词是动词；而汉语里名词和动词是包含关系，名词是"大名词"，它包含动词，动词是一种动态名词。因为汉语名词动词的性质是指称语述谓语，所以名动包含实质是"指述包含"，指称语包含述谓语。（21—22页）

其二，跟"名动包含说"相关的，对汉语词类[①]提出了一种新的分类法。沈先生在《语法六讲》（2011）里说：

> 跟这个主要看法（指"名动包含说"——引者注）相联系的还有一个看法，就是汉语里边首先应该区分"名词"和"状词"，"状词"是"摹状词"的简称，"名词"是指"大名词"，

---

① 这里所说的"词类"不包括虚词。

它包括动词和形容词。（第三讲，65页）

名、动、形三者重叠后通通变为摹状词语。……那么把重叠之前的"丝/山水""抖/摇摆""白/大方"分立为三类就不合理。合理的办法是汉语的实词先在第一个层次区分大名词和摹状词，第二个层次再在大名词内区分名、动、形（指性质形容词）。（第三讲，83—84页）

而《超越主谓结构——对言语法和对言格式》说得更明白：

汉语的词类首先区分摹状词和非摹状词，摹状词是重叠形式，非摹状词包括简单形式的名词、动词、性质词，统称"大名词"。

$$摹状词—大名词\begin{cases}名词\\动词\\性质词①\end{cases}$$

这个格局是，摹状词是一头，大名词是另一头，摹状词和大名词的区别比名、动、性质词的区别明显而且重要。性质词是过去说的性质形容词②，摹状词是过去说的状态形容词。（71页）

沈家煊提出的第一个汉语词类观，即"名动包含说"，提出后在汉语语法学中出现了"名动包含"和"名动分立"这一对术语、这一对概念。这在学界引起很大的反响。学界看法不一，既有认同者、点赞者，也有质疑者、批评者。沈家煊提出的第二个词类观，即对汉语实词提出新的分类法，学界对此还没有什么评论，这可能是因为他只是提供了实词的新的分类系统，并未交代如此分类的依据和

---

① 沈家煊在《超越主谓结构——对言语法和对言格式》里的这个词类表并不符合他所说的"层层包含"的观点——形容词没包含在动词中。

② 沈家煊在《汉语里的名词和动词》（2007）里将过去的形容词看作动词的次类，叫"状态动词"。

划分的具体标准。

二 提出"名动包含说"的学术背景

沈家煊提出"名动包含"词类体系，是有学术大背景的。

其一，众所周知，我国的汉语语法学是在西方语言学及其理论的影响下逐步发展起来的。人类语言有共性，各个语言又有各自的特点。在印欧语语言学里面，有相当大一部分内容是反映了人类语言的语法共性，因此应该承认它对汉语语法学的开创与逐步建设起了不小的作用。但汉语毕竟是不同于印欧语的一种语言，突出的一点，正如许多学者早已指出的，印欧语属于"形态语言"，而汉语属于"非形态语言"。所以，正如吕叔湘（1979）所指出的，随着汉语语法研究的步步深入，大家越来越觉得，"汉语的语法分析引起意见分歧的地方特别多"；再说，由于汉语属于"非形态语言"，"许多语法现象就是渐变，而不是顿变，在语法分析上容易遇到各种'中间状态'"；并且在语法分析上"在做出一个决定的时候往往难以根据单一标准，而是常常要综合几方面的标准"。其实，吕先生在1973年的一次学术会议上就呼吁我们的语法研究"要大破特破"。吕先生是这样说的：

> 要把名词、动词、形容词、主语、宾语等等暂时抛弃。可能以后还要捡起来，但这一抛一捡之间就有了变化，赋予这些名词术语的意义和价值就有所不同，对于原来不敢触动的一些条条框框就敢于动它一动了。（吕叔湘，1973/2002）

吕叔湘先生在20世纪70年代"谈到建立汉语的语法体系时，就强调不能用有形态语言的语法来说明汉语，'假如一心要找个方的，就可能看不见圆的'"（张伯江，2018）。而80年代初，朱德熙先生在为《语法答问》日文译本所写的《序》中，更是明确地发出了"摆脱印欧语的干扰，用朴素的眼光看汉语"的呼吁。朱先生是这样说的：

> 在中国的传统的语言学领域里，音韵学、文字学、训诂学都有辉煌的成就，只有语法学是十九世纪末从西方传入的。所以汉语语法研究从一开始就受到印欧语语法的深刻影响。早期的汉语语法著作大都是模仿印欧语语法的。一直到本世纪四十年代，才有一些语言学者企图摆脱印欧语的束缚，探索汉语自身的语法规律。尽管他们做了不少有价值的工作，仍然难以消除长期以来印欧语语法观念给汉语研究带来的消极影响。……摆脱印欧语的干扰，用朴素的眼光看汉语……（朱德熙，1984c）

朱先生这一呼吁立刻获得汉语学界的普遍赞成，大家都积极探究"摆脱印欧语的干扰，用朴素的眼光看汉语"的研究路子。沈家煊先生就是积极的响应者、实践者之一。这十多年来，沈先生积极探究汉语的特点，提出了"大语法""对言语法"等理念，努力寻找突破口，对推进汉语语法研究起了积极的作用。他的"名动包含说"，就是在这样的大背景下提出来的。我们必须深刻认识这一点，至于同意不同意沈先生的观点，那是学术争鸣的问题。

其二，沈家煊深感，按目前学界模仿印欧语将名词、动词、形容词看作分立的理念与做法，会遇到两个"困境"，《语法六讲》（66—70页）第三讲有具体说明：

困境之一，如果做到"词有定类"就将"类无定职"，如果做到"类有定职"就将"词无定类"。对这一困境，沈家煊做了这样的具体说明：

看三个最简单的例子：

鬼哭

爱哭

哭墙①

按照黎锦熙先生的观点，"哭"这个词"词无定类"，但是可以"依句辨品"……在"鬼哭"里担任谓语因此是动词，在"爱哭"里担任宾语因此是名词，在"哭墙"里担任定语因此是形容词。按照朱德熙先生的观点，"哭"这个词"词有定类"，确定为动词类，但是它在句子里担任的"职务"是不固定的，在"鬼哭"里是担任谓语，在"爱哭"里是担任宾语，在"哭墙"里是担任定语。

这两种说法就好比同样是半瓶子醋，一个说"空了半瓶"，一个说"还剩半瓶"，观察的出发点不同而已。（66—67 页）

困境之二，如果满足"简洁准则"（亦称"简约原则"）就将违反"扩展规约"和"并列条件"，如果满足"扩展规约""并列条件"就违反"简洁准则"。对困境二，沈家煊是这样说明的：

"简单原则"也叫"奥卡姆剃刀原则"，对于同一件事情，一种解释依靠的假设多，一种解释依靠的假设少，那就应该相信那个假设少的。（67 页）

我们面临的困境可以用一个最简单的例子来说明，就是"这本书的出版"，它一般充当主宾语，按照"简单原则"，我们不能说其中的"出版"已经"名词化"，但是，说"出版"仍然是动词，那就违背"中心扩展规约"——"出版"是动词，以它为中心扩展而成的结构却是个名词性结构。（69—70 页）

沈家煊接着说，"有了'名动包含'的模式……动词作为一个特殊的次类包含在名词这个大类里边"，就可以"摆脱第一个困境"；

---

①哭墙，耶路撒冷犹太教胜迹，又称"西墙"，亦有"叹息之壁"之称。

同时,"因为'出版'是动词也是名词,所以不存在'这本书的出版'违背'中心扩展规约'的问题","第二个困境也就摆脱了"。总之,"现在有了'名动包含'的模式,我们至少可以在名词和动词的问题上摆脱这两个困境"。(70页)

其三,有感于汉语语法学界一直争论不休、难以取得一致意见的语法难题。这些难题是:(1)动词形容词做主宾语是转成名词了还是仍然是动词形容词?(2)"这本书的出版"和"狐狸的狡猾"里的"出版"和"狡猾",该分析为名词还是仍然分别看作动词、形容词?(3)在汉语里名动形可以在同一种联合词组(短语)里并列出现,这是否违反"并列条件"?(4)唐诗的词性对偶并不整齐,有动对形,动对名,名对形,该怎么解释?[①]

沈家煊认为,这些问题都是由"名动分立"观造成的。如果我们采用"名动包含"观,这些问题就都可以彻底解决。(沈家煊,2011b:66—67;沈家煊,2016b:61—72)

从上可知,正如沈家煊自己在《名词和动词》一书中所说:

"名动包含说"不是凭空想象,不是无中生有,它是长期以来汉语语法研究"摆脱印欧语观念的束缚"这一努力的继续。(8页)

三 提出"名动包含说"的根据和理由

沈家煊在自己的论著中对"名动包含说"汉语词类观进行了多方面的论证与阐述。他所说的根据和理由如下:

(一)汉语里名词和动词的性质与两者之间的关系不同于印欧语里的名词动词。性质不同是指,印欧语的"名词"和"动词"是语

---

① 关于唐诗词性对偶不整齐情况,参看沈家煊《名词和动词》228—233页。

法范畴，跟语用范畴"指称语"和"述谓语"不是一回事，而"汉语的名词和动词说它是语法范畴，其实是语用范畴，或者说，名词和动词的语法意义就是指称语和述谓语"（沈家煊，2019a：21）。汉语的语用范畴（指称语、陈述语）包含语法范畴（名词、动词）。（沈家煊，2016b：1）从英汉差异的ABC说明汉语的名词和动词呈"名动包含"格局：（沈家煊，2011b：71—72；沈家煊，2016b：83—84；沈家煊，2021a：39）

A.他开飞机。

　*He fly a plane.

　He flies a plane.［动词入句做谓语得陈述化］

B.他开飞机。

　*He flies plane.

　He flies a plane.［名词入句得指称化］

C.开飞机很容易。

　*Fly a plane is easy.

　Flying a plane is easy.［动词入句做主语得指称化］

A表明汉语的动词"开"入句充当陈述语（谓语）的时候不像印欧语那样有一个"陈述化"的过程。英语有这个过程，fly要变为flies或其他限定形式，从这个意义上讲，汉语的动词就是陈述语[1]。B表明汉语的名词入句充当指称语（主宾语）的时候不像印欧语那样有一个"指称化"的过程，英语有这么个过程，plane要变为a plane或the plane(s)。从这个意义上讲，汉语的名词就是指称语。C表明汉语的动词"开"当作名词用（做主宾语）的时候不像印欧语那样有

---

　　①在《名词和动词》里"陈述化"又说成"述谓化"，"陈述语"又说"述谓语"，见83页。

一个"名词化"或"名物化"的过程，英语有这个过程，fly要变为flying或者to fly。把ABC三点综合起来就得出"汉语的动词（陈述语）也是名词（指称语），动词是名词的一个次类"这一结论。换言之，汉语的动词其实都是"动态名词"，兼有名词和动词两种性质。沈家煊把这种名动关系称作"名动包含"，区别于英语和其他印欧语的是"名动分立"。（沈家煊，2021a：39）

现在我们把"名动包含"各句中"名词"和"动词"特征界定如下：

名词：［＋指称］，［～^①述谓］

动词：［＋指称］，［＋述谓］

名词中动词以外的那部分词：［＋指称］，［－述谓］（引自沈家煊，2016b：98）

（二）一般认为，"名词／动词"是句法范畴，"指称语／陈述语"是语用范畴，前者比较抽象，后者比较具体。从"语法化"的角度看，作为句法范畴的名词／动词，它们处在"指称语／陈述语→事物词／活动词→名词／动词"这个"语法化链"的终端，是指称语／陈述语和事物词／活动词这样的语用、语义范畴逐渐抽象为句法范畴的结果。汉语里的名词和动词，要说它们是句法范畴，那也是语法化程度不高的句法范畴，它们的语法意义不是"事物"和"动作"，而是"指称"和"陈述"。在词形变化丰富的语言里，动词用作名词时如果都要在形态上表示出来，那么名词和动词的语法化程度就是最高的。英语语用范畴"指称语／陈述语"经过语法化已经变为句法范畴nouns／verbs，后者已经与前者分离，变成抽象范畴，而汉语的"名词／动词"还没有完全语法化为句法范畴，至今

---

① "～"符号意为"不确定"。

仍是具体范畴、使用范畴。（沈家煊，2007）因此，汉语是"名动包含"格局。

（三）印欧语名词、动词的分布呈"平行对应分布"，而汉语名词、动词的分布呈"偏侧分布"，可图示如下：（参看沈家煊，2016b：93）

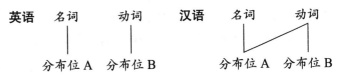

图15-3　英语、汉语名词、动词分布图示

图中的"分布位A"意指做主宾语，"分布位B"意指做谓语。英语词类和分布位属于"平行对应分布"，意即英语里的名词做主宾语，动词做谓语；汉语则属于"偏侧分布"，意即汉语名词做主宾语（"一般不能做谓语"），动词则既能做谓语，也能做主宾语。汉语名词、动词的"偏侧分布"不支持"名动分立"，而支持"名动包含"格局。①

（四）采用"名动包含"的观点，符合"自洽、简洁"的准则，同时，也不违反"扩展条件"和"并列条件"，也就能摆脱那"两个困境"。（沈家煊，2011b：70）

（五）"采用'名动包含'的观点，汉语语法中过去有许多不好解决的老大难问题就可以得到合理的解决"（沈家煊，2011b：14），"得到妥善的解决"（沈家煊，2016b：81）。另外，对汉语而言，用"类包含"讲语法讲得更顺畅、更简洁。（沈家煊，2017b）

---

　　① 这一理由似跟沈家煊在《名词和动词》里所说的话相矛盾："名词性成分可以做谓语，汉语的这个特点比动词可以做主宾语更加重要。这不是因为名词有述谓性，而是因为谓语有指称性，谓语也是指称语。"（沈家煊，2016b：410）

（六）"名动包含"格局还可以从赵元任先生的"零句说"得出。即可以从"零句说"推导出"名动包含"格局：

∵ 零句都能是整句的主语/话题。

∵ 主语/话题是指称性的。

∴ 零句（包括述谓性零句）都有指称性。[①]

（七）从语言类型学角度看，从"语法化"角度看，名词和动词如果是两个分立的类，交叉部分（名动兼类）很小，名词和动词的语法化程度就高；相反，如果名词和动词大部分交叠，名动基本不分，合为一类，名词和动词语法化程度就低。从这个角度着眼，通过汉语、汤加语、英语的比较，在名词和动词语法化程度上，汉语是最低的，印欧语是最高的，汤加语处于二者之间的过渡阶段。就像细胞分裂一样，印欧语的实词类已经裂变出两个相对独立的类"名词"和"动词"，汉语的实词至今还没有实现这样的裂变，汤加语正处在这个裂变的过程中。（沈家煊，2011b：72—75；2016b：311—331）

（八）"西方的语言（指印欧语）及对语言的研究以范畴的分立为常态，中国的语言（指汉语）及对语言的研究以范畴的包含为常态，从大处看表现在以下一些方面。""西方语言和文字是'分立'关系，语言是语言，文字是文字；而中国语言和文字是'包含'关系，语言包含文字，文字也属于语言。"（沈家煊，2021a：90—91）就主语和话题这对范畴来说，"西方语言，主语属于语法范畴，话题属于语用范畴"，而汉语"语法包含在用法之中是汉语的常态"（沈家煊，2021a：92）。"总之，语法和语用法（简称'用法'）的关系，汉语和印欧语是不同的"。"印欧语（特别是拉丁

---

① 关于"零句"和"整句"，详见赵元任《汉语口语语法》41—51 页。

语）里语用变化是语用变化，语法变化是语法变化，两者基本上是分开的"，"印欧语的语法已经从语用法里独立出来，汉语的语法还没有从语用法里独立出来，语用法和语法也是一个包含格局，称作'用体包含'，作为语言结构之'体'的语法包含在'用'法之内。"（2016b：158—159）再有，"语法和韵律在西方语言学中是两个分立的范畴"。"中国的语言研究历来把韵律视为语法的一部分"，韵律包含在语法之中。"中西方语言的构词法有明显的差异。""西方构词成分'词根'和'词缀'是'分立'关系，而汉语构词成分'词根'与'根词'是'包含'关系，'根词'包含'词根'"（沈家煊，2021a：92—94）。

（九）从哲学高度看，中国，"天人合一"，是天包含人；"体用不二"，是用包含体；"有生于无"，是无包含有；"物犹事也"，是物包含事；"和而不同"，是和包含同；再有，"'天下理论'的'天下无外'原则"以及"量子物理的'不确定原理'"等等资料以及"科斯学说的'交易成本'"概念，也可以作为佐证。（沈家煊，2016b：430—440）

（十）"英、日、汉儿童习得名词和动词"的差异，"名词和动词脑成像的英汉比较"所得之差异，也表明汉语是"名动包含"格局。（沈家煊，2011b：91—94；2016b：423—429）

（十一）自己只是在朱德熙先生的基础上"接着向前跨了半步"，其依据是：朱先生就说"绝大部分的动词和形容词都能做主宾语"（《语法讲义》7.4，101页），又说，"百分之八九十的动词和形容词可以做主宾语"（《语法答问》二，7页）。

沈家煊提出"名动包含说"的根据和理由是否充足？怎样看待沈家煊所说的根据和理由？由学界来评论。

四　学界对"名动包含说"的不同反应

沈家煊的"名动包含说"在学界引起很大的反响。学界看法不一，既有认同者、点赞者，也有质疑者、批评者，基本形成两派。甚至在湖南师范大学于2022年11月26日下午举行了"名词包含动词凸显还是掩盖了汉语语法特点？"的学生语言学辩论赛。

这就无形中形成了第三次汉语词类问题大讨论，其规模远远超过了第一、第二次汉语词类问题大讨论。跟前两次讨论不同的是，这次讨论完全是自发的，不是由哪位学者或哪家刊物有意识地组织的。下面根据我们所搜集到的文献资料，分别介绍认同者、点赞者的主要观点和持否定甚至质疑的主要观点。本书只作介绍，不加评论。到底该怎么看待那两派的观点，请读者自己去思考。

（一）认同者、点赞者的主要观点

认同、点赞"名动包含说"的有四十余篇文章，另有一本书。具体观点主要是：

（1）"句法语义研究总结和反思我国学者经过百余年对汉语语法规律的探索，走出了机械模仿或照搬套用西方语言学框架的迷途，找到了一条植根于汉语文化传统、符合汉语实际的路子。对西方语言理论的支柱概念'名词和动词''主语和谓语'进行了冷静的审视和根本性的重建，在广泛吸收和辨析国际上各种主流语言学理论的同时，深度萃取我国语言学前辈关于汉语特点的论述和见解，得出了汉语语法范畴的'包含观'，区别于西方逻辑范畴的'对立观'。"（张伯江，2022）

（2）"汉语词类的'名动包含'说和'新动单名双'说对现代汉语的词类面貌有很强的解释力。"（张伯江，2012）

（3）"名动包含说"在继承前辈学说的基础上，"突破了一些过去认为理所当然的观念，从而给汉语词类研究开拓出一片新的天地"（王冬梅，2018：45）。

"树立'名动包含'的新观念，将从根本上改进已有的汉语语法体系。"（王冬梅，2018：123）

"'名动包含'的词类观的提出，解决了汉语语法研究受印欧语影响导致的很多根本性矛盾，丰富了世界语言词类系统的类型图景，为世界语言类型演变研究提供了新的思路，在语言理论界发出了中国声音。"（王冬梅，2018：128—129）

（4）"沈家煊先生围绕着'名动包含'模式，其实应该已经形成了一整套自己的方法论。包括对词类兼类问题的认识，对名词述谓问题的看法，对词类主观性的看法，乃至于近期对于字本位看法的认识，都和这个'名动包含'模式有关系，是一整套方法论体系的问题了，而不是仅仅一个观点。"（孙博，2019）

（5）"名动包含具有重要的理论创新意义，实际上还可以向前走，即时空同态能进一步解释汉语名动包含的根本动因。"（刘正光、李易，2019）

（6）"从认知语法理论角度的观察，'名含动'假说与认知语法的理论主张是并行不悖的。这一假说是中国本土语言学的创新理论之一，值得我们从各个视角包括类似本文的纯理论视角去探讨。"（刘辰诞，2021）

（7）"'名动包含说'深刻揭示出汉语名词和动词的本质特征。"（牛保义，2015）

（8）"沈家煊（2007，2009，2010）最近反复强调，在英语里，名词和动词是分立的两个类，而在汉语里，动词则属于名词所包含的一个次类。换言之，英语是'名'与'动'分立，而汉语则是

'名'包含'动'。沈家煊这一深中肯綮的观点，充分说明汉语睽重名词，这与我们上文所引的郭绍虞的观点和金克木的观点如出一辙，也与我们在此的看法并无二致，这是因为名词就本然意义而言就是对事物之称谓，汉语重视名词或名词性词组，实际上就是关注事物，而关注事物就是关注空间，因为举凡事物均存在空间性，具备大小、高低、厚薄、聚散、离合等信息。沈家煊（2007，2009）态度极为明朗，除提出汉语'名含动'这一看法之外，还提出在中国人的眼里，借用动词来表达的活动就是一个实体，汉语语言研究应摆脱印欧语眼光。这就是说，在汉语里，纵使活动或行为，也常被看作具有实体性质的事物。"（王文斌，2013）

（9）"沈家煊提出了'名动包含论'，主要内涵是认为汉语动词是名词的一类，该观点直接注解了汉语的强空间性特质。"（刘晓林，2020）

（10）"《英汉否定词的分合和名动的分合》（沈家煊，2010）指出，英语里否定词最重要的区分是'否定名词'还是'否定动词'，不注重区分'直陈否定'还是'非直陈否定'，也不注重区分'有'的否定还是'是'的否定。相反，汉语里否定词最重要的区分是'直陈否定'还是'非直陈否定'，是'有'的否定还是'是'的否定，不注重区分'否定名词'还是'否定动词'。这一现象进一步证明，英语里名词和动词是分立的两个类，汉语的动词是名词所包容的一个次类。该文还从哲学角度说明英汉两种语言在这方面的差别，并指出讲汉语语法不可过分重视名词和动词的对立。《怎样对比才有说服力——以英汉名动对比为例》（沈家煊，2012）一文首先探讨了有些英汉对比得出的结论缺乏说服力的原因，即不重视语言内部的证据、不重视证据的系统性和缺少语言类型学的视野。然后该文从名动包含、名动对立、汉语光杆名词的特点、名动不对称、语言的递归性、名动的'扭曲分布',语法离不开用法、动词化型语言和名词化型语言、语言类型学几个方面展开英汉名动对比研究,结论是汉语是名词性语言,汉语'名动包含'的模式为人类语言词类系统的循环演变提供了一个不可或缺的支点。后两篇关于英汉名动对比的论文尤其是最后一篇学术观点新颖,没有高瞻远瞩的视野、长期的知识积累和不断的刻苦研究是不可能提出这些观点的。"(姚吉刚、王喆,2015)

此外,外语学界的"第三届许国璋外国语言研究奖(2020)"授予沈家煊《名词和动词》(2016)一等奖,这充分说明外语学界对沈家煊"名动包含说"的肯定。

(二)否定者、质疑者的主要观点

对"名动包含说"持否定甚至质疑意见的有五十余篇文章,主要看法是:

(1)"沈文(指沈家煊《我看汉语的词类》一文)引入认知人类学'实现关系'和'构成关系'与语用学'指称语'和'陈述语'两对术语,试图论证'汉语动词是名词的一个次类',即'名动包模式'的合理性。然而该文并没有对这些术语进行严格的界定,尤其是'指称语'和'陈述语'在文中涉及词类、句法成分和语用等三个层面,在论证'名动包含模式'的不同阶段所指前后并不一致,存在根据所需随意更换概念的问题。"(孔繁丽,2015)

(2)"从逻辑公理的基本属性出发讨论'名包动'理论可能存在的逻辑三段论问题。……'名包动'理论逻辑三段论结构的中项两次不周延。在属种关系(上下位关系)上未能满足属概念所具有的特征种概念必须具有的要求。"(金立鑫,2022a)[①]

---

① 金立鑫《"名包动"理论的逻辑问题》一文发表后,孙崇飞发表了《名动包含理论存在逻辑问题吗?》一文,不同意金立鑫的观点。

"探讨汉语中的动词在其典型性上的等级以及各等级的句法分布形态特征。……'这本书的出版'结构中的'出版'依旧是述谓词，而不是名词。"（金立鑫，2022b）

（3）历史汉语并不支持现代汉语名、动、形的"包含模式"。"汉语两岁幼儿动词和名词的习得情况，不支持汉语动词是包含在名词内的一个次类。……汉语《两岁常用词表》中幼儿习得的动名之比为0.76∶1，动词占总词量的31%，名词占词量的40.8%。"（李葆嘉，2014）

（4）"沈家煊、乐耀（2013）论证的最大缺陷在于，Imai团队的实验数据跟名动包含说并不存在逻辑上的推导关系。……"

"沈家煊、乐耀（2013）论证的第二个问题，在于没有认真看待前人关于儿童英语和儿童汉语的名动词比较研究。……"

"沈家煊、乐耀（2013）论证的第三个问题，在于没有仔细分析Imai团队的实验范式和操作细节，从中思考为何普通话儿童在实验中的表现跟英语儿童那么不同。……"

"综上所述，沈家煊、乐耀（2013）利用儿童语言来支持名动包含说，在研究方法上并没有将儿童语言与句法分析建立起紧密的推导联系。……因此并不能像该论文末段所说，将名动包含说来'对实验研究的结果作出相应的解释并得到相关实验研究的验证'。"（李行德，2018）

（5）"研究表明，就考察的两万高频词而言，英汉两种语言的动名兼类词占比以及名动范畴边界渗透率都比较高，且较为接近，这表明两种语言在词类方面都属柔性边界语言，词类灵活性较高，研究发现并不支持'英语名动分立，汉语名动包含'的假设。"（邵斌、杨静，2022）

（6）"沈家煊（2009）不赞同在讨论词类问题和转类问题时采

用两套不同的标准，即有时用广义标准，有时又用狭义标准，而沈文在讨论实现关系和构成关系时却又从广义形态回归到了狭义形态上来，采用的也是两套标准。……该说法违反了'清晰性和准确性'的原则和标准……不符合'质的简约'的标准……两个'困境'都不是科学哲学意义上的真问题，而我们更应该思考的是在构建和评价理论时，怎样才能做到了真正的'简约'？"（司富珍，2013）

"沈家煊'名动包含说'的推导过程存在比较严重的漏洞，因而大大影响其论辩的有效性。至于汉语和印欧语'差异的ABC'，主要与形态有关，而不能触及名动形三大基本词类的是否可分立的问题。"（司富珍，2014）

"在具体到论证汉语句法特点以及汉语和印欧语里名词和动词与指称语和陈述语之间的'实现关系'和'构成关系'时，沈家煊（2009）同样采用了两套标准，即实际上是用两种不同的'词类'含义去解读印欧语的'词类'和汉语的'词类'。"（司富珍，2016）

（7）"就名动关系而言，理论语言学界主要存在'名动不分''名动包含'及'名动分离'三种观点；而认知神经科学界则只存在'名动不分'与'名动分离'两种观点，且后者占优势。那么理论语言学界中所存在的'名动包含'这一观点是否正确还需后续的实证研究来进一步证实或证伪。"（吴铭，2019a）

"名动包含说过分强调汉语的个性，对汉语词类及兼类的认识存在一定局限。一方面，该理论对名词和动词的定义较为模糊，存在概念的偷换……另一方面，名动包含说不承认名动兼类，但'词的兼类现象是客观存在的'……"

"本研究考察了名词、动词及动名兼类词的心理表征，发现：1）无语境和有语境时，汉语母语者在加工上述3类词项时的心理表征均存在显著差异，词类主效应显著……"（吴铭，2021）

（8）"沈先生认为，汉语的词类系统完全不同于印欧语的词类系统；汉语词类系统中的实词类不同于印欧语的'分离模式'，而是'包含模式'，即形容词作为一个次类包含在动词类之中，动词作为一个次类包含在名词类中；汉语的名词、动词等范畴还都属于语用范畴，而不是印欧语那样的语法范畴，汉语的动词做主宾语并没有一个'名词化'过程。我们认为，这种观点实质上颠覆了词类的基本定义，在词类判断过程中采用双重标准（判断一个词项是否属于名、动、形主要采用语法意义标准，是否属于其他词类则主要采用语法功能标准），没有注意区分（语法）'词'和（词汇）'词'，部分颠倒了词类判断程序，未能彻底贯彻自己坚信的词类与句法成分之间的'关联标记模式'，对印欧语（如英语）的认识存在误区，未能充分意识到个体词项经过千百年的发展后可能拓展的多义性，对自指现象的解释不能自圆其说。"（王仁强，2010）

基于9种语言的大数据调查，证伪了沈家煊提出的"名动包含说"，该学说不过是一种"观念实在论"，即Whitehead（1929：11）所说的"错置具体性的谬误"。（王仁强，2013，2014，2020，2023a，2023b，2023c，2023d；王仁强、霍忠振、邓娇，2019）

（9）将名词谓语句里的谓语（不管用不用动词"是"）称为"指称语"，这"无疑是犯了一个十分明显的概念性错误"，因为名词谓语"与动词和形容词等谓词一样"是"述谓"，这"可以用谓词逻辑的刻画来说明"。"在谓词逻辑中，主语名词被看作个体词（即独立存在的事物），系词（口语中可以省略）后面做表语的名词，与动词和形容词等谓词一样被视作属性词。"（吴义诚、戴颖，2022）

通过梳理名词和动词的普适价值、语法权重、语义属性（指称性和述谓性）和认知属性（空间性和时间性）等，指出：1）"名词"和"动词"在句子中肩并肩手牵手，以分工合作的方式为人类传递思想，因而具有同等的语法权重，没有什么中心与边缘之说；所谓"汉语（或英语）是以名词（或动词）为中心的语言"的种种论断，均是显而易见的伪命题。2）"指称性"是名词性成分专有的语义属性，而"述谓性"是动词和形容词专有的语法（或语义）属性；因此，两个论说声称的"谓语也是指称语"是一个十分明显的概念性错误。3）从语言学的视角看，"空/时间性语言说"是将语用混同语法的结果；从认知科学的视角看，它们又可谓是"选择性感知"导致的错误认识。

赵元任先生曾说："所谓语言学理论，实际上就是语言的比较，就是世界各民族语言综合比较研究得出的结论"[①]。因此，语言学研究要坚持"两眼齐观"的原则，既不能侈谈人类语言的共性而忽略一种语言的个性，又不能一味夸大一种语言的个性而忽视人类语言的共性。我们不妨称前者为"远视"做法，后者为"近视"做法……（吴义诚，2023）

（10）沈家煊一再说，采取"名动包含说"过去语法研究中不好解决的老大难的问题就都可以得到合理的解决，彻底的解决。实际情况到底如何呢？请看：

老大难问题之一：动词、形容词做主宾语，仍然是动词、形容词呢，还是转成名词了？沈家煊说，学界争论不休就因为"名动分立"观念作怪，如果我们采纳"名动包含说"就没这问题了，因为动词、形容词本来就是名词。大家想想：问题真解决了吗？

老大难问题之二："N的A"如"狐狸的狡猾"里的A"狡猾"，"N的V"如"这本书的出版"里的V"出版"，仍然是形容词、动词呢，还是转成名词了？沈家煊说，学界争论不休就因为"名动分立"

---

① 王力《积极发展中国的语言学》，见《王力论学新著》，南宁：广西人民出版社，1983年。

观念作怪，如果采纳"名动包含说"就没这问题了，因为动词、形容词本来就是名词。大家想想：问题真没有了吗？

老大难问题之三：汉语并列结构，名动形能互相并列，这是否违反"并列条件"？沈家煊说，采用"名动分立"观念，就会违反"并列条件"；采纳"名动包含"观念就没这问题了，因为动词、形容词本来就是名词嘛，当然可以并列。大家想想：真没有问题了吗？

如此解释确实很简单，可是问题解决了吗？根本没有解决，而只是将问题掩盖起来了。以动词性词语为例，要知道，对于出现在主宾语位置上的表示行为动作或变化的词语，对于"N的V"里的V仍然是动词还是变成名词了，对于并列结构"N+V"里的V，其争议点，都不是"是下图中的大圆面积呢还是中圆面积？"。

图15-4

其争议点则是下图中的大圆环X？还是小圆环Y？ ①

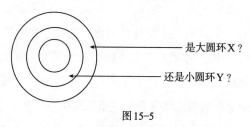

图15-5

————————

①即争论点是沈家煊自己的分类体系中的"大名词"里的"名词"还是"动词"；而不是"是'大名词'还是'大名词'里的动词"。

可见，沈家煊所谓"问题解决了"实际上根本就没触及问题的要害之处。（参看陆俭明，2022b）

沈家煊一再说，自己只是在朱德熙先生的基础上"接着向前跨了半步／一小步"。其根据是朱德熙先生说过下面的话：

> 绝大部分的动词和形容词都能做主宾语。（《语法讲义》7.4，101 页）

> 百分之八九十的动词和形容词可以做主宾语。（《语法答问》二，7 页）

朱先生确实讲了上面的话。然而，我们觉得沈家煊在引用朱先生的文字时，存在问题。要知道，朱先生同时在多个论著中一再强调：

> 汉语的名词和动词在语法性质上有显著的对立。（朱德熙、卢甲文、马真，1961；朱德熙，1984a；《语法分析讲稿》3.4，89 页）

而且朱先生还说：

> 这两种词类的对立大概是自然语言的普遍现象，汉语也不例外。（朱德熙，1984a）

令人不理解的是，沈家煊为什么不关注、不引用朱先生这些话语。

朱先生看到了并承认汉语的动词、形容词绝大部分都能做主语和宾语，那么朱先生为什么还是认为在主宾语位置上的动词、形容词仍然是动词、形容词，并没有名词化，更没像沈家煊那样得出"名动包含"的看法呢？原因是朱先生确定某个词属于哪个词类不是像沈家煊那样只根据该词能不能做主宾语，而是全面考察这个词的语法功能，根据这个词的总体分布。这是朱先生一贯的思想。譬如，朱先生的《现代汉语形容词研究》（1956）、《说"的"》（1961）、《关于动词形容词"名物化"的问题》（1961）、《语法讲义》（1982a），所运用、所贯彻的都是这一语法思想，采用的都是分布分析法。与朱先生划分词类的思想相对照，可以明显地看出，沈家煊的"名动包含说"的根本问题就出在仅仅根据"名词、动词都能做主宾语"这一点就认定汉语是"名动包含"关系。

沈家煊为了说明自己的"名动包含说"只是在朱德熙先生的基础上"接着向前跨了半步"，引用了朱先生一些有利于自己观点的论述，但引用时也存在一些问题，把不是朱先生的观点说成是朱先生的观点。最明显的是，沈家煊在多个论著里一再说，"朱先生提出'汉语的名词是从反面定义的'这一命题"（沈家煊，2016b：10）；又说："当朱先生说汉语的名词是从反面定义的时候，他其实已经把一只脚跨进了'名动包含'格局……"（沈家煊，2016b：57）朱先生说过"汉语的名词是从反面定义的"这个话吗？朱先生真的提出过这个命题吗？在我们所有能检索到的朱先生的所有论著中没有见到朱先生有类似的表述。从沈家煊的论著中，我们发现原来那是沈家煊自己从朱先生《语法答问》（16页）里的一段话引申出来的[1]："有的语法书上在说到名词的"语法特点"的时候，举的是（1）能够做主语、宾语，（2）能够受定语修饰，（3）能够受数量词修饰之类。无论是（1）（2）还是（3），确实都是名词的语法功能，就是说都是名词的共性（所有的名词都有这些功能）。可是这三条里没有一条称得上是名词的语法特点（个性），因为这些语法功能，动词和形容词也有……"但这段话能推断出"朱先生提出'汉语的名词是从反面定义的'这一命题"吗？能推断出"朱先生说过'汉语的名词是反面定义的'"吗？我们看到，朱先生认为有的语法书上说到的"语法特点"其实并非"语法特点"，而仅仅是名词的"语法性

---

① 这是沈家煊在《从语言看中西方的范畴观》一文中透露的，具体参看沈家煊《从语言看中西方的范畴观》一书 106 页注①。

质"。因此就在这段话的下边另有好长一段话，朱先生强调：要区分"词类的语法性质""词类的语法特点""划类标准"。并说，某类词的"语法性质"大于该类词的"语法特点"，而该类词的"语法特点"大于"划类标准"（即划分出该类词的标准）（参看《语法答问》，16—17页）。看了朱先生后边的那段话就可以知道沈家煊的推断不能认为是朱先生的意思。（陆俭明，2022a）

上面我们将学界认可和不认可沈家煊"名动包含说"的两派观点都摆出来了。到底该如何认识和评论，有待学界进一步思考与论述。

第十六讲
学界众人就汉语词类问题各抒己见

　　第五至十四讲介绍了学界11位学者（胡裕树、张斌两位先生合为一讲）所持的汉语词类观。之所以介绍这11位，是因为他们有关汉语词类问题的论述，在汉语学界有较大的影响。但是，学界还有不少学者对汉语词类问题发表了自己的看法，将他们的看法介绍出来，有助于读者更全面地了解汉语词类问题研究状况。第四讲已经介绍过一些学者专家参与讨论时发表的观点，本讲也不再列名介绍。下面所列各位学者的汉语词类观，其中不乏真知灼见、独到看法，本讲只作介绍，留给读者来评说。

一　俞敏的观点

　　俞敏（1916—1995），天津人。曾任教于北京大学、辅仁大学、北京师范大学，我国著名语言学家。俞敏先生的汉语词类观集中反映在他参与20世纪50年代汉语词类问题讨论时发表的两篇文章——《北京话的实体词的词类》（1952）和《形态变化和语法环境》（1954），以及他和陆宗达先生合著的《现代汉语语法》①之中。俞敏

---

　　① 关于陆宗达、俞敏合著的《现代汉语语法》，在2016年中华书局版的《出版说明》中有这样的交代："本书由俞敏先生执笔"，"本书写成于1954年，同年由群众书店（转下页）

先生的汉语词类观大致可概述如下：

（一）不同意高名凯"汉语的词根本没法分类"的意见。《北京话的实体词的词类》一文中说，"实体词真能分成几类吗？我说'能！'"。而在《形态变化和语法环境》里，俞敏先生分三层反驳高名凯先生的观点：（1）穆德洛夫、曹伯韩、文炼、胡附说的"广义形态"实际是"语法环境"。高名凯先生说这种"语法环境"不能帮忙分词类，"我要证明'语法环境'可以帮忙分词类"。（2）"汉语里有"高名凯先生所说的"狭义的形态变化""这种材料"，"最显著的是重叠式"。（3）高名凯先生的观点"是正统的印欧语言学里最正统的观点"，这些正统的看法，用在汉语"就往往出毛病"，那毛病就出在"什么都用印欧的尺量这一点上"。《现代汉语语法》一书进一步指出"这可以分成理论实证两方面说"（39页）。

从理论上来说，词"是代表或者反映客观存在的宇宙里头的东西跟事情跟这些东西的关系的。反映的对象能分类不能？能！好！那么反映它们的词也必然能分类"（39—40页）。

从实证的角度说，"一个词身上有好些特点，等它跟别的词合起来加入到成段儿的话里头去的时候又表现出好些特点来。要是有两类词，它们的特点不一样的话，自然该分两类。比方'快'跟'可是'这两个词的特点就完全不一样"（40页）。书中具体分析了"快"跟"可是"在重叠、用法等多方面的不同。最后说："由这儿可以看出来，谁也不能说'快'跟'可是'不能分成两类。"（41页）

（二）肯定了词可以分类，那么怎么分呢？用什么标准呢？俞敏先生说，标准也不只一个，"可是并不同时用"。"头一步，咱接受汉

（接上页）出版"。据此可以断定，该书有关汉语词类问题的看法完全可以视为俞敏先生的观点。本文所引，均引自中华书局 2016 年版。

语学者的民族传统，（根据意义——引者注）把词分成虚词、实词两大类。"（42页）实词怎么分类呢？"咱的主张是按形态分"（43页）。"虚词又怎么分呢？这自然得按作用分。"（44页）那么实词按形态分，那"形态"是指什么呢？俞敏先生在两篇文章里，在《现代汉语语法》书里，认为"形态变化"即"词的声音起了变化"（"有人管形态变化叫'词形变化'"），而"声音变化有多少种情形"。《形态变化和语法环境》一文将词的声音变化细分为六种：重音变化、调子变化、变音、加音、减音、重叠。不过从《现代汉语语法》和《北京话的实体词的词类》中看，俞敏先生看重的是"重叠"。

（三）认为根据重叠可以将实体词"分成名词、动词、形容词、数词①"，外加"代词"，"一共有五类实词"；而他将虚词分为"副词、关联词、语气词、感叹词"四类。（45—46页）在《现代汉语语法》书中提到量词和介词，量词是附在数量词里讲的，是否独立为一类，没明确交代；介词是在动词里讲的，称作"副动词"。俞敏先生的词类体系大致可见。

俞敏先生的"重叠"标准可谓独树一帜。问题是并不是所有的名词、动词、形容词、数词都可以重叠。不能重叠的词怎么办呢？俞敏先生没有交代。尽管如此，吕叔湘先生《关于汉语词类的一些原则性问题》一文对俞敏先生的"重叠"标准还是给了这样的评价：重叠"这一着实在高，用来划分动词和形容词真是泾渭分明，一点儿不混。就只可惜普遍性差点儿"。"总起来说，重叠式不失为分辨动词和形容词的一个好办法，虽然在这方面也还有点限制；别的词类有的用不着，有的用不上。"

---

① 俞敏先生所说的数词重叠是指算术九九口诀"一一得一""二二得四""三三得九""四四十六"……里的"一一""二二""三三""四四""五五""六六""七七""八八""九九"。这算不算重叠，学界有不同的看法。

二　周祖谟的观点

周祖谟（1914—1995），北京人，祖籍浙江杭州。北京大学教授，中国知名语言学家。周先生治学始终以音韵学为重心，同时兼及文字、训诂、文献诸方面，20世纪50年代初一度主讲现代汉语课程。周先生参与了50年代汉语词类问题大讨论，其汉语词类观就反映在《划分词类的标准》一文中。主要观点如下：

（一）词类是语言自身表现出来的类别，不是你想这样分，他想那样分的一件事儿。

（二）词的种类，各种语言不尽相同，不同的语言也可以有不同的分法，必须从语言结构自身的特征出发。

（三）汉语没有哪一类的词形变化，所以要分别词类就还需要其他的标准。总的一句话，就是按照词的句法作用和词法特点来划分。分析来说，可以有以下三个标准：（1）"按照词在句中的作用来定"；（2）"按照词与哪一类词（或哪一类附加成分）相粘合或不相粘合的性能来定"。（3）"按照词的形态①来定"。这三个标准是有不可分性的，分别词类不能专就一个标准来看，有时要从一两个标准合起来看。

周祖谟先生的这些观点，吕叔湘先生《关于汉语词类的一些原则性问题》一文有所评论：

吕先生一直主张划分词类的目的"是为的讲语法的方便"，而不是因为客观有个词类在那里我们去分它。因此对于周祖谟先生的第

---

① 周祖谟先生所说的"词的形态"指词尾（如"子""儿""头"和"了""着"等）、重叠、轻声（如语气词都读轻声）等。

236

一个观点"词类是语言自身表现出来的类别"的看法，吕先生是不以为然的。吕先生认为，周祖谟这句话"用意是好的"，可以"用来鞭策研究语法的人努力钻研，早点求得共同的认识，给汉语建立一个合适的词类体系"，但是"对于词类问题的解决不会有什么益处的"。

吕叔湘对周祖谟先生的第三个观点有这样一段评论：

> 周祖谟先生提出"按照词在句中的作用"、"按照词与哪一类词（或哪一类附加成分）相粘合或不相粘合的性能"、"按照词的形态"这三项标准来定词类。周先生说，"这三个标准是有不可分性的，分别词类不能专就一个标准来看，有时要从一两个标准合起来看"。周先生的话没有说得很明确，单就"不可分性"这几个字来看，可以解释成必须这三个标准都顾到，可是底下又说"要从一两个标准合起来看"，可见不是三个标准都要顾到。但是按照什么情况在这些标准之间作取舍，周先生没有详细说。

显然，吕叔湘并不赞同周祖谟先生的"多标准"的观点。

三　张志公的观点

张志公（1918—1997），生于北京，祖籍河北南皮。当代著名语言学家、语文教育家。1945年毕业于金陵大学外语系，留校任教。1948年应聘到海南大学外语系任副教授；1950年赴香港，在华侨大学开设翻译学方面的课程。1950年10月，应邀赴北京任开明书店编辑，并负责编辑《语文学习》月刊。1954年，受教育部委托，吕叔湘和张志公主持编写汉语教材。1955年，张志公先生调入人民教育出版社，任首任汉语编辑室主任。

张志公先生的汉语词类观主要反映在他1983年9月在第16届汉

藏语言学会议（北京）上宣读的论文《汉语词类问题需要进一步研究》中，基本观点如下：

（一）研究汉语的词类需要充分重视汉语是"非形态语言"这个事实，从而寻求一种更加符合汉语实际的分类标准。

（二）关于汉语词类的划分，一直存在着很多的意见分歧。大家采取的分类标准不一样是一个重要原因。

（三）中国古代就有一种简要的划分词类的办法。因为那不是从研究语法的角度用语法术语提出来的，所以长时间被语法学界忽视了。除了王力先生注意到并在一篇文章里提到过之外，语法学界很少有人注意到这个事实，更没有人对古人的词类观念进行过认真的探讨、研究。这就是在对仗中，词类观念显示得很清楚了。

（四）汉语既是一种非形态语言，划分词类显然不能依靠形态；全靠意念无疑是不行的。这必须根据汉语特点来定，不能根据别的什么原则。

作为非形态语言，汉语语法的实质就是各种语言单位——语素、词、词组、句子的组合法则。既是这样一种语言，这样一种语法，划分词类也就应当以词的活动能力和活动状况，也就是词的组合能力和组合状况为标准。

（五）从张先生的《汉语语法常识》（1953）及其主编的《现代汉语》（1985）看，张先生的汉语词类体系是：将词分为实词和虚词两大类。实词又分为名词（含方位词、处所词、时间词）、动词（含助动词①）、形容词、数量词（含量词和数词）、指代词五类；虚词又分为系词、副词、介词、量词、助词、叹词六类。②

---

① 张志公先生所说的"助动词"含一般所说的"能愿动词"和"趋向动词"。
② 张志公主编《现代汉语》，在实词这个大类里，取消"助动词"之说，将数词和量词分为独立的两类；在虚词这个大类里，将系词归入实词的动词里，增加了拟声词。

四　胡明扬的观点

胡明扬（1925—2011），浙江省海盐人。中国知名语言学家。1948年于上海圣约翰大学英文系毕业，应聘在外事部门工作；1952年调入中国人民大学，先在外语系从事英语教学，1960年调入语言文学系，一直从事汉语和语言学理论教学与研究工作，主要致力于现代汉语语法和汉语方言研究。胡明扬先生在20世纪50年代就参与了汉语词类问题讨论，反对高名凯先生的"汉语无词类"观，认为："汉语有没有词类是客观存在的问题，如果汉语词类的区分原则不同于印欧语，那又有什么不可以呢？为什么一定要根据印欧语的词类区分原则来区分汉语的词类呢？"（胡明扬，1955）

胡明扬先生有感于汉语词类问题的复杂性和长期得不到很好的解决，认为"迫切需要做一些踏踏实实的具体工作"，"需要根据一定数量的语言材料进行深入的考察"，于是在20世纪90年代，他带领他的弟子对各类词开展了具体考察、分析和研究，并主编出版了《词类问题考察》一书。进入21世纪，他又进一步考虑怎么适应中文信息处理发展的需要，认为需要进一步研究解决"信息处理用的词类体系应该能够让计算机自动进行句法分析，自动确定句法结构，因此需要对词进行再分类，以便给计算机提供更多的语法功能信息"。于是，他继续带领他的弟子对汉语词类开展进一步的研究，并主编出版了《词类问题考察续集》。在这两个集子中，胡明扬先生撰写了《现代汉语词类问题考察》《现代汉语词类问题综述》《信息处理用现代汉语词类体系》《信息处理用现代汉语词类的兼类问题》四篇文章，他的汉语词类观主要反映在他的文章和书中。主要观点如下（主要参考《现代汉语词类问题考察》）：

（一）划分词类的目的是为了进行句法分析，词类和句法分析的互相依存不可分割，二者之间的关系问题是和词类问题有关的带根本性的理论问题；因此，划分词类必须考虑句法分析的需要。

（二）词类是在组合关系中根据组合特征类聚而成的聚合类，而组合关系正是由不同聚合类的线性序列来体现的。因此，词类只能根据句法功能，也就是组合功能来划分，而这样划分出来的词类的线性序列就必须体现为一定的句法组合关系，也就是一定的句法结构。正因为如此，词类和句法结构，聚合关系和组合关系，是互相依存的。

（三）典型的句法功能特征或分布特征应该包括句子成分功能和短语组合功能。一般来看，句子成分功能对某个词类来说容易具有普遍性，但缺乏排他性，而短语组合功能包括所谓鉴定词以及一些近似词尾的助词，由于是有意选择的，大多具有较好的排他性，但又缺乏普遍性。因此，应该既考虑句子成分功能，又考虑短语组合功能，把两者有机地结合起来。

（四）词类体系是语法体系的一个有机的组成部分，词类体系应该和语法分析体系协调一致。任何语法体系，包括词类体系在内，都只是语法学家根据主观认识构拟的语法模型。不同学派的语法学家会构拟不同的语法模型。一种语法模型在多大程度上符合客观实际，最终只能通过实践来加以检验。

（五）胡明扬将汉语词类分为十二类：（1）名词；（2）形容词；（3）动词；（4）数词；（5）量词；（6）代词；（7）副词；（8）介词；（9）连词；（10）助词；（11）叹词；（12）拟声词。值得注意的是，名词、形容词、动词、数词分别设有"附类"[1]。具体如下：名词的附

---

① 胡明扬没有对"附类"作出说明，更没有下定义。不过在谈到动词附类时（转下页）

类有方位词、处所词、时间词三类；形容词的附类有非谓形容词和唯谓形容词两类；动词的附类有助动词和趋向动词两类；数词的附类有序列词一类。

胡明扬的词类体系，主要是依据他弟子的考察和定量分析而定下来的。令人不解的是，为什么形容词不细分？形容词里的性质形容词、状态形容词、非谓形容词，它们在语法功能、分布特性上差别太明显了。

五　邢福义的观点①

邢福义（1935—2023），海南乐东人。1956年毕业于华中师范学院中文系，并留校任教，为华中师范大学教授、博士生导师，主要从事现代汉语语法教学与研究，也研究逻辑、修辞、文化语言学和相关的其他问题。

邢福义的汉语词类观主要体现在论文《词类问题的思考》（1989）和专著《词类辨难》（1981/2003）②，以及《汉语语法学》（1996）。基本观点和他所建立的汉语词类体系如下：③

（一）语法上所说的词类，指的语法分类，是根据词的语法特点划分出来的词的类别。词的语法特点，包括词在形态、组合能力和造句功能三方面表现出来的特点。

（二）形态是指构词和构形的语法形式。现代汉语里，构词的

（接上页）有这么一段话："我们把助动词和趋向动词作为动词的附类来处理，'关系动词'，如'是''等于'等也有自己的特点，暂时作为小类而不是附类来处理。"从中大致可体味到"附类"和"小类"的差异。

① 本节内容由邢福义先生的弟子汪国胜教授审阅定稿。

② 商务印书馆2003年版《词类辨难》（修订本）中也收录了《词类问题的思考》一文。

③ 基本观点均摘自《词类辨难》（修订本）第1—5页；词类体系依据《汉语语法学》第19—20页。

语法形式包括前缀和后缀。构形的语法形式，也就是词的变化方式。在现代汉语里，构形的语法形式有两种：（1）重叠式——把词或语素重叠起来表示某种语法意义。（2）黏附式——把具有词尾性质的助词黏附在成分词后边表示某种语法意义。

（三）什么是组合能力？某类词可以跟一些什么词发生组合关系，不能跟一些什么词发生组合关系，这就是词的组合能力。组合能力的不同，体现出词的特性的不同。

（四）什么是造句功能？词在句子中能不能充当句子成分，能充当什么句子成分，这就是词的造句功能。

（五）划分词类的时候，形态、组合能力和造句功能这三个方面的特点都应考虑。不过，汉语是一种缺少发达形态的语言，汉语里词的语法特点主要表现在组合能力和造句功能这两方面，尤其突出地表现在组合能力这一方面。

（六）在根据语法特点进行词类划分的过程中，词的意义具有参酌作用。划分词类时，既要根据语法特点，又要参酌词的意义，这样才能做到准确、合理。当然，我们说的是"参酌"词的意义，而不是"根据"词的意义。词类毕竟是词在语法上的分类，分类的"根据"，起"判决"作用的因素，应该还是语法特点。这样才有客观标准，才可以避免主观臆断，避免出现"仁者见仁，智者见智"的情况。

（七）根据语法特点，参酌词的意义，可以把词分为三大类十一类：第一大类"成分词"，含名词、动词、形容词、副词四类；第二大类"特殊成分词"，含数词、量词、代词、拟音词四类；第三大类"非成分词"，含介词、连词、助词三类。[①]

---

① 邢福义的汉语词类体系又见《汉语语法学》第二章"小句构件"的第一节至第四节。

六 范晓的观点[1]

范晓，1935年生，上海市人。1961年毕业于复旦大学中文系，留校任教，主要从事现代汉语教学与研究工作，复旦大学教授、博士生导师。他的汉语词类观，主要反映在《词的功能分类》（1990）和《关于汉语的词类研究——纪念汉语词类问题大讨论50周年》（2005）这两篇文章中。主要观点如下：

（一）应当把词类区分的根据和词类区分的辨别方法（或手段）区别开来。词类区分的根据应当是而且只能是词的语法功能，词类是词的语法功能的类；但辨别词类的方法（或手段）要凭借功能的形式，而这种形式在不同的语言里往往是不一样的。

（二）质疑郭锐（2002）区分划类依据和划类标准的看法，认为"依据"和"标准"实质上是一回事，只是说的角度不同："根据"或"依据"着眼于说明词类的性质或本质；"标准"着眼于说明以"依据"为转移的词类区分的逻辑准则；所以区分或划分词类的依据和标准应该是统一的，都是语法功能，在区分词的句法分类的问题上，句法功能既是词类区分的依据或根据，也是分类或辨类的标准。

（三）从三维语法所说的"三个平面"来看，词在三个平面有三种语法功能：在句法平面有句法功能，在语义平面有语义功能，在语用平面有语用功能。一般所说的"语法功能"实际上是指词的句法功能。既然词还有语义功能和语用功能，那么从语义平面和语用

---

[1] 本节内容经范晓先生本人审阅定稿。

平面给词进行分类从理论上说也不是不可以。也就是说，词的语法分类可以有三种：句法类（根据句法功能分类）、语义类（根据语义功能分类）、语用类（根据语用功能分类）。

（四）词类区分得遵守一些原则，主要是：（1）多角度分类的原则。即从不同的角度（句法的、语义的、语用的）区分词类。（2）多层级分类的原则。即词类可以分成大类，还可以在大类中不断进行下位分类。（3）单一标准的原则。分类要讲究逻辑，逻辑分类只能采取一个标准，多标准等于没有标准。（4）从静态短语求句法功能和语义功能、从句子求语用功能的原则。即从静态短语中词的句法功能和语义功能确立词的句法类别和语义类别，从句子中词的语用功能确立词的语用类别。（5）凭借功能形式来探求并验证功能意义的原则。语法功能是个语法范畴，而语法范畴都是语法意义和语法形式的统一。（6）分清"一般和特殊"以及"经常和临时"的原则。即要分清词的一般功能和特殊功能以及经常功能和临时功能。

以上四点引自范晓（2005）。以下四点引自范晓（1990）。

（五）在区分词类问题上，主要涉及两种意义，一种是词汇意义或概念意义，另一种是词的功能类的意义，即词类意义、语法意义。通过词类问题的讨论，语法学界绝大多数都认识到不能根据词汇意义区分词类。至于功能本身的意义，区分词类时是应当注意的，比如名词这个词类的语法意义（类意义）一般称之为"事物"（或"名物"）；这种名词的功能意义是跟名词的功能形式相联系并通过它表现出来的。虽然它跟词汇意义的"事物"有某种联系，但不是一码事。

（六）狭义形态是一个词的不同的语法变化形式，它是词的语法功能的标志。广义形态除了单个词的形态变化外，还包括词与词的结合形式。广义形态也是功能决定的，也可以说是功能的表现形式。狭义形态和广义形态都是功能意义的表现形式。用狭义形态区分词类，从根本上说也是功能分类；用广义形态分类实质上也是功能分类。

（七）分布实质上也是功能的表现形式。分布跟广义形态都是着眼于词的语法功能的形式，都是从形式出发来辨认词类的，所以没有本质的不同。

（八）按功能分类要遵守以下原则：（1）要分清必有功能和非必有功能；（2）要分清主要功能和次要功能；（3）要分清专有功能和非专有功能；（4）要分清共有功能和特有功能；（5）要分清经常功能和临时功能；（6）既要重视"正反应"，也要重视"负反应"①。

七　陆俭明的观点

陆俭明，1935年生，江苏苏州吴县人。1960年毕业于北京大学中文系并留校任教，进入汉语教研室（后又分为古代汉语教研室和现代汉语教研室），在林焘、朱德熙先生指导下从事现代汉语教学与研究工作（包括现代汉语本体研究和应用研究）。北京大学教授、博士生导师。

陆俭明从1992年起，就汉语词类问题发表了《汉语词类问题再议》（1992）、《关于汉语词类的划分》（1993）、《关于词的兼类问题》（1994）、《关于汉语词类的划分》（1999）、《汉语词类问题的审

---

① 关于"正反应""负反应"之说，最早是吕叔湘先生提出的。参看吕叔湘《关于汉语词类的一些原则性问题》六"用'鉴定词'划分词类"。

视与思考》（2009）、《浅议"汉语名动形层层包含"词类观及其他》（2013）、《再谈汉语词类问题——兼与沈家煊先生商讨》（2014a）、《怎么认识汉语在词类上的特点？——评述黎锦熙、高名凯、朱德熙、沈家煊诸位的词类观》（2014b）、《汉语词类的特点到底是什么？》（2015）、《再论汉语词类问题——从沈家煊先生的"名动包含"观说起》（2022a）、《再议"汉语名动包含说"》（2022b）等文章，而在他所撰写的《现代汉语语法研究教程》一书中也作了系统论述。陆俭明接受的是朱德熙先生的词类思想，而且在20世纪80年代参与了朱先生主持的国家社科"七五"重点研究项目"现代汉语词类研究"，跟郭锐、陈小荷等一起，在朱先生的带领下按照朱先生的研究思路共同填写了两万多个常用词；后又参加了一小部分由俞士汶教授主持的国家"七五"自然科学重点项目"现代汉语语法信息库"研究课题，进一步对三万多词进行了功能考察，最后在俞士汶教授的领衔下一起研制完成了包含四万多词的《现代汉语语法信息词典》。

陆俭明的词类观是建筑在前人或时贤认识的基础上的：

（一）词类是词的语法分类。划分词类是为了语法教学、语法研究的需要。

（二）词类是指概括词的分类。

（三）词的形态、词的语法意义、词的语法功能这三者是互相关联的，不是互相排斥的。实际上，词的语法功能是词的语法意义的一种外在表现，而词的形态又是词的语法功能的外在表现形式。

（四）基于上述（三）的认识，划类的依据和标准，可以视语言类型的不同和词的具体状况的不同，从词的形态、词的语法意义、词的语法功能这三者中去提取。汉语是"非形态语言"，划分汉语词类的依据只能是词的语法功能（即词的语法分布）和词的语法意义；

划类的具体标准，实际可以是多维的，诸如能否做某句法成分、能否进入某语法框架、能否与某鉴定字①结合、是否具有起某种表示类别作用的功能（实际就是词的语法意义，如计数功能、指代功能、连接功能等）。

（五）给词分类遵守分类准则——逐层二分。每次分类依据的都是单标准，最后划分所得的词类体系是个层级体系。

（六）汉语里的词该划分为多少类合适？不同研究、应用领域要求不一。原则上以"够用、好用"为准。②

依据上述认识，陆俭明在《现代汉语语法研究教程》里给出了现代汉语词类层级体系（含划分的具体过程）（下页。图15-1）。

对上述词类体系需要作一点说明，由于分类是有层次性的，因此：（1）某一次分类所用的具体划分标准是以先前的分类为前提条件的。譬如说，我们划分连词这个词类时，所用的标准只是［+连接功能］。这个标准的采用是以先前已作的分类为前提的，具体说只是在给"非成分词₁"分类时才用这样的分类标准。假如不考虑这种前提条件，一开始就用［+连接功能］这个标准来定连词这个词类，那就会把某些能起连接功能的副词（如"就""才"等）、代词（如"那么""这样"等）也分到连词里去了。（2）下位分类所用的划分标准可利用已有的上位分类成果。例如我们在给"成分词₄"进一步分类时，就用了"介词结构～"这一具体标准，其中的介词就是上位分类成果。

---

① "鉴定字"，是指某些特定的虚词，如"不""很"等。

② 词该分为多少类，因需要的不同而不同。北京大学中文系詹卫东有一句话："如果所作的分类，能满足'够用、好用'的要求，就行了。"（这一看法是詹卫东在2012年的一次学术讨论会上发表的。）

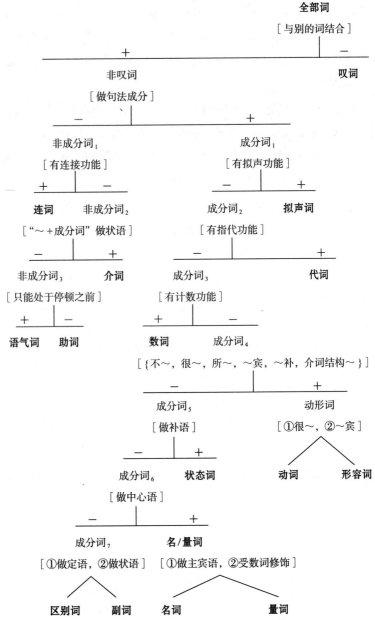

图16-1　陆俭明《现代汉语语法研究教程》给出的现代汉语词类层级体系

八　史有为的观点①

史有为，1937年生，江苏常州人。1961年毕业于北京大学中文系，分配至中央民族学院（今中央民族大学）任教，1986年晋升为副教授。1992年应聘赴日本大阪外国语大学任客座教授。1995年任南昌大学教授。1998—2008年任日本明海大学教授，2008年退休回国，获明海大学名誉教授称号。

汉语语法研究基本上是在西方语言学理论指导和影响下不断向前发展推进的。但汉语毕竟不同于印欧语，印欧语属于屈折语，汉语则是孤立语，所以，随着汉语语法研究的步步深入，大家越来越觉得，"汉语的语法分析引起意见分歧的地方特别多"（吕叔湘，1979）。早在1973年，吕叔湘先生在一次学术会议上以"语法研究中的破与立"为题作了个发言，就呼吁我们的语法研究"要大破特破"（吕叔湘，2002）。80年代初，朱德熙进一步发出了"摆脱印欧语的干扰，用朴素的眼光看汉语"（朱德熙，1985：iii）的呼吁。这在学界引起极大反响，史有为先生是积极响应者之一。他曾说：

> 在历史上有大影响或持久影响的学说必含有合理可取的因素，也必有片面疏漏之处。因此，我不主张绝对赞成或绝对反对某一学说。再好的学说都是可以、也应当怀疑的，……（史有为，1992）

这可以说是史有为先生基本的学术态度。所以他在许多问题上"不满足于现有的成说，有自己的看法"，"时不时发出'不和谐音'，所以赢得了'怪球手'的美名"（胡明扬，1992）。史有为在《词

---

① 本节内容由史有为先生本人审阅定稿。

类：语言学的困惑——相对性词类模式试探》（1991）、《词类问题的症结及其对策——汉语词类柔性处理试探》（1996）、《此词类与彼词类——从高名凯先生词类理论谈词类》（2012）、《第一设置与汉语的实词》（2014）等文章中都对汉语词类问题发表了独特的看法，主要观点如下：

（一）概念进入句子才具有语言价值，才成为语言的词，才有词性与词类。黎锦熙先生的离句无品，如果是指这个意义，那并无过错。

（二）汉语的"词"不同于西语（印欧语）的words。汉语的词缺乏屈折变化。这决定了汉语的词类不能照搬西语（印欧语）。也造成汉语词类的困惑。高名凯先生汉语实词不可再分词类的观点，如果根据的是morphology（形态学、词法）理论，当然也无可非议。

（三）如同虚词那样，虚词是根据句法位置区分的，而汉语的实词类也是主要根据句法位置综合后分出的，因此都是一种句法词类或近句法的词类。汉语词类在内部标准上比英语词类更为统一。

（四）词语的使用并非事先设计的。因此以一个分布聚集点为中心设置一个集（也就是类），那么这个集的边缘必然是不清晰的，会与另一个或另几个集在边缘区发生交叉重叠。朱德熙先生设立的名动词和名形词，反映了这种交集实况。据此，动词与形容词的重叠更会常见。甚至可能发生名动形三者的交集。至于实词与虚词（如谓词与副词）也可能发生交集（如"故意"）。这样就为我们打开了词类处理的新局面。示意如图15-2：

图16-2　名、动、形交集示意图

（五）词类是人设立的，具有相对意义上的价值。词类可以分"为人"的与"为机器"的。为机器的可以不厌其细，分成几十上百类也没有问题；为人的宜粗，必须简单易记。为人，就必须考虑"能效比"（类—效比），成员过少不能单独立类。因此为机器的分类可能更接近语言真实，为人的分类必然只能大略符合语言事实。

（六）汉语里存在多个控制因素。在词类认知上会有意义参与，但最后决定于功能。在语言构筑与使用上，主要有句法因素和语用因素。汉语至少是句法（词类、格式）为主与语用（如指称—陈述）为辅二元共治，由二者共同治理着汉语语句的构成。据此，在理论与实际两方面，"名包动"都是不能成立的。

目前史有为还继续循着《此词类与彼词类——从高名凯先生词类理论谈词类》的路线对汉语词类问题作进一步探究。

九　俞士汶的观点

俞士汶（1938—2021），安徽宣城人。1964年毕业于北京大学数学力学系并留校任教，一直从事计算机学科的教学与研究工作。从20世纪90年代初以来长期主持北京大学计算语言学研究所，主持并承担了多个国家级科研项目。他领衔研制完成了《现代汉语语法信息词典》，该信息词典电子版于1995年通过技术鉴定，于1998年出版纸质版《现代汉语语法信息词典详解》，又于2003年出版第二版。电子版收词73 000余条，纸质版词典收词10 000条，属于样例。《现代汉语语法信息词典》必然要对现代汉语的词进行分类，所分的类基本仿照朱德熙先生的《语法讲义》，将词分为名词、时间词、处所词、方位词、数词、量词、区别词、代词、动词、形容词、状态词、副词、介词、连词、助词、语气词、拟声词、叹词等十八类，不同的是：（一）将朱先生所说的形容词根据实际的语法功能差异一分为二，将性质形容词独立为"形容词"，将状态形容词独立为"状态词"。（二）将区别词、副词分别从体词和虚词中取出，合在一起归入"实体"大类。分类体系如下（表15-1）：

表16-1 《现代汉语语法信息词典详解》的词类体系

基本词类	实体	体词	1. 名　词　n
			2. 时间词　t
			3. 处所词　s
			4. 方位词　f
			5. 数　词　m
			6. 量　词　q
			7. 代　词　r（体词性）
		谓词	代　词　r（谓词性）
			8. 动　词　v
			9. 形容词　a
			10. 状态词　z
			11. 区别词　b
			12. 副　词　d
	虚词		13. 介　词　p
			14. 连　词　c
			15. 助　词　u
			16. 语气词　y
			17. 拟声词　o
			18. 叹　词　e

《现代汉语语法信息词典详解》"前言"为俞士汶先生独立撰写。由于面向的是汉语信息处理，所以对汉语词类问题，特别是兼类问题，有俞先生自己独到的看法。下面所述俞先生的词类观就是从该"前言"以及俞先生自己撰写的以及俞先生与他人合写的数篇有关汉语词类问题的文章中摘引概括而成的：①

① 参看俞士汶、朱学锋、王惠、张芸芸《现代汉语语法信息词典详解》"前言"（转下页）

（一）汉语的词语需要分类。汉语的词语可以分类。为了进行语法研究与信息处理，需要把语法功能相同的或者相近的词归成一类。如果面向人的语言研究，词语分类尚不十分迫切的话，那么面向计算机的语言研究，或者使用计算机进行语言信息处理，在当前技术水平的支持与约束下，词语的语法分类及其代码化几乎是不可缺少的。

（二）词语分类实际上是将最重要的语法知识与语法规则条理化，从而为自然语言的分析与生成提供最重要的线索。

（三）划分词类的本质依据只能是词的语法功能。所谓词的语法功能，主要是指：（1）和某个或者某类词语组合的能力；（2）在句法结构中充当句法成分的能力。词的意义不能作为划分词类的依据，这与划分词类的目的是紧密相关的，因为表示同类概念的词的语法功能并不一定相同。有一些词类（如代词、数词、拟声词和叹词）不是严格根据它们的语法功能划分出来的。实际上依据的是语义范畴的概念。这种情况不会给词类划分理论造成困难。

（四）虽然说划分词类不是依据意义，但是需要认识到，划分词类只能在确定了词的同一性的基础上进行。

（五）既然划分词类的本质依据只能是词的语法功能，那么在确定各类词的标准时，是否都要列举各类词的全部语法功能呢？这是不必要的，也是不可能的。划分词类时必须注意不同词类之间的哪些互相区别的特征，即各个词类的语法特点。

（六）选择分类标准的原则应该是由此建立起来的词类，其所属的词语在语法功能上要有足够多的共同点，同时跟别的词类又要有足够多的不同点。

（接上页）和第一编《〈现代汉语语法信息词典〉导引》第三章"现代汉语词语的语法功能分类"，以及俞士汶（1994），俞士汶、朱学锋、王惠、张芸芸（1996），俞士汶、朱学锋（2000）。

（七）词的兼类采用的是"广义兼类"，指的是如果同字同音同义的同一个词具有不同词类的语法功能，则认为这个词兼属不同的词类。采用"广义兼类"，一方面，需要有一个供语言信息处理系统使用的相对稳定的版本；另一方面，语法信息词典又要同语言信息处理系统不断进行磨合。只有这样，才有可能得到一部适合语言信息处理系统需要的语法信息词典，从而可以降低信息处理中句法层面上研究的难度。

十　邵敬敏的观点[①]

邵敬敏，1944年生，浙江宁波人。初、高中就读于上海敬业中学，1961年考入北京大学中文系语言专业学习，大学毕业后曾先后在中央文化部艺术局和浙江省浦江县文化馆工作；1978年考入杭州大学，师从王维贤教授攻读现代汉语方向的硕士学位；1981年毕业并获文学硕士学位后，应聘至华东师范大学中文系任教，一直从事现代汉语教学与研究工作，历任讲师、副教授、教授，博士生导师。他勤于耕耘，研究成果斐然。2002年应聘至暨南大学中文系任教，任特聘一级教授，成为暨南大学语言学科带头人。

邵敬敏是20世纪80年代上海青年语言学沙龙"现代语言学（XY）"的发起人和核心成员，也是全国"青年语法研讨会"的倡导者和组织者，是新时期培养出来的语法学家的代表性人物之一。他研究的主攻方向是现代汉语语法描写和理论探索以及中国语法学史[②]。

[①] 本节内容经邵敬敏审阅定稿。
[②] 邵敬敏独立撰写《汉语语法学史稿》（1990）、《汉语语法学史稿》（修订本）（2006）、《新时期汉语语法学史（1978—2008）》（2011）。

邵敬敏关于汉语词类的观点集中反映在他主编的《现代汉语通论》①之中。主要观点如下：

（一）词类专指词的语法类别，不同的词类在形态、意义和功能等方面都表现出一些区别性特点。划分词类的目的是为了说明语言的构造规则。（邵敬敏主编，2016：6）

（二）划分词类的标准主要有三个：1.形态标准。……这些形态标志和形态变化，虽然对汉语词类的划分有一些帮助，但是由于缺乏普遍性，也没有强制性，所以只能作为辅助标准。2.意义标准。……意义的作用也是有限的，特别是意义相同或类似而句法作用不同时，意义反而会产生误导。……可见，意义只能是划分词类的参考标准。3.功能标准。所谓语法功能是指词的组合能力，即能够跟哪些词组合，不能跟哪些词组合。……组合能力包括做句法成分的能力。

总而言之，汉语的词类划分，主要依靠功能标准。这是比较可靠、比较有效的标准。形态标准只能作为辅助标准，而且形态也只是语法功能的一种标志，说到底，还是功能在起决定性作用。意义可以作为参考标准，在一般情况下帮助判断。（邵敬敏主编，2016：6—7）

（三）词类是一个有层次的系统。汉语词类的第一层次是分为"实词"和"虚词"两大类：能充当句法成分的词是实词，不能充当句法成分的词是虚词。（邵敬敏主编，2016：7）

（四）实词内部可分为"主体词"和"功能词"。前者包括名词、动词、形容词三类，特点是开放，数量众多。"功能词"包括数词、

———
① 邵敬敏主编《现代汉语通论》，2001年第一版，2007年第二版，2016年第三版。教材中注明，语法部分由邵敬敏所撰写。因此《现代汉语通论》中有关汉语词类的论述可代表邵敬敏的汉语词类观。

量词、代词、区别词、副词、叹词、拟声词七类，特点是相对封闭，可数，并具有某种特殊语法功能。虚词的内部可再分为介词、量词、助词、语气词四类，主要表示某种语法意义。主体词是典型的实词，功能词兼有实词与虚词的某些特点。

（五）邵敬敏的词类系统如下：（邵敬敏主编，2016：8—16）

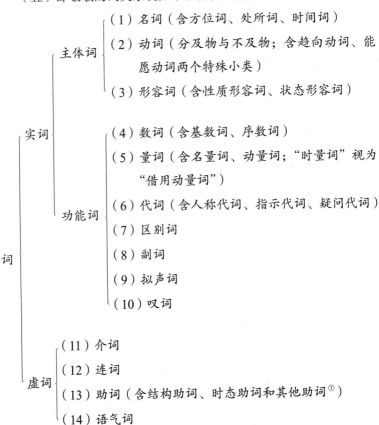

（1）名词（含方位词、处所词、时间词）

（2）动词（分及物与不及物；含趋向动词、能愿动词两个特殊小类）

（3）形容词（含性质形容词、状态形容词）

（4）数词（含基数词、序数词）

（5）量词（含名量词、动量词；"时量词"视为"借用动量词"）

（6）代词（含人称代词、指示代词、疑问代词）

（7）区别词

（8）副词

（9）拟声词

（10）叹词

（11）介词

（12）连词

（13）助词（含结构助词、时态助词和其他助词①）

（14）语气词

图16-3　邵敬敏主编《现代汉语通论》的词类系统

---

① "其他助词"指"似的（一样）、所、给、看、来、把、们、第、初"等，其中"给"指"被他给骗了"里的"给"，"看"指"说说看、试试看"里的"看"，"把"指"百把人、千把斤粮食"里的"把"。（邵敬敏主编，2016：16）

（六）单列"词的跨类现象"作为一小节，具体分四种情况：（1）兼类——一个词在不同语境中，具有A和B两类词的语法功能，意义上又有密切的联系，这是兼类词。（2）同音——两个词同音又同形，而语法功能分别属于A和B两类词，但意义上没有什么联系，这是语法上的同音词。（3）活用——某个词属于A类，是由于表达的特殊需要，而被用作B类词，这属于临时性的"活用"。（4）借用——某个词通常被看作A类，但在词汇意义基本不变的情况下可以临时"借用"为B类，而且这种用法是全社会公认的。[①]（邵敬敏主编，2016：13—14）

邵敬敏词类系统的"词类三分"（即分三个层次），特别是将"实词"先分为"主体词"和"功能词"，是颇有新意的。

十一　陈保亚的观点[②]

陈保亚，1956年生，四川德阳人。1982年毕业于西南大学中文系，分配到云南民族学院中文系任教；1985年考入北京大学中文系，师从徐通锵教授攻读硕士学位，1988年毕业并获硕士学位，应聘至云南大学中文系任教；1991年又考入北京大学中文系，师从徐通锵教授攻读博士学位，1994年毕业并获博士学位后进入北京大学社会学所博士后科研流动站从事科研工作，师从费孝通先生、潘乃谷先

[①] 兼类，如"锁"兼名词和动词，"圆"兼形容词和名词，"公开"兼动词和形容词，"和（hé）"兼介词和连词等。同音，如"花"（名词、动词）、"挺"（动词、副词）等。活用，如"别太近视眼了"里的"近视眼"活用为形容词，"他比女人还女人"里的后一个"女人"活用为形容词。借用，如"一桶油""三车煤""画一笔"里的桶、车、笔都是名词借用为量词。（例均引自邵敬敏主编，2016：13—14）

[②] 本节内容经陈保亚本人审阅定稿。

生，研究社会语言学。博士后出站后应聘在北京大学中文系任教。现为北京大学中文系教授、博士生导师。陈保亚知识面广，理论功底深厚，兴趣广泛，主要从事历史语言学、理论语言学、数理语言学、语言接触、语言哲学、语言文化学、茶马古道语言历史地理等研究。他的《论语言接触与语言联盟》（1996）、《20世纪中国语言学方法论：1898～1998》（1999）和《20世纪中国语言学方法论研究》（2015）在学界有很大影响。在《20世纪中国语言学方法论》和《20世纪中国语言学方法论研究》中，他从语法理论的视角很好地梳理了学界对汉语词类问题的种种看法以及汉语词类研究的历程，其中也略表自己的看法，不乏真知灼见。值得注意的观点如下（均摘引自《20世纪中国语言学方法论研究》）：

（一）词类问题是语法理论中最核心的问题之一。1898年《马氏文通》已经认识到划分词类是为了说明组合关系，由于汉语没有形态标准，划分词类非常困难，马建忠才不得不动用了位置和意义两个标准。从这个意义上说，马建忠已经开始摆脱了传统印欧语法的形态标准。（19页）不过马建忠所谓的位置是既定的、单一的位置，而汉语中很多词可以出现在不同的句法位置上，马建忠不得不用词类假借说来解释这个现象，最后导致字无定类。（19页）

（二）1922年陈承泽《国文法草创》问世，亦即分布观念的形成。陈承泽比较早地认识到了总体分布的观念。陈氏之"先广收各字之用例"就是考察一个字的总体分布；陈氏之"然后参合比较，而得其孰为本用，孰为由本用而生之活用"，涉及了区别性分布，所谓本用，就是把某一词类和其他词类区别开的区别性分布特征。陈承泽的总体分布的认识比美国布龙菲尔德1926年所谈的总体分布理论早几年。（19—20页）

（三）继陈承泽之后，胡以鲁《国语学草创》（1923）也谈到分布问题，认为划分词类的办法是："举句察词，以普通者定其品，而以特殊者作其兼。"遗憾的是，直到20世纪30年代有关字类或词类问题的讨论，并没有沿着总体分布这条思路展开，黎锦熙《新著国语文法》提出了"依句辨品，离句无品"的主张，这种观点也是根据词在句子中的既定位置来确定词类，认为句子成分和词类之间存在一一对应的关系。从方法论上看，黎锦熙反而不如陈承泽清晰。（20—21页）

（四）陆志韦在《北京话单音词词汇》（1937）[1]中给出了一个具体的操作办法，即通过结构关系来确定词类，而不提及句子成分。譬如对名词是这样确定的：在附加关系中为被附加者，在接近关系中为被接近者。[2]这种分析的特点是，同时考虑名词的两处分布，而不是只考虑一处的分布。从陈承泽《国文法草创》到陆志韦《北京话单音词词汇》代表了汉语语法研究方法论的一个重要时期，其显著的进展是认识到确定词类要考虑总体分布。不同的词类在分布上有相同的地方（所谓活用），但也有不同的地方（所谓本用），词类是通过本用确定下来的。（21—22页）

（五）在20世纪30年代末40年代初的中国文法革新讨论中，方光焘在《体系与方法——评东华先生的总原则》（1939a）一文中"广义形态"的提出是避开词类和句子成分循环论证最关键性的一步。中国文法革新讨论对词类和句子成分两个层面的独立性的认识是有一定深度的。但在分布理论的认识上，跟陈承泽20年代所作的分布论述相比，是大为逊色的。（25—27页）

---

① 陈保亚原文注：原名《国语单音词词汇》，当时发表的是"序言"部分，即方法论部分，词汇表部分于1951年出版。1956年修订并改名为《北京话单音词词汇》。

② 陆志韦所说的"附加关系"即一般所说的"定—中"关系，"接近关系"即一般所说的"动—宾"关系。

（六）20世纪40年代末，赵元任在结构语言学的影响下，系统地展开了汉语词类的描写，其观点体现在《北京口语语法》（1948）[①]中。赵元任的根本思路是从分布入手，不是句子成分的分布，而是词与词组合的分布。赵元任第一次系统地使用了鉴定字，第一次给出了词在鉴定字中的分布矩阵。这就彻底摆脱了通过句子成分的分布确定词类所遇到的循环论证的困难。这是汉语词类研究最重要的一次进展。意义在划分词类中是有地位的，但并非像早期的意义论者所理解的那种地位；从分布的角度看，意义的价值在于引导我们去寻找和确定鉴定字。（32—35页）

（七）20世纪50年代初"汉语词类问题"的讨论，焦点是："汉语有没有词类？"（指实词有没有词类，下同）高名凯《关于汉语的词类分别》（1953）一文不主张汉语分词类，理由是词类必须根据形态来划分，汉语没有形态或形态不丰富，所以不能划分词类。高名凯所说的词类是形态学中的词类。在讨论中很多人认为汉语有词类，不过在分类标准上分歧比较大。这场讨论暴露了几个问题：（1）划分词类的目的认识不足，这是汉语无词类论的主要原因。（2）很多人主张分类可以用几个标准，从逻辑学的观点看，分类不能有几个标准；采取几个标准是由于对根本标准认识不足。（35—37页）

（八）分布理论的全面展开是从朱德熙《现代汉语形容词研究》（1956）和《关于动词形容词"名物化"问题》（1961）开始的。朱德熙的基本观点是，汉语是可以分词类的，汉语的词尽管跟句子成分没有对当关系，不同的词可能在句子成分中有相同的分布，但不同的词在总体分布上是有区别的。在这个基础上，朱德熙提出了词

[①] 原文为 *Mandarin Primer, Can Intensive Course in Spoken Chinese*，中译本由李荣编译，由中国青年出版社1952年出版。

类的共性与个性的观点，相应地提出了"词类的语法性质"和"词类的语法特征"这两个重要的概念。无论从国内还是国际上有关分布理论的学说来看，朱德熙有关分布理论的讨论都是相当深入、全面的。（38—40页）

关于分布，陈保亚进一步作了这样的深入论述：

> 一个词的分布特点涉及三个重要现象：分布总和、共同分布特征、区别性分布特征。每个词都有它自己特定的分布总和，这是词类划分的根本基础。词类是根据某些分布特征划分出来的。同类的词都有共同的分布特征和区别性分布特征，区别性分布特征使这些词能够区别于其他词类的词，共同分布特征是该类词的分布性质。

（九）认为陆俭明（1991）更进一步肯定了分布在语义特征提取上的意义，陆俭明把分布环境扩展到了句式，并明确指出不能单纯从词汇角度概括词的语义特征，单独从词汇出发不一定有语法价值，甚至认为离开具体句式我们根本无法确定某个大类里的哪些词该归为有语法价值的小类，某些词是否具有某种语义特征从而可以归入某一小类也要结合具体句式才能确定。（256页）

在分析以上诸位学者的词类观点后，陈保亚最后从分布的角度出发论证了汉语词类的存在。他以否定词为标准，比较了英语单纯词和汉语单纯词的分布，发现在核心词中，汉语单纯词分布的确定性远远高于英语的单纯词，并且越是核心的词，分布确定性越高。（45—61页）他还认为语类推导是语法研究的必要环节，如果不给词分类，就不可能推导出短语结构的语类。陈保亚还进一步讨论了到底需要多少分布特征才能从直接成分的词性或语类推导出结构的词性或语类。（61—69页）

《20世纪中国语言学方法论研究》是2015年出版的，但正如书名所标明的，主要分析研究20世纪中国语言学的方法。所以该书没有评说21世纪郭锐、袁毓林和沈家煊三位新提出来的汉语词类观。

十二　王仁强的观点①

王仁强，重庆永川人，1970年生。1992年毕业于四川外语学院英语本科并留校任教，1999年获硕士学位，2006年获博士学位。现为四川外国语大学教授、博士生导师。主要从事词典学、认知语言学、语料库语言学、对比语言学和语言类型学研究，近年来侧重类型学视野的词类研究和量子语言学研究。他的博士论文《认知视角的汉英词典词类标注实证研究》整理修改后于2006年出版；从2005年起王仁强就词类问题发表了近30篇文章（包括与他人合作），很有独到的见解，特别是提出了"双层词类范畴化理论"。主要观点如下：

（一）词类是语法研究的基础，要充分说明语法规则，就不能不划分词类。（王仁强，2006：17）

（二）运用量子思维和超学科方法论的四大公理建构了"双层词类范畴化理论"。（王仁强、陈和敏，2014；Wang，2014；王仁强，2023a，2023b）具体内涵包括：

1. 本体论公理：鉴于词是人类语言的量子，具有波粒二象性，因而词类既是对个体词的分类，也是对概括词的分类，两者相辅相成、互为补充；主张主客分层和主客互动，兼顾言语个体的主体性和言语社群的主体间性。

2. 逻辑公理：词类判断兼顾经典逻辑和量子逻辑，其中个体词

---

① 本节内容经王仁强审阅定稿。

的词类判断遵循经典逻辑，概括词的词类判断遵循量子逻辑（涵中逻辑），概括词的活用或兼类属于词类叠加现象，只不过前者是临时的叠加，而后者是规约性的叠加。

3. 认识论公理：个体词的词类判断遵循还原论、确定论和局部线性因果论，可根据言语个体在特定时空语境下运用形态句法手段所表达的语用功能和呈现的概念表征（语义）进行综合判断，其结果为明确的单类词。概括词的词类具有不确定性（即具有活用或兼类的潜势），其词类判断遵循整体非线性因果论，可通过语料库使用模式调查，综合考察其相关词类用法的个例频率、类型频率、时间跨度和使用语域（尤其是前两者），并在此基础上进行规约化判断，其结果为单类词或兼类词。

4. 价值论公理：双层词类范畴化理论追求理实并重，兼顾自然语言处理中个体词的词性标注和语文词典中概括词的词类标注。

（三）基于自建的九种语言权威大型词典词类标注数据库，发现兼类词在世界诸语言中普遍存在，不论是汉藏语系还是印欧语系，不论是南亚语系还是阿尔泰语系。（王仁强，2013，2014，2020，2023a，2023b，2023c，2023d；王仁强、霍忠振、邓娇，2019）

（四）基于九种语言的大数据调查证伪或证实了已有的相关假设。

1. 现代汉语、英语和越南语等分析语并非"词无定类"，从而证伪了Ježek & Ramat（2009：391）[1]和Farrell（2001）[2]等关于分析语"词无定类"的观点或建议。

---

① E. Ježek & P. Ramat. 2009. On parts-of-speech transcategorization. *Folia Linguistica*, 43 (2): 391-416.

② P. Farrell. Functional shift as category underspecification. *English Language and Linguistics*, 2001, 5 (1): 109-130.

2. 证伪了沈家煊（2009a，2016b）提出的"名动包含说"，该学说不过是一种"观念实在论"，即 Whitehead（1929：11）[1]所说的"错置具体性的谬误"。

3. 在形态较为丰富的意大利语、法语和西班牙语等印欧语系罗曼语中，兼类词总数也非常多（尤其是西班牙语和意大利语高居前两名），从而证伪了 Ježek（2016）[2]等关于形态丰富的语言兼类词少的论断。

4. 形态最为丰富的现代俄语兼类词最少，从而证实了 Ježek（2016）等关于形态丰富的语言兼类词少的论断；

5. 证明 Hockett（1958）[3]所提出的增词类策略不可行，同时证明兼类词处理才是最佳方案。

（五）现在汉语学界都强调"汉语语法研究摆脱印欧语的眼光"，其实真正应该部分摆脱的是牛顿思维（唯科学主义）的束缚。（王仁强，2022a，2022b，2023a）过去百年世界诸语言的词类研究都深受牛顿思维的影响，在取得重要成绩的同时，在本体论、逻辑、认识论和价值论等维度均有明显局限，印欧语的词类研究也不例外。

（六）目前现代汉语词典和汉外词典对汉语概括词的词类标注基本遵循兼类要少的"简约原则"，其兼类词数量甚至远远少于现代英语、法语、意大利语和西班牙语等印欧语；相同汉语词条在词典之间相互矛盾、具有对称语义关系的汉语词条在同一部词典内部自相矛盾突出。（王仁强，2006，2012，2013，2020；王仁强、霍忠振、邓娇，2019；王仁强，2023a）

---

[1] A. N. Whitehead. *Process and Reality*. New York: Macmillan, 1929.

[2] E. Ježek. *The Lexicon: An Introduction*. Oxford: Oxford University Press, 2016.

[3] C. F. Hockett. *A Course in Modern Linguistics*. New York: MacMillan, 1958.

（七）指出"这本书的出版"符合向心结构，其中的个体词"出版"是名词，而现代汉语中的概括词"出版"则是一个动名兼类词。（王仁强、杨旭，2017；王仁强，2023b）从双层词类范畴化理论看，在言语层面，"这本书的出版"中的个体词"出版"在句法上做主语（或宾语），在语用上表指称，在概念表征（语义）上通过总括扫描被重新识解为一个抽象实体（一种活动），因而是名词。基于大型现代汉语语料库的调查发现，概括词"出版"的动词用法和名词用法均已规约化，因而是一个动名兼类词，符合量子逻辑（涵中逻辑）。已有研究之所以值得商榷，归根结底还是受制于牛顿思维之困。

（八）汉语语法研究者和汉语/汉外词典编纂者一味避免对涉及自指用法的概括词做兼类词处理的做法值得商榷。（王仁强，2009，2022a；王仁强、黄昌宁，2017；王仁强、杨旭，2017；王仁强，2023b）自指用法是一种涉及重新识解（名化/概念物化）的语法隐喻，规约化的自指用法应该作为独立义项收入语文词典。《牛津高阶英语词典》（第8版）所收录的2 285个英语动名兼类词中，包含自指用法的动名兼类词多达1 191个。（王仁强、王端，2016）

（九）提出判断概括词某一词类用法规约化程度的四项标准：个例频率、类型频率、时间跨度和语域变化。（王仁强、陈和敏，2014）

十三　词类问题群言

汉语词类问题是学界普遍关注的问题。学界不少同人时不时在论著中对汉语词类问题发表各种不同的看法，虽然不成系统，但那一得之见对汉语词类研究都会有一定的参考价值，有必要在此转述、介绍。

史存直——史存直先生的词类观集中体现在《论词儿和判定词儿的方法》（1955/1986a）《试论词分类标准问题兼及作为词分类标准的"语法意义"》（1962/1986b）两文中。具体如下：

> 实际上，我们在决定词和词类的时候，也许会拿含义作参考，但参考终于只是参考，并不是标准。做最后决定的，仍然应该是形式，因为语法本来是研究形式规律的科学的原故。（史存直，1955/1986a）

> 既然词汇只是构成语言的材料，必须按照语法规律组织起来才能发生语言的作用，我们自然不难推知，词法是应该为句法服务的。试问，词的分类和词的变化难道是为分类而分类、为变化而变化的吗？如果不是为分类而分类、为变化而变化，难道不是为了阐明句结构规律而分类，为了表现词在句中的结构关系等而变化的吗？看清词法应该为句法服务这一点是非常重要的。因为从这里出发我们才能看清词分类必须以词在句中的用途用法为标准，也就是以功能为标准的道理。

> 既然词法应该为句法服务，既然词的分类是为了阐明句法结构规律而进行的分类，那末按照逻辑推论下去，词的分类当然就要以词在句子中的功能为标准才能适合于语法的要求。（史存直，1962/1986b）

邢公畹——邢公畹先生的词类观主要反映在他所主编的《现代汉语教程》（1992）中。具体如下：

> 划分词类是分析语法的需要。由于语法有概括性，要说明语法结构模式，就得把结构成分按语法特点来进行归类，语法的组合必须按类说明。

黄伯荣、廖序东——黄伯荣、廖序东二位的词类观主要反映在他们主编的《现代汉语》（1991）教材中。具体如下：

词类是词的语法分类。划分词类的标准是词的语法特征，主要是词的语法功能。分类目的在于说明语句的结构和词的用法。词的语法特征指的是词充当句子成分的能力，词与词的组合能力和词的重叠、黏附的能力。

张　静——张静先生的词类观主要反映在《语言简论》（1985）和《汉语语法问题》（1987）两部专著中。[①]具体如下：

词类……是根据词的语法特点所划分的类别。所谓语法特点，是指语法意义和语法形式相结合的特点，不光是语法形式的特点。只有根据一定的语法形式和语法意义的特点所划分的词类……才叫词类。（174页）

划分词类应该根据词的语法意义和语法形式这两个既分割又统一的标准。

词的语法意义，对各类实词来说，主要是指每类词所代表的抽象的意义，如名词是表示事物的词，动词是表示动作或变化的词，形容词是表示性质或状态的词，……其次也指每类词的句法功能，……

词的语法形式，对各类实词来说，既包括词法形式（如词缀、叠音），也包括句法形式（如虚词、词序和词的结合形式），……词法形式不丰富的语言，把句法形式作为划分词类的标准，就显得更为重要。（176—177页）

单凭词义、单凭功能或单凭形态都不能全面顺利地划分汉语的词类，……采用语法意义和语法形式特点相结合的标准。这个标准既是综合的（多标准的），又是单一的（一个整体），

---

① 《语言简论》《汉语语法问题》这两部书后来均编入《语言·语用·语法》（1994）一书。有关张静先生的汉语词类观均引自《语言·语用·语法》。

可以简称为语法特点标准。（111—112 页）

根据这个标准，现代汉语的词应该分为名词、动词、形容词、数量词、副词、象声词、介词、连词、语气词、感叹词十类（如果把代词也算作一个独立的词类，那就是十一类。……）。（1115页）

陈爱文——陈爱文的词类观主要反映在他所撰写的《对汉语词类的性质与划分的探讨》（1957）和《汉语词类研究和分类实验》（1986）[①]中。具体如下：

> 分类是以分类的对象自身的属性为根据的。……
>
> 词类的客观基础是什么呢？客观世界一切事物现象一方面是互相依存的，一方面又是相对地独立的，因此思维反映客观对象的时候，可以把它当作依附着的属性去反映，又可以把它当作独立的事物。这不同的角度的反映以语言外壳标识出来，前者就是 live、red，后者就是 life、redness。因此，词类的客观基础，是建立在客观事物互相依赖又相对独立的存在形式上的、思维的不同反映角度。
>
> 不管是无词类论或是有词类论，这两种说法，实际上既是同源异流，又是殊途同归。他们共同的出发点是：词类必须是从事物角度反映对象的名词，从动作角度反映的动词，从特性角度反映的形容词；任何语言都得如此。他们的结论也没有多大距离……
>
> 缺乏形态的汉语，由于没有形态的限制，一个词并不固定地属于某一个思维角度，但是也不是毫无区别地属于所有的思维角度；……因此，汉语的词类不能凭形态而要凭句子成分来

---

① 上述论著收入《陈爱文语言学研究论集》（2021）。

区分，但也不是简单地根据它担任某种句子成分（即从某一个思维角度反映对象）来区分，而要根据它担任各种句子成分的不同的能力（即对于各个思维角度的不同的反映能力）来区分。

对于名、动、形这三个词类，汉语语法中有两套概念[①]，但是语法学界一直是用一套术语来称呼它们。它们（这两种语言的词类——引者注）有质的区别……我们现在给汉语分出来的词类，跟词所反映的客观世界中的分野是相对当的，而跟词所代表的思维结构的分野不则是相对当的。印欧语正好相反。印欧语言的词类跟词所反映的客观世界中的分野是不相对当的，跟词所代表的思维结构的分野是相对当的。

杨成凯——杨成凯的词类观可以从他的专著《汉语语法理论研究》（1996）一书中看出。具体如下：

我们所定义的词是用语法规则去分解某一个句子得出的最小单位，那么它要参与造句过程，就必须进入某一条语法规则之中，而这条语法规则就要把它归入某一个语言单位范畴之中。所以任何一个词，至少也要隶属于一个语言单位范畴。这表明为了使用语法规则去"用词造句"，词必然要被分成若干类别。（199页）

词类的数目是多还是少，这完全决定于我们用哪些语法规则去定义语言单位范畴。（201页）

把词分为多少类，这本质上决定于我们准备使用哪些语法规则和语言单位对这些规则的反应如何，而要不要使用某一条语法规则决定于把它加进语法系统中是不是方便和有没有必要。

[①] 所说的"名、动、形"两套概念是：一套是来自印欧语的以形态为划分依据的"名、动、形"，一套是根据汉语特点主要以词的语法功能划分出来的"名、动、形"。

（206 页）

从逻辑上讲，词形变化规则跟用词造句的规则是对应的，是一而二、二而一的东西。……印欧语的词使用不同的词形，其作用主要是标示它处在什么语法关系之中或者有什么特殊的含义，而汉语的词虽然使用同一个词形，但用其他手段同样可以标示它处在什么语法关系之中或者有什么特殊含义，否则说汉语的人就不可能知道那同样的一个词形到底在句子中承担着哪一种语法关系。（219—220 页）

用语法规则和语法关系去统辖词类，根据一个词能以何种方式充当何种句子成分为基本出发点考虑问题，我们就不难解决汉语的词类问题，而不必为"兼类"和"一词多类"所苦。（235 页）

房玉清——房玉清的词类观引自他所撰写的《实用汉语语法》（1992，2001年出版修订本）一书中。具体如下：

有人认为词的类别可以根据词的意义划分出来。其实，意义相同的词，语法功能未必相同。例如，单凭意义"忽然"和"突然"似乎是一类，……我们把"忽然"看成副词，把"突然"看成形容词。……

有形态变化的语言可以借助词的形态变化来划分词类。……所以，根据形态变化给汉语的词分类事实上是不可能的。

词类是反映词的语法功能的类别，汉语划分词类主要依据应当是词的语法功能（及分布 distribution）。词的语法功能是指词与词的组合能力和词在句中充当某种成分的能力。

我们把语法功能作为划分词类的主要依据，并不排斥意义。因为根据语法功能分出的类，在意义上有一定的共同点。语法功能跟形态变化也是紧密相关的；形态不过是语法功能的一种

外部标志，形态相同的词，语法功能也必然相同。（房玉清，2001：37）

邓英树——邓英树的词类观引自其《现代汉语语法论》（2002）一书。具体如下：

> 词类是词的语法分类。……词类是句法分析的起点，划分词类是建立句法规则的必经之途，作为一种重要的语法类聚，词类本身也必然成为语法学研究的对象。（78—79页）

> 划分词类的根本标准是词的语法特征。……词的语法特征可以归纳为以下几个方面。第一是词的形态特征。……第二是词充当句法成分的能力。……第三是词与词之间的结合能力。……

> 上面概括介绍了划分词类的三种根据，但是不同的语言对这三种标准的利用是不同的。以现代汉语的情况来看，三种标准都有价值，但是具体的利用情况却不相同。（88—92页）

陈乃凡——陈乃凡先生的词类观反映在他的文章《汉语里没有词类分别吗？》（1954）。具体如下：

> 语言是由词构成的，可是词要是不接受语法功能的支配，不按照语法功能和别的词组织起来，就不会有语言。所以，人类从不同的角度反映客观事物的结果，一定得通过词在语法上不同的功能表现出来，形态才有语法上的意义。要不然，形态跟语法有什么关系呢？所以咱们可以说，功能是词在语法上的属性，形态一方面是不同概念的特征，另一方面也是这种不同属性的特征。

> 要摸词类的底，光看形态还不行，要紧的倒是研究它们的功能（……），看有什么形态的词在语法里起什么作用。

> 什么叫研究功能？研究功能就是别把一个词孤立起来看，

得从它跟别的词怎么搭配起来上头看。这就是词的组织功能的形式（简单点说，叫组织形式）。……这就是根据功能或组织形式来分类。

骆小所——骆小所先生的词类观，引自他所撰写的《现代汉语引论》（2005）。具体如下：

> 词类是词的语法分类。词类划分的标准是"词的意义、形态和语法功能"。由于汉语不是只有一种单一特征，只有一个方面适应性的自我逻辑封闭的语言，所以它的词类划分的主要依据虽然是词的语法功能，但是还必须参照意义和形态。只有这样才能从词类的划分上，为充分揭示源远流长的汉语所具有的特征、生命力、适应性系统的开放性等做好准备。

李葆嘉——李葆嘉基于对汉语事实的分析和古代汉语词类划分（义类—语助；实字—虚字）的研究，基于对古希腊到19世纪词类划分史的研究（意义是词类的本质，形式和功能只是基于类比方法的识别手段），基于对人类语言共性（所有语言都具有语义性）和个性（形态变化是形态类型语言的特色）的思考，对词类问题提出了自己独到的见解。[①]具体如下：

> 一种语言是否可以划分词类，通常是就实词是否可以划分词类而言。通常认为词类是词的"语法类"，一些语法学家坚持意义标准不是词类划分的标准。其实，语法形态范畴的本质是语义认知范畴。根据功能或分布特征划分实词词类，本质上根据的依然是实词语义。就实词而言，形态标准和功能标准本质上都是词义标准，所划分的词类本质上也是语义词类。只不过，依据形态标准划分的词类具有"标记化语义"或"语义的标记化"，

---

① 所引观点经李葆嘉审阅。详见李葆嘉（2001）、李葆嘉（2007）、李葆嘉（2014）。

依据功能标准划分的词类体现了"搭配性语义"或"语义的搭配性"。这也就是在词类划分时，实际上常常借助意义走捷径的原因所在。株守对"形态""功能"的表面化理解，则难以觉悟词类划分的本质。语义词类的划分和语义句法的分析，两者之间相辅相成。只有在语义句法框架的制约下，语义词类的划分才可能摆脱盲目性；也只有在语义词类的划分的基础上，语义句法范畴的标注才可能提高精准度。总之，形态范畴的本质是语义范畴，分布功能的本质是语义搭配，词类的本质共性是语义类别。

吴长安——吴长安在他撰写的《汉语名词、动词交融模式的历史形成》(2012)一文中提出了"汉语名词、动词交融模式"的新观点。[1]具体如下：

> 《马氏文通》的出版，标示着汉语语法学的建立。但是，语法学的诞生并没有因此影响并带来人们表达上语法手段的变革。特别是词类表达上，变化的只是研究者开始按照西方语言的特点寻找汉语的词类了，汉语并没有随着语法学家们研究的带动而在表述词类上有所变化，依然是一个音节负载着意义去组合（个别合成语素是例外），并没有在类的差异上给予更多的语法手段的关注。……汉语表达中不关注词的类与类之间差异的情况是古已有之，延续至今。……这样的词类样态的形成有着深刻的造词的根源，……造词过程中类的改变的无意识。……同源孳乳是汉语造词的途径之一。而不关注词的功能类别的直接后果就是孳乳造词过程中类的改变的无意识。……这种造词的类的无意识导致使用上也无类的意识，即延续到今

---

① 所引观点经吴长安审阅。

天所说的使用上的多功能。……

表事物的词在表达中更多地被用来做谈论的话题，因而体现出名词的特点；表动作的词在表达中主要用来陈述话题，体现的是动词的特点。至于使用上的多功能，更多表现为"客串"，属于"能这样用但不经常这样用"，就是说，每个词都有自己的"本用"，有时也客串为"活用"。至于动词较之名词更容易充当客串的角色，这是动词自身的特点决定的：动作行为既可以理解为动作本身，也可以理解成动作行为形成的这件事，这是一个问题的两个方面，一个是陈述动作，一个是称说即指称动作。陈述动作行为在很多语言里都形成了我们通常说的动词，而对于指称动作来说不同语言社团的认识差异是非常大的。而且，在表达上，这两个方面同指一个动作行为，联系密切，因而在如何区别它们的问题上，操不同语言的人们的认识是有差异的。

比如英语采取两种方法显示这种差别，一是静态的方法，即在动词的基础上，通过加词缀等改变词形的办法另造一个名词，像表示"丢"的动作用动词 lose，表示"丢"这件事时造了个名词 loss；表示"死"的动作用动词 die，表示"死"这件事时造了个名词 death，就是说，既有"丢"和"死"的动作，也有其名称，二者的差别在造词时就区别开了。二是动态的方法，……如果没有动词对应的表动作这件事的名词产生，表达需要时就在动词原型的基础上加 ing，构成一个动名词，也可以显示这两类词的差别；……用作名词时就按名词的规矩加单复数标记，用作动词就按动词的规矩加过去式、进行时、完成时等的标记，如 print。与静态的方法相比，其不同点是造词时没区别开，使用时却区分开了，也同样可以完成表达的使命。……

在动作行为精细化这项内容上，汉语和英语采取的办法大的思路相同，都是以原有的词为基础造出一批细化原词义项的新词来。英语是在原有根词（从后产生的新词的角度看应该叫词根）上加前后词缀延长音节的方式增加词汇，比如动词 act（行为）作为词根，把其细化的词如 activate（使……活动，起动）、actualize（实现）、enact（实施，颁布）、exact（强求）、interact（交互作用）、react（反应，反抗）、transact（做交易，办理）、counteract（抵抗，抵消）等等，词缀的介入使音节加长，读音改变，产生了大量细化原动词各个义项的新词。而汉语的这一措施在汉语史上分为两个阶段：第一个阶段是早期汉语单音节词占主导地位时期，这时，汉语的词与字联系紧密，人们感到有细化动作的必要时，往往从改变字形入手。这时的根词就转化为字内字根，用字形变化的方式显示这种精细化(……)。比如"冓"，《说文》"交积材也"，是说材木交积，有交叉、搭合的意思。人们要细化各种情况的搭合、交叉的意思时，就产生了"构"（《说文》"盖也。从木，冓声"。段玉裁注"此与冓音同义近。冓，交积材也。凡覆盖必交积材"）、"遘"（《说文》"遇也"。郭璞注"谓相遭遇"）、"媾"（《说文》"重婚也"。段玉裁注"重婚者，重叠交互为婚姻也"。张舜徽《说文解字约注》"谓二姓互为婚姻，即今俗所称连反亲也"）、"购"（《说文》"以财有所求也"）等等。先人们是通过字形的改变显示这种差别的，并没有从读音上进行区分，这时用来显示这种差别的手段还是我们前面讲的同源孳乳即直线造词。而到了汉语双音化时代，人们已经对字与词的差别有了一定的认识，因而表现在造词上，也用加音节的形式来完成义项分化的任务。这与英语加词缀的办法是一致的。前面列举的从"出"生出"出版、出品"等等的例证就是这个时期词汇表义精细化的主要途径。

在自指动作行为这项内容上，汉语与英语走的却是不同的路子。英语采取的是静态与动态两条腿走路，这在前面已经介绍过；汉语则把义项精细化和指称动作这两条路一起走了，新造的双音词既表示动作行为，又表示这个动作行为的指称，一身兼二任。像我们说"这本书的出版"和"出版了这本书"中的两个"出版"，一个指称动作，一个陈述动作，可我们的语感上并没有感觉出二者意义的不同。就是说，汉语中的这类双音词继承并强化了指称、陈述两种功能，哪一个功能都不是后来发展出来的，没有经过"化"的过程。……

汉语词类的发展至今仍在"表事物、表动作、表状态的深刻差异"和"不关注词的类别差异"二者相互矛盾中缓慢进行着。"表事物、表动作、表状态的深刻差异"使词类不断向句法范畴行进，标记不断产生，并在使用中予以强化；而"不关注词的类别差异"使语法手段向句法范畴行进缓慢，类的差异虽不断形成却依然不齐整，就存在着上面列表中显示的标注"－"号的样态上的空位。以往关于词类的讨论各执一词也说明了汉语词类的这种复杂性。……

我们的结论是：印欧语是"分立模式"，名、动相互独立，小有交叉；汉语是"交融模式"，名、动相对独立，大有交叉。

王珏——王珏的系列论文中提出一种新观点：划分词类的三层功能标准和建立句法词、句子词、语篇词三分体系，分别与句子不同层面的成分之间具有对应关系。[1]具体如下：

吕叔湘《汉语语法分析问题》（1979）第32节、第63节、

---

① 所引观点经王珏审阅。详见王珏、陈丽丽、谭静（2008），王珏（2010a，2010b，2010c），王珏、李妍（2010）。

第74节、第87节、第90节所谈内容，这实际上指出了三层意思：一层意思是，词具有不同层面的分布场，词组层面的分布场和句子层面的分布场；另一层意思是，作为不同层面的语言单位，词组与句子具有不同的组织规律；再一层意思是，分析段落（语篇）和句子应该使用不同的分析方法。并且，实际上还首次提出词组层面的句法词与句子层面的句子词的概念及其划分程序。据此，提出词的三层分布场，即词组或句法层、句子层和语篇层。针对各层分布场的词语，分别建立不同标准——（1）针对句子外围或边缘的语篇层分布场，运用"语篇功能"（分布）作为分类标准，从而得出语篇衔接语和凸显标记词，进一步可以分析句子的篇章功能与地位。（2）针对中层的句子层分布场，运用情态、语气功能和分布作为分类标准，从而得出语用词及其类别，进一步可以分析其情态、语气及其关系。（3）针对内层或核心的词组层分布场，运用"句法功能"（分布）作为分类标准，从而得出句法词及其类别，进一步可以分析其句法结构及其关系，必要时还可以分析语义结构关系及其关系。于是，得出三种分布异层、功能各异、词性不同的词类三分体系，即：语篇功能标准→划分语篇分布场的词语→语篇衔接语；语用功能标准→划分情态分布场的词语→情态词和语气词；句法功能标准→划分句法分布场的词语→句法词。整个词类体系是：

一级	二级	三级	四级
一、句法词	（一）句法成分词	1. 体词	名词、数词、量词、代词
		2. 谓词	动词、形容词
		3. 饰词	区别词、状态词、副词、象声词
	（二）句法范畴词		趋向词、方位词、体助词
	（三）句法关系词		介词、连词、结构助词

二、情态词	（四）叹词	
	（五）情态副词、情态动词	
	（六）语气词	
三、语篇词	（七）凸显标记词	话题标记、焦点标记、罗列标记
	（八）语篇衔接语	逻辑衔接词、语法衔接词

吴怀成——吴怀成在《试论词类的本质、划分及动词的指称化》（2011）一文中提出"汉语词类的本质是语义类别"的观点。具体如下：

（1）汉语词类（包括其他语言的词类）的本质是语义类别。

（2）以话语功能划分词类和以句法分布划分词类会面临同样的问题，即存在交叉现象，因此话语功能只是句法成分在语用上的代名词。

（3）英语词类在不同句法环境中出现需要形态变化，属于同一个词位的条件变体，可以归于不同的词类；而汉语词类在不同句法环境中出现无需形态变化，属于同一个词位的自由变体，至于其词性，可以根据需要做不同的处理。

第十七讲
关于词的兼类问题

一 词的兼类现象是客观存在的

事物是纷繁复杂的。任何学科，开展科学研究必须对所研究的对象加以范畴化，就是在千差万别的个体中找到相似性、共同性，从而根据研究的需要加以分类，即分为不同的类。从研究者的愿望来说，总希望将研究对象的类分得清清楚楚，事实上往往会出现或者说往往会遇到既不完全像甲类、也不完全像乙类，既有点像甲类、又有点像乙类的个体。原因是，按认知语言学里的"家族相似性"（Family Resemblance）的观点，任何一个类里边大多是典型成员，但会有部分个体并不是典型成员；再说类与类之间的边界往往不是很清楚，这一类跟那一类往往可能是个"连续统"。语言的情况也是如此。语言中的词有千千万万，它们各自的语法性质、语法特点也是错综复杂的，我们不能期望按某一定的标准，通过几次分类手续就可以把词分得清清楚楚，干干净净。事实告诉我们，语言里存在词的兼类现象，词的兼类现象是客观存在的。问题是什么样的情况属于兼类现象。

二 学界已有的共识

对于汉语里词的兼类现象，总起来说，大家有个认识过程，这跟分类的依据有关。例如，由于汉语是"非形态语言"，汉语的词在词形上不具有印欧语那样的词性标志，于是早期有人按句子成分给汉语的词分类，并主观规定：做主宾语的是名词，做谓语的是动词，做定语的是形容词，做状语的是副词。于是大量的词属于兼类词。结果得出了汉语的词"依句辨品，离句无品"的结论。现在大家认识到，下面的情况不属于词的兼类现象：（参考徐枢，1991；陆俭明，1994）

（一）同一类词用于不同的句法位置上，而且同类词基本都能这样用，因而这种用法就列入这类词的功能之内，不看作词的兼类现象。例如：

（1）他劳动。　　　　　［做谓语］

（2）劳动光荣。　　　　［做主语］

（3）他爱劳动。　　　　［做宾语］

（4）要关心劳动人民。　［做定语］

例（2）、例（3）里的"劳动"不看作动词兼名词，例（4）里的"劳动"不看作兼形容词，例（1）—例（4）里的"劳动"都看作动词。

（二）不同词类的词具有部分相同的语法功能，不看作这类兼那类或那类兼这类的兼类现象。譬如，动词后能带"了"表变化，但是"带'了'表示变化"这一语法功能起码有三类词都具备。例如：

（5）他终于笑了。| 酒不喝了。

（6）枫叶都红了。｜经王师傅用熨斗一熨，裤腿儿平整了。

（7）现在晴天了。｜你孩子已经大学生了？

例（5）是动词带"了"，例（6）是形容词带"了"，例（7）是名词带"了"，都含有"变化"之义。再如，动词后带"起来"表示"开始进行"。例如：

（8）大娘一句话会把大伙儿逗得笑起来。

（9）别等我，你们先喝起来。

可是形容词也能带上"起来"，也含有"开始"之义。例如：

（10）这儿进入九月天就会冷起来。

（11）你心里没鬼，那干吗我一提到他，你脸就红起来了？

因此，"后带'了'表示变化"，看作是动词、形容词、名词共同具有的语法性质；"后带'起来'表示开始"，就看作动词、形容词所共有的语法性质，不再认为形容词兼动词或名词兼作动词用了。

（三）临时借用，不看作兼类现象。如"你比阿Q还阿Q"里的后一个"阿Q"不看作名词兼形容词。

（四）意义上已经毫无关系的同音同形词不看作兼类词。例如"花₁钱"的"花₁"、"一朵花₂"的"花₂"、"眼睛花₃"的"花₃"，不看作兼类现象。

对于上面四种情况大家不再认为是词的兼类，并几乎已成为共识。这起码在汉语语法本体研究层面是这样，不过，因为面向中文信息处理的需要，"花₁钱"里的"花₁"、"一朵花₂"里的"花₂"、"眼睛花₃"的"花₃"，也可能处理为兼类词。但是，绝对不要认为有关汉语词的兼类问题大家看法都一致了。虽有上述共识，事实上，语法学界对兼类词仍然存在不同的看法。

三 对下列现象学界还是众说纷纭

下面八种现象是否属于词的兼类现象，语法学界还是众说纷纭，仍然存在分歧。

    a. 锁　　你去把门锁₁上 | 我已经换了一把锁₂

    b. 代表　他代表₁我们班发言 | 他是人民的代表₂

    c. 报告　现在报告₁大家一个好消息 | 这起事故你给写个报告₂

    d. 死　　他爷爷死₁了 | 这个人脑筋很死₂

    e. 白　　那墙刷得很白₁ | 我白₂跑了一趟

    f. 方便　这儿交通十分方便₁ | 这一来大大方便₂了顾客

    g. 正式　现在高速₁公路遍布全中国 | 要高速₂发展数字化经济

    h. 研究　他研究₁人类史 | 这笔研究₂经费只用于艾滋病研究₃

四 确定兼类词的标准可以根据需要各自定义

在讨论这个问题之前，我们首先应该就下面的问题取得一致的意见："对'兼类词'到底该怎么理解？"如果我们对"兼类词"这个概念本身各有不同的理解，那肯定就讨论不好。譬如说，甲、乙双方，甲把兼类词理解为"指同音、同形不同义的词"，乙把兼类词理解为"指同一个概括词，但兼有两种词类的语法特点"，而甲和乙事先并未就兼类词的定义取得一致意见，那么甲和乙来讨论下列句子中的"保管"时，就会说不到一起去。请看：

（12）我负责保管₁仪器设备。

（13）他是我们仓库的保管₂。

（14）这钢笔，我保管₃你好用。

按甲的理解，上面句中的"保管₁""保管₂""保管₃"属于兼类词，因为这三个"保管"虽不同义，但同音、同形，所以可视为兼类词。按乙的理解，上面句中的"保管₁""保管₂""保管₃"虽同音、同形，但不同义，所以得分别归为三类不同的词，不能看作兼类词。显然，在具体讨论之前必须先对"兼类词"进行明确定义。怎么定义？

我们认为，不作统一定义，可以根据不同研究的需要，根据不同运用的需要，对"兼类词"各自下不同的定义。

五 从本体研究的需要出发定义"兼类词"

从本体研究的需要出发，宜将"兼类词"定义为：指同一个概括词①兼有两种词类特性的词，即指同音同形同义而词性不同的词。

现在我们按照上述定义来具体分析前面所列的a—h八种现象，看看哪一种该视为词的兼类现象。

【关于a种现象】你去把门锁₁上｜我已经换了一把锁₂

"锁₁"和"锁₂"显然不能概括为一个概括词，因为它们虽然同音同形，但不同义——"锁₁"表示"用锁把门窗、器物等的开合处关住或拴住"②，显然是表示一种行为动作；而"锁₂"表示"安在门、窗、器物等的开合处或连接处，使人不能随便打开的金属器具，要

---

① 关于"概括词"，参看本书第十一讲第二节。

② 词语释义均引自《现代汉语词典》（第7版），下同。

用钥匙、密码、磁卡等才能打开"，很明显是表示一个具体的事物。所以，"锁$_1$"和"锁$_2$"应该概括为两个词："锁$_1$"是动词，"锁$_2$"是名词，而不能把它们看作兼类词。

【关于b种现象】他代表$_1$我们班发言 | 他是人民的代表$_2$

"代表$_1$"和"代表$_2$"不能概括为一个概括词，因为它们虽然同音同形，但不同义——"代表$_1$"表示"代替个人或集体办事或表达意见"，表示一种行为动作；而"代表$_2$"表示"受委托或指派代替个人、团体、政府办事或表达意见的人"，是指人。所以，"代表$_1$"和"代表$_2$"应该概括为两个概括词："代表$_1$"是动词，"代表$_2$"是名词。"代表$_1$"和"代表$_2$"也不能看作兼类词。

【关于c种现象】现在报告$_1$大家一个好消息 | 这起事故你给写个报告$_2$

"报告$_1$"和"报告$_2$"不能概括为一个概括词，因为它们虽然同音同形，但不同义——"报告$_1$"表示"把事情或意见正式告诉上级或群众"，表示一种行为动作；而"报告$_2$"表示"用口头或书面的形式向上级或群众所做的正式陈述"，是指一种抽象事物。很显然，"报告$_1$"和"报告$_2$"也应该概括为两个概括词："报告$_1$"是动词，"报告$_2$"是名词。"报告$_1$"和"报告$_2$"也不能看作兼类词。

【关于d种现象】他爷爷死$_1$了 | 这个人脑筋很死$_2$

"死$_1$"和"死$_2$"不能概括为一个概括词，因为它们虽然同音同形，但不同义——"死$_1$"表示"（生物）失去生命（跟'生、活'相对）"，表示一种行为动作；而"死$_2$"表示"固定；死板；不活动"，是指性质。所以，"死$_1$"和"死$_2$"应该概括为两个概括词："死$_1$"是动词，"死$_2$"是形容词。"死$_1$"和"死$_2$"也不能看作兼类词。

【关于e种现象】那墙刷得很白$_1$ | 我白$_2$跑了一趟

"白$_1$"和"白$_2$"不能概括为一个概括词，因为它们虽然同音同形，但不同义——"白₁"表示"像霜或雪的颜色（跟'黑'相对）"，表示性质；"白₂"则表示"没有效果；徒然"。按语法功能，"白₁"是形容词，"白₂"是副词。"白₁"和"白₂"也应该概括为两个概括词，而不能看作兼类词。

以上分析说明，a—e种现象都不属于兼类现象。那么f—g种现象呢？f—g种现象跟a—e种现象不同。请看分析：

【关于f种现象】这儿交通十分方便₁｜这一来大大方便₂了顾客

"方便₁"受程度副词"十分"修饰，这明显是形容词的用法；"方便₂"后面带有名词宾语，这明显是动词的用法。这似乎应该看作属于不同词类的两个词。不过，值得注意的是，我们既见不到"*十分方便₁顾客"的说法，也见不到"*十分方便₂顾客"的说法。这就需要考虑："方便₁"和"方便₂"是不是应该概括为两个概括词呢？从表面看，"方便₁"和"方便₂"意思似不相同，前者表示"便利"，后者表示"使便利"。然而需要注意的是，这种差别不是由于词汇意义的变化所造成的，"使便利"中的使动意义是由句法格式所赋予的，因为几乎所有形容词只要能带上名词宾语，由此形成的句法格式就都含有使动意义，也就是说，这是有规律可循的。请看：

（15）方便顾客＝使顾客方便

丰富文娱生活＝使文娱生活丰富

巩固国防＝使国防巩固

充实内容＝使内容充实

端正态度＝使态度端正

统一思想＝使思想统一

壮大队伍＝使队伍壮大

纯洁队伍＝使队伍纯洁

清醒头脑＝使头脑清醒

$$稳定情绪＝使情绪稳定$$
$$繁荣市场＝使市场繁荣$$
$$缓和气氛＝使气氛缓和$$
$$安定人心＝使人心安定$$
$$清洁城市＝使城市清洁$$

因此，对于"方便$_1$"和"方便$_2$"，我们不能认为它们在词汇意义上有差别，不能将"方便$_1$"和"方便$_2$"看作同音同形不同义。其实，无论是"方便$_1$"还是"方便$_2$"，本身所表示的意义都是相同的：表示便利。所以，还应把它们视为同音同义，还应把它们概括为一个概括词。这样，"方便$_1$"和"方便$_2$"应该处理为兼类词——带宾语时的"方便"是动词，其余情况下的"方便"是形容词。

【关于 g 种现象】现在高速$_1$公路遍布全中国 | 要高速$_2$发展数字化经济

"高速"这个词在语法功能上很特别。请看：

	定语	状语	"很～"	形成"的"字结构	做其他句法成分
高速	＋	＋	－	＋	－

"高速"显然不可能是形容词，因为不受程度副词的修饰，除了上面所列的概念外，不能做其他句法成分。现在"高速$_1$"做定语（如"高速$_1$公路"），"高速$_2$"做状语（如"高速$_2$发展数字化经济"）。但是它们不论是做定语还是做状语，表示的意思都是"高速度的"，即"同义"。根据"同音同义"的"词的同一性"原则，它们完全可以概括为一个概括词，而且我们注意到"高速$_1$"和"高速$_2$"在分布上正好形成互补，请看：

	定语	状语	"很～"	形成"的"字结构	做其他句法成分
高速$_1$	＋	－	－	＋	－
高速$_2$	－	＋	－	－	－

因此，"高速₁"和"高速₂"也应该处理为兼类词。也有人主张把区别词和副词合为一类称为"饰词"。（参看郭锐，2002）按这种主张，"高速₁"和"高速₂"同属一类词，不属于兼类词了。鉴于区别词和副词在语法功能上差别太大，所以在词类平面上，我们不采用这种主张；但我们不反对为了研究的需要，将区别词和副词合称为"饰词"，如同为了研究的需要将动词、形容词、状态词合称为"谓词"一样。

【关于h种现象】他研究₁人类史 | 这笔研究₂经费只用于艾滋病研究₃

"研究₁""研究₂""研究₃"也应概括为一个概括词，因为它们同音同形同义。那么它们是不是兼类词呢？"研究₁"带宾语，并考虑到其他方面的功能，大家都认为是动词。"研究₂"和"研究₃"的用法——直接受名词修饰和直接修饰名词，这是名词所特有的功能。这样说来，"研究₁"和"研究₂""研究₃"似应处理为兼类词。但是，考虑到"研究"这种双音节动词"所占比例很大"，我们得另作处理。据我们调查，原本是动词，而可以不改变意义去直接受名词修饰或直接修饰名词的，只限于双音节动词，所占的比例竟高达31%。按如此高的比例，把这些词看作兼类词，就不合适了。朱德熙先生采取了另一种处理办法，那就是按前面讲到过的第五种处理办法，把实现动词功能的"研究₁""研究₂"和"研究₃"合为一类，仍叫动词，而把"研究"这样的动词看作是动词中的一个小类，称为"名动词"。（朱德熙，1982a：60—61）

总之，根据兼类词是"**指同一个概括词兼有两种词类特性的词**"这一定义，a—h八种现象，只有f和g两种现象才能处理为兼类现象。

从教学的现实情况看，不论是汉语作为第二语言/外语教学还是中学语文教学，不需要从本体研究的需要出发来给"兼类词"下严格的定义。我们知道，在教学中，为了便于学生学习、掌握词汇，我们尽可能将由本义派生而成的词跟具有本义的词放在一起来学习、掌握。这样，像"锁$_1$"和"锁$_2$"、"代表$_1$"和"代表$_2$"，从教学的角度说，将它们处理为兼类比将它们处理为各自不同的词，更有利于教学。从这个角度出发，不妨将"兼类词"定义为"**同字形、同音且意义上有极为密切关系而词性不同的词**"。

如果按上述定义来分析a—h八种现象，那么除了h这种现象可以不处理为兼类现象外，a—g七种现象都可以处理为兼类现象。h这一种现象之所以不处理为兼类现象，只是因为所占比例太大。

六 从中文信息处理的需要出发定义"兼类词"

现阶段的中文信息处理，还不怎么能处理语义信息。因此，从中文信息处理的角度说，汉语本体研究、汉语教学用的"兼类词"定义也还嫌严。目前在中文信息处理中将"兼类词"定义为"**指同字形、同音而意义不同或词性不同的词**"。

如果按上述定义来分析a—h八种现象，那么a—h八种现象都可以处理为兼类现象，而且甚至像前面所提到的"花$_1$钱"里的"花$_1$"和"一朵花$_2$"里的"花$_2$"，也得处理为兼类词。

从对兼类词的分析讨论中，我们也可以体会到这样一点，那就是分类确实如前面某些讲所说的"有一定的相对性"，划分词类也有一定的相对性。[①] 举例来说，假如按功能甲和功能乙来考察我们所要划分的词，可能会呈现下列三种情况：

---

① 参看朱德熙《语法答问·贰 词类》。同时分别参看本书第一、十、十一讲。

A. 有些词只符合甲功能，不符合乙功能；

B. 有些词只符合乙功能，不符合甲功能；

C. 有些词既符合甲功能，又符合乙功能。

我们在进行分类时，下面五种处理办法都是允许的：

1. 分为三类，A、B、C各为独立的一类。按此处理，各类词的语法功能分别为：

A类词：［＋甲，－乙］

B类词：［－甲，＋乙］

C类词：［＋甲，＋乙］

2. 分为两类，A+C为一类，B为一类。按此处理，各类词的语法功能分别为：

X类词（含A和C）：［＋甲］

B类词：［－甲］

3. 分为两类，B+C为一类，A为一类。按此处理，各类词的语法功能分别为：

Y类词（含B和C）：［＋乙］

A类词：［－乙］

4. 分为两类，A为一类，B为一类，C为兼类。按此处理，各类词的语法功能分别为：

X类词（含A和C）：［＋甲］

Y类词（含B和C）：［＋乙］

5. 合为一类。按此处理，这类词的语法功能是：

Z类词（含A、B、C）：［｛＋甲＋乙｝］[①]

以上五种处理办法都是允许的，采用哪一种，要放到所需的分

---

① "｛＋甲＋乙｝"表示析取关系，即或者取［＋甲］，或者取［＋乙］。

类系统中去考虑。上面我们在讨论处理a—h八种现象是否属于词的兼类现象时，就是从所需分类系统考虑出发而采取不同处理办法的。

七　汉语词类划分中难处理的一些词

在分类中，除了会遇到兼类现象外，往往还会遇到一些例外的现象和难处理的现象，而这些例外的现象都是在研究的现阶段还不能圆满解释或解决的。对于这些例外或难处理的现象，我们只能采取"如实说"的老实态度。下面不妨举些实际的例子。

【例1】"很"和"极"

"很"和"极"，在现代汉语里大家都把它们归入副词。但汉语里的副词是"只能充任状语的虚词"（朱德熙，1982a），而"很"和"极"除了能做状语外，还能做补语，如"好得很""好极了"。这显然跟一般副词用法不一样。假如汉语里有专门做补语的X类，那我们倒可以说"很"和"极"兼副词和X类，然而现代汉语里没有这样一类专门做补语的词类。那么能不能把"很"和"极"单独立一类，称为Y类，说Y类的语法特点是只能做状语和补语。从理论上来说，这样做当然不是绝对不可以，但只为两个词就去设立一个词类，付出的代价太大，任何研究者都不会这样做。因此，"很""极"的情况给汉语词的分类带来了难题。怎么处理？一种意见，认为目前还没有理想的处理办法，就只能实话实说，看作例外。（陆俭明，1994）另一种意见，也就是袁毓林（2010）的意见，"太"类程度副词是"副词的典型成员"，"很""极"则是"副词的非典型成员"，但可以"通过比照'太'类词的分布归入副词"。

【例2】"一起"和"一块儿"

"一起"和"一块儿"，经常做状语，如"我们一起/一块儿走吧"。一般都把它们归入副词。可是，它们又可以做介词"在"的宾语，如"大家在一起/一块儿玩儿"。这里的"一起/一块儿"，怎么处理？这目前也是难办的事。《现代汉语词典》（第7版）处理为两类：做状语的"一起/一块儿"是副词；在介词后的"一起/一块儿"是名词。

【例3】"开"

这里说的"开"，不是指"开门""打开"的"开"，而是指"四六开""三七开"里的"开"。这个"开"，《现代汉语词典》（第7版）是这样解释的："指按十分之几的比例分开：三七～"。这个"开"的出现环境很特别，它只能出现在二者相加为十的两个数字（如"四六开""三七开""二八开"里的"四六""三七""二八"）之后。《现代汉语词典》将这个"开"标注为动词。说这个"开"是动词，似乎跟动词的语法特性相去甚远。按袁毓林（2010）将这个"开"视为量词，但鉴于这个"开"与一般量词不同，所以他将"开"看作量词的"非典型成员"。这也还值得斟酌，因为这个"开"前面的"四六""三七""二八"并非表示数目的数词，跟量词的特性还是有很大距离。因此，这个"开"也是词类划分中难处理的一个词。

【例4】"见方"

"见方"这个词语法功能也很特别，它只出现在由长度单位量词形成的数量词的后面，如"三尺见方""两米见方""五公分见方""一亩见方"等。这个词也是在汉语词类划分中难以处理的词，我们也只能如实向大家说明。《现代汉语词典》（第7版）将"见方"标注为动词。然"见方"完全不符合动词的语法特点。

结束语

　　我们对自20世纪20年代建立现代汉语语法学以来，学界有关汉语词类问题的种种不同观点和意见以及引发的汉语词类问题讨论情况，作了尽可能详细的梳理和评介。在第一讲里指出："没有分类就没有科学。"就目前已有语法描写的语言来看，各语言都有词类的区别，而且一般都有名词、动词、形容词的区别，特别是都有名词和动词的区别。因此，不管对词类如何认识、持何种观点，所有从事语法研究和语法教学的学者都承认词类概念很重要。拿汉语语法研究来说，无论是本体研究还是应用研究，不能不对作为句子"建筑材料"的词进行分类，而且确实可以认为"词类划分是语法研究的起点"（张斌主编，2010：76），"是语法研究的基础"（王仁强，2006：17），"是语法理论中最核心的问题之一"（陈保亚，2015：19）。但是，词类划分一直是汉语语法研究中的一个老大难问题，有学者甚至称为"是一个'哥德巴赫猜想'式的老大难问题"（吴铭，2019b）。

　　由于世界各个语言有共性又各具特点，不同的语言会具有语言类型学上的差异，因此各个语言词类划分的依据和词类划分的具体标准，会有共同之处，又肯定不可能完全一样。汉语语法学，不管是海外早就有的汉语语法学，如瓦罗《华语官话语法》（1703）、马若瑟《汉语札记》（1728）、马士曼《中国言法》（1814）、雷慕沙

《汉文启蒙》(1822)、甲柏连孜《汉文经纬》(1881)等，还是我国从1898年《马氏文通》开始所建的汉语语法系统，都深受印欧语语法学的影响。然而印欧语属于"形态语言"，汉语属于"非形态语言"，汉语语法研究者的"词类"观念是印欧语的，面对的是词类无明显的形式标记的汉语语言事实，这样在汉语词类划分上出现众说纷纭、莫衷一是的不同争议，是不可避免的，尤其在划类的依据和划分各类词的具体标准方面。

在20世纪50年代之前，学界有关汉语词类问题的共识似只有三条，那就是都同意有必要区分实词和虚词，都认为语助词相对于印欧语而言是汉语特有的，都承认汉语除度量衡单位词之外有一整套量词。学界争议比较多、比较大的是：（一）汉语实词能否分类？（二）汉语实词划类的依据是什么？（三）汉语的实词具体分类标准是什么？经过30年代末至40年代初的第一次汉语词类问题讨论、50年代中期的第二次汉语词类问题讨论，不同观点的碰撞与争论还是有一定成果的，但至今在一些重大问题上依然未能取得完全一致的意见。具体说：

对于问题（一），最后意见完全一致：汉语实词可以分类，名词、动词、形容词等便是汉语实词所分出来的类别。[①]

对于问题（二），大家的意见并未完全一致。绝大多数意见认为，汉语词的划类依据是词的语法功能，"词类是词的语法分类"。具体说，划分汉语词类不能也没法依据词的形态，因为形态虽好，对汉语来说用不上；也不能单纯根据词的意义，虽然从理论上说似可行，但不便操作，因为意义太复杂了；划分汉语词类，其依据的

---

① 包括高名凯先生原先最激烈地持"汉语无词类"论，到20世纪60年代也承认汉语实词可以分类。

是词的语法功能，特别是在分类的具体操作上。不过意见也并未完全一致，主要是对词的意义能否作为划类的依据，存在着分歧，而且可以说分歧不小——完全持否定态度的是朱德熙先生，他在《语法答问》中明确地说：

> 根据词的意义划分词类是行不通的。（7页）
>
> 严格说起来，词义是没有地位的。（8页）

完全持肯定态度的是李葆嘉，下面三句话可视为他的代表性观点：

> 形态范畴的本质是语义范畴，分布功能的本质是语义搭配，词类的本质共性是语义类别。（李葆嘉，2014）

另外，吴怀成也明确地说：

> 汉语词类（包括其他语言的词类）的本质是语义类别。（吴怀成，2011）

关于问题（三），可以说更众说纷纭。占主导地位的是"分布"说，即对汉语词的具体分类标准是词的语法分布（指该词的语法分布的总和）。当然，也存在不同看法，甚至也有绝对否定"分布"说的。例如吴怀成（2011）就认为：

> 根据词的分布特点定词类是否完全解决了汉语的词类问题呢？大家都知道答案是否定的。究其原因，还是没有摆脱印欧语眼光来看汉语的词类，受到印欧语词类与句法成分之间的"一一对应"的关系这种假象所迷惑的缘故。

此外，朱德熙先生在20世纪60年代明确提出，词类是概括词的分类。这一观点在相当长时间里都被视为定论。但是进入21世纪，也有学者（王仁强、黄昌宁，2017）对此提出不同观点，认为"词类的划分同时存在于个体词和概括词这两个范畴中"，从而提出"双层词类范畴化理论"。

在21世纪之前，有一个认识似为绝大多数学者接受，那就是语言学理论中关于划分词类所提及的词的形态、词的功能、词的意义这三方面依据之间的关系，学界逐渐趋于认同这样一点：词的形态可视为词的功能的外在表现，词的功能是词的意义的外在表现，依据词的语法功能划分出来的词类，在意义上也一定有共同点。

进入21世纪，出现了有关汉语词类问题的新观点、新争论，那就是沈家煊提出的"名动包含说"；与之相对的，沈家煊将目前语言学界普遍认可、使用的实词"名、动、形"词类体系称之为"名动分立说"。沈家煊的观点在学界引起了极大的反响。从目前所看到的谈论"名动包含说"的论著数已近百。赞成、认可、点赞者有之，不赞成、不认可、质疑者亦有之。就目前状况看，如果继续讨论下去，将会是见仁见智，不会有什么结果。现在只希望沈家煊及其支持者能提出"名动包含说"的具体实施方案，而不是只在"理论"上反复论说；也希望不认可、不支持"名动包含说"者换位思考，冷静体会"包含"说之"深意"。

汉语属于"非形态语言"。为解决好汉语的词类问题，上面提到的一系列有争议的问题当然大家还可以继续讨论，可是我现在想，别只是就词类谈词类问题，能否进行多角度、多层次、多方位的思考与探究；同时还需要做些实实在在的考察研究工作。

就词类问题本身而言，似需要进一步深入考察分析研究以下两方面问题：

一是词的意义在划分词类的依据中到底该放在什么位置。说实在话，说某个词该归入哪个词类，首先引入脑海的是这个词的意义，然后进一步来具体考察这个词的语法分布，然后加以定夺。然而怎么从理论和操作两方面来具体而清楚地论说"汉语词类的本质共性是语义类别"这一观点，这将是大家都期待的。

二是对汉语词类要进一步具体考察研究，特别是要具体考察研究大家公认的常用动词、形容词（状态词、区别词除外，下同）做主语、做宾语的情况，动词、形容词出现在"N 的 V/A"结构的情况，动词出现在"V 的 N"结构里的情况，以及名词做谓语的情况[①]，因为已有的研究成果表明，并非所有动词、形容词都能做主语、做宾语，并非所有动词、形容词都能进入"N 的 V/A"句法格式，并非所有的动词都能进入"V 的 N"结构。需要两方面调查研究数据：（一）受限的各种具体条件；（二）在各种受限条件下的具体统计数字。

在词类问题之外，有两大问题需要大家来关注和研究：

第一个大问题是对汉语词语（或者说对汉语的句法成分）在句子中的省略情况的考察研究。汉语（特别是口语），可以大量省略。许多语法现象都是因大量省略而造成的。因此汉语里不光会出现"赵元任是菲律宾女佣。"这样的句子，还能出现"那炸酱面怎么没付钱就走啦？"这样的句子。"大量省略"严重影响汉语句法的发展变化，影响着词的功能的变化。这也正如胡明扬先生所指出的，"目前多数语法体系只根据表面现象进行描写，不承认有省略，这样就赋予某些词原来并不具有的语法功能"（胡明扬，1996）。我曾指出，动词做主语，细分析可分两种情况，一种情况确实是动词性词语做主语，如"游泳对身体有好处"；另一种情况是，表面看是动词性词语做主语，本质上却是小句做主语，只是由于省略，就只见动词做主语了，如：

（1）a. 你说吧，[　]干有什么好处，[　]不干又什么坏处？

↑

b. 你说吧，我们干有什么好处，我们不干又什么坏处？

---

① 实际情况不是"名词一般不做谓语"，名词做谓语，特别是在口语里，也是概率很高的。

这说明，汉语中动词形词语做主语大多是由于省略造成的表面现象。[①]再譬如"电话""微信"都是名词，但由于言谈交际中的省略，让"电话""微信"逐渐具有做状语的功能。例如：

（2）a. 我们明天再通过电话联系。➡ b. 我们明天再［　］电话联系。

（3）a. 今后就用微信交流。➡ b. 今后就［　］微信交流。

例（2）、例（3）a例省略介词"通过"和"用"，就在b例里让名词"电话""微信"分别直接做了动词"联系"和"交流"的状语。怎么处理？或者（一）承认省略，"电话""微信"仍然是名词；或者（二）"电话""微信"语法化为副词了。可是就母语为汉语者的语感一般不会认同"电话""微信"语法化为副词了。至于为什么省略，其中还跟韵律有关。（参看黄梅，2014）

省略，简单了，话易懂，但也带来了复杂——语法分析复杂了，难了。这就是说，省略的话语犹如量子行为"具有波粒二象性"[②]。先前在"省略"方面的研究成果极少，可以这样说，有关汉语省略现象的研究至今还是一片空白。今后很需要运用"量子思维"加强这方面的研究。

第二个大问题是对汉语信息结构及其对汉语句法制约情况的考察研究。语言最本质的功能是传递信息。而通过语言这一载体所传递的信息会形成一个信息流，在这个信息流里边有多种不处于一个

[①] 鲁迅小说《祝福》中动词性词语做主语有7例（谈话是总不投机的了 | 有没有魂灵，我也说不清 | "说不清"是一句极有用的话 | 忌讳仍然极多 | 应酬很从容 | 说话也能干 | 用她帮忙还可以），都可视为实际是小句做主语，由于省略而呈现为动词性词语做主语了。

[②] 量子力学告诉我们，微观粒子有时会显示出波动性（这时粒子性较不显著），有时又会显示出粒子性（这时波动性较不显著），在不同条件下分别表现出波动或粒子的性质。这种量子行为称为波粒二象性，是微观粒子的基本属性之一。

层面的信息元素，因而会形成独立于语言本体语法结构的**语言信息结构**。语言信息结构反过来会制约句子结构的词序，而不同的语言受制约情况不同。在印欧语那样的"形态语言"里，对句子词序的制约，语言句法规则要大于语言信息结构规则；由于汉语是"非形态语言"，对汉语句子词序的制约，可能语言信息结构规则要大于句法规则。（陆俭明，2017；2018）张伯江（2011）曾指出："汉语主谓结构主要反映的是'话题—说明'关系；汉语的述宾和述补结构主要反映的是'预设—焦点'关系；汉语的定中结构主要反映的是'参照体—目标'关系；汉语的状中结构主要反映的是'伴随信息—事件'关系。"张伯江所说的"'话题—说明'关系""'预设—焦点'关系""'参照体—目标'关系"和"'伴随信息—事件'关系"实际都是语言信息结构的用语。可能正是汉语和英语存在这种差异，所以像表示时间、处所的词"今天/today""昨天/yesterday""现在/now"和"这儿/here""那儿/there"等在汉语里可以"以话题的身份"做主语，而在英语只能做状语；在汉语里可视为名词，在英语里则视为副词。我们认为，重视并深入研究汉语信息结构，包括句子信息结构和篇章信息结构，这无疑会有助于汉语词类研究。

汉语有那么多的动词形容词做主语，有那么多名词能直接做谓语，恐怕跟汉语信息结构有关。

省略问题和汉语信息结构问题的研究将会对汉语词类问题研究提供帮助。

参考文献

北京大学中文系现代汉语教研室 1993《现代汉语》，商务印书馆；重排本，
　2004 年；增订本，2012 年。

曹伯韩 1953《对于汉语语法研究的几点意见》，《中国语文》10、11 月号。

曹伯韩 1954《汉语的词类分别问题》，《中国语文》10 月号。

陈爱文 1957《对汉语词类的性质与划分的探讨》，见《语法论集》(第一集)，
　中华书局。

陈爱文 1986《汉语词类研究和分类实验》，北京大学出版社。

陈爱文 2021《陈爱文语言学研究论集》，北京大学出版社。

陈保亚 1996《论语言接触与语言联盟》，语文出版社。

陈保亚 1999《20 世纪中国语言学方法论：1898 ～ 1998》，山东教育出版社。

陈保亚 2015《20 世纪中国语言学方法论研究》，商务印书馆。

陈昌来 2002《二十世纪的汉语语法学》，书海出版社。

陈承泽 1922《国文法草创》，商务印书馆。

陈乃凡 1954《汉语里没有词类分别吗？》，《中国语文》8 月号。

陈望道 1938a《谈动词和形容词的分别》，《语文周刊》15 期。

陈望道 1938b《〈一提议〉和〈炒冷饭〉读后感》，《语文周刊》20、21、22 期。

陈望道 1939a《文法革新的一般问题》，《语文周刊》26 期。

陈望道 1939b《从分歧到统一》，《语文周刊》33 期。

陈望道 1939c《回东华先生的公开信——论文法工作的进行、文法理论的建
　立和意见统一的可能》，《语文周刊》34 期。

陈望道 1939d《漫谈文法学的对象以及标记能记所记意义之类》，《语文周刊》

36期。

陈望道 1940《文法革新问题答客问》,《学术》第二辑。

陈望道 1941《答复对于中国文法革新讨论的批评》,《复旦学报》复刊第
　　1号。

陈望道 1943a《论文法现象和社会的关系》,《东方杂志》第39卷第1号（复
　　刊号）。

陈望道 1943b《文法的研究》,《读书通讯》59期。

陈望道 1943c《〈中国文法革新论丛〉序》,见陈望道等《中国文法革新论
　　丛》,重庆文聿出版社；又见陈望道等《中国文法革新论丛》,中华书局,
　　1958年；陈望道等《中国文法革新论丛》,商务印书馆,1987年。

陈望道 1958《〈评黎锦熙的新著国语文法〉书后》(1943),见陈望道等《中
　　国文法革新论丛》,中华书局。

陈望道 1978/1997《文法简论》,上海教育出版社。

邓英树 2002《现代汉语语法论》,巴蜀书社。

刁晏斌 2010《黎锦熙"依句辨品"说的重新认识和评价》,《励耘学刊（语言
　　卷）》第2期。

丁声树等 1952—1953《现代汉语语法讲话》,《中国语文》1952年7月号至
　　1953年11月号；又丁声树等《现代汉语语法讲话》,商务印书馆,1961年。

董杰锋 1984《〈马氏文通〉和〈新著国语文法〉说略》,《辽宁大学学报》（哲
　　学社会科学版）第3期。

范开泰 1990《省略、隐含、暗示》,《语言教学与研究》第2期。

范开泰 2002《胡裕树、张斌先生评传》,见范开泰主编《胡裕树、张斌选
　　集》,东北师范大学出版社。

范　晓 1990《词的功能分类》,《烟台大学学报》（哲学社会科学版）第2期。

范　晓 2005《关于汉语的词类研究——纪念汉语词类问题大讨论50周年》,
　　《汉语学习》第6期。

方光焘 1939a《体系与方法——评东华先生的总原则》,《语文周刊》28期。

方光焘 1939b《问题的简单化与复杂化——敬答世禄先生》,《语文周刊》

32 期。

房玉清 1992《实用汉语语法》，北京语言学院出版社。

房玉清 2001《实用汉语语法》（修订本），北京大学出版社。

傅东华 1938a《一个国文法新体系的提议》，《语文周刊》16 期。

傅东华 1938b《请先讲明我的国文法新体系的总原则》，《语文周刊》23 期。

傅东华 1939a《文法稽古篇》，《东方杂志》36 卷 20、21 号。

傅东华 1939b《三个体制的实例比较和几点补充的说明》，《语文周刊》27 期。

傅东华 1939c《终究还有几个根本的问题》，《语文周刊》29 期。

傅东华 1939d《我的收场白》，《语文周刊》32 期。

高名凯 1948《汉语语法论》，开明书店；科学出版社，1957 年修订版；商务
　　印书馆，1986 年。

高名凯 1953《关于汉语的词类分别》，《中国语文》10 月号。

高名凯 1954《再论汉语的词类分别（答 Б.Г.穆德洛夫同志）》，《中国语文》
　　8 月号。

高名凯 1955《三论汉语的词类分别》，《中国语文》1 月号。

高名凯 1960a《语法理论》，商务印书馆。

高名凯 1960b《关于汉语实词分类问题》，见《语言学论丛》第四辑，上海教
　　育出版社。

高名凯 1963a《语言论》，科学出版社；商务印书馆，1995。

高名凯 1963b《汉语语法研究中的词类问题》，《安徽大学学报》第 1 期。

高名凯、计永佑 1963《从"动词形容词的名物化"问题说到汉语的词类问
　　题》，《北京大学学报》（人文科学版）第 2 期。

高名凯、刘正埮 1957《库兹涅佐夫对汉语词类问题的看法》，见《语法论集》
　　（第二集），中华书局。

龚千炎 1987《中国语法学史稿》，语文出版社。

龚千炎 1997《中国语法学史》（修订本），语文出版社。

郭　锐 2002《现代汉语词类研究》，商务印书馆。

郭　锐 2011《朱德熙先生的汉语词类研究》，《汉语学习》第 5 期。

郭　锐 2017《从阿姆斯特丹模型看汉语词类系统》，见《中日语言研究论丛——杨凯荣教授六十寿辰纪念》，朝日出版社（日本）。

郭　锐 2018《现代汉语词类研究》（修订本），商务印书馆。

何　容 1942《中国文法论》，开明书店；新知识出版社，1957年；商务印书馆，1985年。

贺　重 1952《汉语的分类有哪些不同？》，《语文学习》4月号。

胡明扬 1955《试评我国语言学界目前存在的资产阶级思想》，《中国语文》3月号。

胡明扬 1992《史有为〈呼唤柔性〉序》，见史有为《呼唤柔性——汉语语法探异》，海南出版社；又见《语文建设》1993年第2期。

胡明扬 1995《现代汉语词类问题考察》，《中国语文》第5期；又见胡明扬主编《词类问题考察》，北京语言文化大学出版社，1996年。

胡明扬 1996《现代汉语词类问题综述》，见胡明扬主编《词类问题考察》，北京语言文化大学出版社。

胡明扬 2002《现代汉语语法的开创性著作——〈新著国语文法〉的再认识和再评价》，《语言科学》第1期。

胡明扬 2004a《信息处理用现代汉语词类体系》，见胡明扬主编《词类问题考察续集》，北京语言大学出版社。

胡明扬 2004b《信息处理用现代汉语词类的兼类问题》，见胡明扬主编《词类问题考察续集》，北京语言大学出版社。

胡裕树主编 1981《现代汉语》（增订本），上海教育出版社；初版，1962年；修订本，1979年。

黄伯荣、廖序东主编 1991《现代汉语》（增订版），高等教育出版社。

黄　梅 2014《普通名词做状语的句法性质研究》，《汉语学习》第5期。

黄婉梅 2011《重评〈新著国语文法〉对省略现象的研究》，见刁晏斌主编《黎锦熙先生诞辰120周年纪念暨学术思想研讨会论文集》，中华书局。

金立鑫 2007《语言研究方法导论》，上海外语教育出版社。

金立鑫 2019《普通话"NP的VP"的句法语义实质》，《语言教学与研究》第

4期。

金立鑫 2022a《"名包动"理论的逻辑问题》,《外国语（上海外国语大学学报）》第1期。

金立鑫 2022b《汉语动词的典型性等级》,《语言教学与研究》第2期。

金兆梓 1922《国文法之研究》,中华书局；商务印书馆,1983年。

金兆梓 1938《炒冷饭》,《语文周刊》19期。

孔繁丽 2015《汉语语法研究中的逻辑论证问题——以词类问题为例》,《语文学刊》（上旬刊）第4期。

黎锦熙 1924/1992《新著国语文法》,商务印书馆。

黎锦熙 1925《国语文法纲要六讲》,中华书局。

黎锦熙 1955《词类大系——附论"词组"和"词类形态"》,《中国语文》5月号；又见《中国语文》杂志社编《汉语的词类问题》（第二集）,中华书局,1957年。

黎泽渝、刘庆俄 2001《黎锦熙先生评传》,见黎泽渝、刘庆俄编《黎锦熙选集》,东北师范大学出版社。

李葆嘉 2001《理论语言学：人文与科学的双重精神》,江苏古籍出版社。

李葆嘉 2007《语义语法学导论：基于汉语个性和语言共性的建构》,中华书局。

李葆嘉 2008《中国转型语法学：基于欧美模板与汉语类型的沉思》,南京师范大学出版社。

李葆嘉 2014《屈折语词类划分的背景及对沈家煊〈我看汉语词类〉的质疑》,见潘文国主编《英汉对比与翻译》（第二辑）,上海外语教育出版社。

李荣编译 1952《北京口语语法》,开明书店。

李行德 2018《用儿童语言来进行语言学论证——一些方法学上的考虑》,《当代语言学》第4期。

李行健主编 2004《现代汉语规范词典》,外语教学与研究出版社；第2版,2010年；第3版,2014年；第4版,2022年。

廖庶谦 1940《对于"中国文法革新讨论"的批评》二,《理论与现实》2卷

2期。

林玉山 1983《汉语语法学史》，湖南教育出版社。

林玉山 2005《论黎锦熙的语法思想》，《福建师范大学福清分校学报》第3
期。

刘辰诞 2021《从认知语法理论看汉语"名含动"的可能性》，《天津外国语大
学学报》第5期。

刘丹青 1995《语义优先还是语用优先——汉语语法学体系建设断想》，《语文
研究》第2期。

刘晓林 2020《从虚词看古汉语句法的空间蕴涵性特质——与英语对比的视
角》，《重庆三峡学院学报》第2期。

刘颖红 2012《赵元任〈国语留声机教程〉研究》，上海师范大学硕士学位
论文。

刘正光、李　易 2019《认知语义对比：理论、原则、目标方法》，《外语教
学》第4期。

陆俭明 1981《分析方法刍议》，《中国语文》第3期。

陆俭明 1985《关于"去+VP"和"VP+去"句式》，《语言教学与研究》第
4期。

陆俭明 1986《周遍性主语句及其他》，《中国语文》第3期。

陆俭明 1991《语义特征分析在汉语语法研究中的运用》，《汉语学习》第
1期。

陆俭明 1992《汉语词类问题再议》，（日本）《现代中国语文法论集》第
11期。

陆俭明 1993《关于汉语词类的划分》，（韩国）《人文科学》第69、70合辑，
延世大学校出版部。

陆俭明 1994《关于词的兼类问题》，《中国语文》第1期。

陆俭明 1999《关于汉语词类的划分》，见吕叔湘等著《语法研究入门》，商务
印书馆。

陆俭明 2003《对"NP+的+VP"结构的重新认识》，《中国语文》第5期。

陆俭明 2009《汉语词类问题的审视与思考》,《语言学研究》总第七辑。

陆俭明 2011《高名凯先生的治学精神和科学态度——兼谈动词、形容词"名物化"问题》,见侍建国、耿振生、杨亦鸣主编《基于本体特色的汉语研究》,中国社会科学出版社;又见《语言学论丛》第四十五辑,商务印书馆,2012年。

陆俭明 2013《浅议"汉语名动形层层包含"词类观及其他》,见《汉藏语学报》第7期,商务印书馆。

陆俭明 2014a《再谈汉语词类问题——兼与沈家煊先生商讨》,见李葆嘉主编《互动与共鸣:语言科技高层论坛文集》,世界图书出版公司北京公司。

陆俭明 2014b《怎么认识汉语在词类上的特点?——评述黎锦熙、高名凯、朱德熙、沈家煊诸位的词类观》,见潘文国主编《英汉对比与翻译》(第二辑),上海外语教育出版社。

陆俭明 2015《汉语词类的特点到底是什么?》,《汉语学报》第3期。

陆俭明 2017《重视语言信息结构研究 开拓语言研究的新视野》,《当代修辞学》第4期。

陆俭明 2018《再谈语言信息结构理论》,《外语教学与研究》第2期

陆俭明 2019《现代汉语语法研究教程》(第五版),北京大学出版社。

陆俭明 2022a《再论汉语词类问题——从沈家煊先生的"名动包含"观说起》,《东北师大学报》(哲学社会科学版)第4期。

陆俭明 2022b《再议"汉语名动包含说"》,《外国语(上海外国语大学学报)》第5期。

陆俭明 2022c《再议语言信息结构研究》,《当代修辞学》第2期。

陆志韦 1951《北京话单音词词汇》(1937),人民出版社;修订版,科学出版社,1956年。

陆宗达 1953《汉语的词的分类》,《语文学习》12月号。

陆宗达、俞 敏 2016《现代汉语语法》(1954),中华书局。

吕叔湘 1953《语法学习》,中国青年出版社。

吕叔湘 1954《关于汉语词类的一些原则性问题》,《中国语文》9月号;又见

《吕叔湘文集》第2卷，商务印书馆，1990年。

吕叔湘 1979《汉语语法分析问题》，商务印书馆；又见《吕叔湘文集》第二卷，商务印书馆，1990年。

吕叔湘 1982《中国文法要略》（1942、1944年初版三卷本，1956年合订本第一版修订本），商务印书馆；又见《吕叔湘文集》第1卷，商务印书馆，1990年。

吕叔湘 2002《语法研究中的破与立》（1973），见《吕叔湘全集》（第13卷），辽宁教育出版社。

吕叔湘、饶长溶 1981《试论非谓形容词》，《中国语文》第2期。

吕叔湘、朱德熙 1952/1979《语法修辞讲话》，中国青年出版社。

吕叔湘主编 1980《现代汉语八百词》，商务印书馆；增订本，1999年。

骆小所 2005《现代汉语引论》，云南大学出版社。

马建忠 1898《马氏文通》，商务印书馆。

马松亭 1986《汉语语法学史》，安徽教育出版社。

马　真 1997《简明实用汉语语法教程》，北京大学出版社。

苗力田主编 1994《亚里士多德全集》第九卷（《论诗》，崔延强翻译），中国人民大学出版社。

牛保义 2015《认知语法情境植入研究综述》，《外语学刊》第5期。

彭兰玉、王政祥 2017《〈新著国语文法〉"句本位"思想的当代思考》，《衡阳师范学院学报》第5期。

人民教育出版社中学语文室 1984《中学教学语法系统提要（试用）》，人民教育出版社。

荣　晶 1989《汉语省略、隐含和空语类的区分》，《新疆大学学报》（哲学社会科学版）第4期。

邵　斌、杨　静 2022《英汉名动范畴边界渗透的类型学考察》，《外国语（上海外国语大学学报）》第3期。

邵敬敏 1990《汉语语法学史稿》，上海教育出版社。

邵敬敏 2006《汉语语法学史稿》（修订本），商务印书馆。

邵敬敏 2011《新时期汉语语法学史（1978—2008）》，商务印书馆。

邵敬敏主编 2001《现代汉语通论》，上海教育出版社；第二版，2007年；第三版，2016年。

沈家煊 2007《汉语里的名词和动词》，见《汉藏语学报》第1期，商务印书馆。

沈家煊 2009a《我看汉语的词类》，《语言科学》第1期。

沈家煊 2009b《我只是接着向前跨了半步——再谈汉语的名词和动词》，见《语言学论丛》第四十辑，商务印书馆。

沈家煊 2010a《从"演员是个动词"说起——"名词动用"和"动词名用"的不对称》，《当代修辞学》第1期。

沈家煊 2010b《"病毒"和"名词"》，见《中国语言学报》第十四期，商务印书馆。

沈家煊 2010c《英汉否定词的分合和名动的分合》，《中国语文》第5期。

沈家煊 2011a《朱德熙先生最重要的学术遗产》，《语言教学与研究》第4期。

沈家煊 2011b《语法六讲》，商务印书馆。

沈家煊 2012a《"名动词"的反思：问题和对策》，《世界汉语教学》第1期。

沈家煊 2012b《关于先秦汉语的名词和动词》，见《中国语言学报》第十五期，商务印书馆。

沈家煊 2012c《怎样对比才有说服力——以英汉名动对比为例》，《现代外语》第1期。

沈家煊 2012d《名词和动词：汉语、汤加语、拉丁语》，（日本）《现代中国语研究》第14期。

沈家煊 2012e《"零句"和"流水句"——为赵元任先生诞辰120周年而作》，《中国语文》第5期。

沈家煊 2012f《汉语语法研究摆脱印欧语的眼光》，（日本）《中国语文法研究》，2012年。

沈家煊 2013《科斯学说对语言学的启示》，见《南开语言学刊》第2期，商务印书馆。

沈家煊 2014a《汉语的逻辑这个样，汉语是这样的——为赵元任先生诞辰120周年而作之二》，《语言教学与研究》第2期。

沈家煊 2014b《汉语"名动包含"说》，见潘文国主编《英汉对比与翻译》（第二辑），上海外语教育出版社。

沈家煊 2015a《词类的类型学和汉语的词类》，《当代语言学》第2期。

沈家煊 2015b《汉语词类的主观性》，《外语教学与研究》第5期。

沈家煊 2016a《从唐诗的对偶看汉语的词类和语法》，《当代修辞学》第3期。

沈家煊 2016b《名词和动词》，商务印书馆。

沈家煊 2017a《汉语有没有"主谓结构"》，《现代外语》第1期。

沈家煊 2017b《"结构的平行性"和语法体系的构建——用"类包含"讲汉语语法》，《华东师范大学学报》（哲学社会科学版）第4期。

沈家煊 2017c《从语言看中西方的范畴观》，《中国社会科学》第7期。

沈家煊 2018《比附"主谓结构"引起的问题》，《外国语（上海外国语大学学报）》第6期。

沈家煊 2019a《超越主谓结构——对言语法和对言格式》，商务印书馆。

沈家煊 2019b《我只是接着向前跨了半步——再谈汉语的名词和动词》，见《语言学论丛》第四十辑，商务印书馆。

沈家煊 2020《有关思维模式的英汉差异》，《现代外语》第1期。

沈家煊 2021a《从语言看中西方的范畴观》，商务印书馆。

沈家煊 2021b《动主名谓句——为朱德熙先生百年诞辰而作》，《中国语文》第1期。

沈家煊 2023《名词的定义问题》，《现代外语》第3期。

沈家煊、乐　耀 2013《词类的实验研究呼唤语法理论的更新》，《当代语言学》第3期。

施关淦 1994《关于"省略"和"隐含"》，《中国语文》第2期。

史存直 1986a《论词儿和判定词儿的方法》（1955），见史存直《句本位语法论集》，上海教育出版社。

史存直 1986b《试论词分类标准问题兼及作为词分类标准的"语法意义"》

（1962），见史存直《句本位语法论集》，上海教育出版社。

史有为 1991《词类：语言学的困惑——相对性词类模式试探》，见《语法研究和探索》（五），语文出版社；又见史有为《呼唤柔性——汉语语法探异》，海南出版社，1992年。

史有为 1992《〈呼唤柔性——汉语语法探异〉自序》，见史有为《呼唤柔性——汉语语法探异》，海南出版社。

史有为 1996《词类问题的症结及其对策——汉语词类柔性处理试探》，见胡明扬主编《词类问题考察》，北京语言文化大学出版社；又见史有为《汉语如是观》，北京语言文化大学出版社，1997年。

史有为 2004《现代汉语语法研究百年回顾》，见北京市语言学会编《中国语言学百年丛论》，北京语言大学出版社。

史有为 2012《此词类与彼词类——从高名凯先生词类理论谈词类》，见《语言学论丛》第四十六辑，商务印书馆。

史有为 2014《第一设置与汉语的实词》，见潘文国主编《英汉对比与翻译》（第二辑），上海外语教育出版社。

司富珍 2013《"简约"之问》，《语言科学》第5期。

司富珍 2014《也说"汉语和印欧语差异的ABC"》，见潘文国主编《英汉对比与翻译》（第二辑），上海外语教育出版社。

司富珍 2016《"词类"辨》，《安徽师范大学学报》（人文社会科学版）第4期。

孙　博 2019《如何评价沈家煊的"汉语动词和名词不分立"及名动包含理论》，https://www.zhihu.com/question/35267276?sort=create。

孙崇飞 2022《名动包含理论存在逻辑问题吗？》，《外国语（上海外国语大学学报）》第5期。

王灿龙 2019《现代汉语句法语义研究70年》，见刘丹青主编《新中国语言文字研究70年》，中国社会科学出版社。

王冬梅 2018《汉语词类问题》，学林出版社。

王　力 1936《中国文法学初探》，《清华学报》第1期。

王　力 1937《中国文法中的系词》,《清华学报》第1期。

王　力 1944—1945《中国语法理论》, 商务印书馆; 又见《王力文集》第一卷, 山东教育出版社, 1984年。

王　力 1943—1944《中国现代语法》, 商务印书馆; 又见《王力文集》第二卷, 山东教育出版社, 1985年。

王　力（王了一）1952《汉语的词类》,《语文学习》4月号。

王　力 1955a《汉语的词类》, 见中国语文杂志社编《汉语的词类问题》, 中华书局。

王　力 1955b《关于汉语有无词类的问题》,《北京大学学报》(人文科学) 第2期。

王仁强 2006《认知视角的汉英词典词类标注实证研究》, 上海译文出版社。

王仁强 2009《语法隐喻与汉语词典自指义项的设立——一项基于语料库的研究》,《外国语文》第1期。

王仁强 2010《现代汉语词类体系效度研究——以〈现代汉语词典〉(第5版) 词类体系为例》,《外语教学与研究》第5期。

王仁强 2012《〈汉英词典〉(第三版) 词类标注研究》,《中国外语》第4期。

王仁强 2013《现代汉语兼类问题研究——兼评索绪尔语言学思想的重要价值》,《外国语文》第1期。

王仁强 2014《现代英语兼类现状研究——以〈牛津高阶英语词典〉(第7版) 为例》,《外国语 (上海外国语大学学报)》第4期。

王仁强 2020《大数据视域下的汉英词典兼类表征策略研究——以〈汉英词典〉(第三版) 为例》,《外语电化教学》第6期。

王仁强 2022a《科学主义词类研究的方法论困境——语言学量子转向系列论文之二》,《外语教学》第1期。

王仁强 2022b《唯科学主义语言学的方法论》,《现代外语》第5期。

王仁强 2023a《超学科思维与词类研究》, 科学出版社。

王仁强 2023b《双层词类范畴化理论的超学科方法论》,《外语教学》第1期。

王仁强 2023c《现代俄语兼类词研究》,《外国语文》第1期。

王仁强 2023d《现代法语兼类词研究》,《外语研究》第1期。

王仁强、陈和敏 2014《基于语料库的动词与构式关系研究——以sneeze及物动词用法的规约化为例》,《外语教学与研究》第1期。

王仁强、黄昌宁 2017《从双层词类范畴化理论看现代汉语自指词项的兼类问题》,《外国语文》第1期。

王仁强、霍忠振、邓　娇 2019《〈新世纪汉英大词典〉(第二版) 兼类词表征策略研究》,《外国语文》第2期。

王仁强、王　端 2016《〈牛津高阶英语词典〉(第8版) 动名兼类词条表征策略研究》,《外国语文》第2期。

王仁强、杨　旭 2017《"出版"的词类问题与向心结构之争———项基于双层词类范畴化理论的研究》,《汉语学报》第4期。

王维贤 1985《说省略》,《中国语文》第6期。

王文斌 2013《论英语的时间性特质与汉语的空间性特质性质的事物》,《外语教学与研究》第2期。

王　珏 2010a《句法词、语用词与语篇词的词类地位与特点》,见邱鸣皋主编《君子怀德:古德夫教授纪念文集》,南京师范大学出版社。

王　珏 2010b《划分词类的三层功能标准》,见齐沪扬主编《现代汉语虚词研究与对外汉语教学》(第三辑),复旦大学出版社。

王　珏 2010c《从构式理论、三层语法看辞格构式的生成》,《当代修辞学》第1期;又见人大资料复印中心《语言文字学》2010年第6期。

王　珏、陈丽丽、谭　静 2008《句子的三层结构及其分析程序》,《华东师范大学学报》(哲学社会科学版) 第3期。

王　珏、李　妍 2010《三层语法假说与对外汉语语法教学》,见《第九届国际汉语教学研讨会论文选》,高等教育出版社。

文　炼 1995《关于分类的依据和标准》,《中国语文》第4期。

文　炼、胡　附 1954《谈词的分类》,《中国语文》2、3月号。

文　炼、胡　附 1993《现代汉语动词的次范畴》,《营口师专学报》(哲学社会科学版) 第1期。

文　炼、胡　附 2000《词类划分中的几个问题》,《中国语文》第4期。

吴长安 2012《汉语名词、动词交融模式的历史形成》,《中国语文》第1期。

吴怀成 2011《试论词类的本质、划分及动词的指称化》, 见《东方语言学》
　　第十辑, 上海教育出版社。

吴　铭 2019a《名动关系及其影响因素——来自语言学及认知神经科学的证
　　据》,《商丘职业技术学院学报》第6期。

吴　铭 2019b《动词、名词的词类特异性损伤》,《乐山师范学院学报》第
　　6期。

吴　铭 2021《汉语是否存在名动包含关系？》,《解放军外国语学院学报》第
　　3期。

吴义诚 2023《名词和动词》,《外国语（上海外国语大学学报）》第5期。

吴义诚、戴　颖 2022《有标记语言现象与语法特性研究》,《现代外语》第
　　3期。

邢福义 1981《词类辨难》, 甘肃人民出版社。

邢福义 1989《词类问题的思考》,《语言研究》第1期。

邢福义 1991《词类问题的思考》, 见《语法研究和探索》（五）, 语文出版社。

邢福义 1995《小句中枢说》,《中国语文》第6期。

邢福义 1996《汉语语法学》, 东北师范大学出版社。

邢福义 2003《词类辨难》（修订本）, 商务印书馆。

邢公畹主编 1992《现代汉语教程》, 南开大学出版社。

徐通锵 1991《语义句法刍议——语言的结构基础和语法研究的方法论初探》,
　　《语言教学与研究》第3期。

徐通锵 1994《"字"和汉语研究的方法论——兼评汉语研究中的"印欧语的
　　眼光"》,《世界汉语教学》第3期。

徐通锵 1997《语言论》, 东北师范大学出版社。

徐　枢 1991《兼类与处理兼类时遇到的一些问题》, 见《语法研究和探索》
　　（五）, 语文出版社。

徐志民 1990《欧美语言学简史》, 学林出版社。

杨成凯 1996《汉语语法理论研究》，辽宁教育出版社。

杨树达 1930《高等国文法》，商务印书馆。

姚吉刚、王　喆 2015《沈家煊先生学术研究三十年》，《外国语（上海外国语大学学报）》第1期。

俞　敏 1952《北京话的实体词的词类》，《语文学习》11月号。

俞　敏 1954《形态变化和语法环境》，《中国语文》10月号。

俞士汶 1994《关于现代汉语词语的语法功能分类》，《中国计算机报》1994年5月31日第73版。

俞士汶、朱学锋、王　惠、张芸芸 1998《现代汉语语法信息词典详解》，清华大学出版社；第二版，2003年。

俞士汶、朱学锋 2000《"现代汉语词的语法属性描述研究"的目标与进展》，《语言文字应用》第1期。

俞士汶、朱学锋、王　惠、张芸芸 1996《现代汉语语法信息词典规格说明书》，《中文信息学报》第2期。

袁毓林主编 1992《中国现代语言学的开拓和发展——赵元任语言学论文选》，清华大学出版社。

袁毓林 1995《词类范畴的家族相似性》，《中国社会科学》第1期。

袁毓林 2000《一个汉语词类的准公理系统》，《语言研究》第4期。

袁毓林 2005《基于隶属度的汉语词类的模糊划分》，《中国社会科学》第1期。

袁毓林 2006《对"词类是表述功能类"的质疑》，《汉语学报》第3期。

袁毓林 2010《汉语词类的认知研究和模糊划分》，上海教育出版社。

袁毓林、马　辉、周　韧、曹　宏 2009《汉语词类划分手册》，北京语言大学出版社。

张　斌主编 1988《现代汉语》，中央广播电视大学出版社。

张　斌主编 2010《现代汉语描写语法》，商务印书馆。

张伯江 2011《汉语的句法结构和语用结构》，《汉语学习》第2期。

张伯江 2012《双音化的名词性效应》，《中国语文》第4期。

张伯江 2018《改革开放四十年的语言学研究》，中国社会科学网，2018年8月7日。

张伯江 2022《新时代语言学的学科建设和学术创新》，中国社会科学网，2022年11月8日。

张　静 1985《语言简论》，河南人民出版社。

张　静 1987《汉语语法问题》，中国社会科学出版社。

张　静 1994《语言·语用·语法》，文心出版社。

张　黎 1994《文化的深层选择——汉语意合语法论》，吉林教育出版社。

张世禄 1939《因文法问题谈到文言白话的分界》，《语文周刊》30、31、32期。

张志公 1953《汉语语法常识》，中国青年出版社。

张志公 1991《汉语词类问题需要进一步研究》（1983），见《张志公文集（1）汉语语法》，广东教育出版社。

张志公主编 1956《语法和语法教学——介绍"暂拟汉语教学语法系统"》，人民教育出版社。

张志公主编 1985《现代汉语》，人民教育出版社。

赵元任 1979《汉语口语语法》，吕叔湘译，商务印书馆。

赵元任 1980《中国话的文法》，丁邦新译，香港中文大学出版社。

赵元任 2002《赵元任全集》（第1卷），商务印书馆。

中国社会科学院语言研究所词典编辑室 2016《现代汉语词典》（第7版），商务印书馆。

《中国语文》编辑部 1955《关于汉语有没有词类的讨论》，《中国语文》7月号。

周祖谟 1952《划分词类的标准》，《语文学习》12月号。

朱德熙 1956《现代汉语形容词研究》，《语言研究》第1期。

朱德熙 1960《关于划分词类的根据——在北京大学1959年"五四"科学讨论会上的发言》，见《语言学论丛》第四辑，上海教育出版社。

朱德熙 1961《说"的"》，《中国语文》第12期。

朱德熙 1982a《语法讲义》，商务印书馆。

朱德熙 1982b《语法分析和语法体系》，《中国语文》第1期。

朱德熙 1984a《定语和状语的区分与体词和谓词的对立》，见《语言学论丛》
第十三辑，商务印书馆。

朱德熙 1984b《关于向心结构的定义》，《中国语文》第6期。

朱德熙 1984c《〈语法答问〉日译本序》，《语文研究》第4期；又见《朱德熙
文集》（一），商务印书馆，1999年。

朱德熙 1985《语法答问》，商务印书馆。

朱德熙 1986《变换分析中的平行性原则》，《中国语文》第2期。

朱德熙 1991《词义和词类》，见《语法研究和探索》（五），语文出版社。

朱德熙 1999《〈汉语语法丛书〉序》（1982），见《朱德熙文集》（三），商务
印书馆。

朱德熙 2010《语法分析讲稿》，袁毓林整理注释，商务印书馆。

朱德熙、卢甲文、马　真 1961《关于动词形容词"名物化"的问题》，《北京
大学学报》（人文科学版）第4期。

Chao Yuen Ren 1925 *A Phonograph Course in the Chinese National Language*.
The Commercial Press.

Chao Yuen Ren 1948 *Mandarin Primer: An Intensive Course in Spoken Chinese*.
Harvard University Press.

Kempson, R. M. 1980 Ambiguity and word meaning. In Greenbaum, S., Leech, G.
& Svartvik, J. (eds.) *Studies in English Linguistics for Randolph Quirk*. London:
Longman, 7–16.

Larson, R. K. 2009 Chinese as a reverse *ezafe* language. *Essays on Linguistics*,《语
言学论丛》第39辑，商务印书馆。

Wang, R. Q. 2014 Two-level word class categorization in analytic languages:
A comparative study of multiple class membership in Modern Chinese and
Modern English. *Proceedings of the 36th Annual Conference of the German
Linguistic Society*. Marburg: University of Marburg, 345–347.

Б. Г. 穆德洛夫 1954《汉语是有词类分别的——对高名凯教授的文章提一些
意见》，《中国语文》6月号。

附录　对"名动包含说"再评论

　　"名动包含说"和"名动分立说"，是沈家煊的命名和说法，并非学界公论。

　　沈家煊2007年发表在《汉藏语学报》上的文章《汉语里的名词和动词》中就蕴含着"名动包含"理念，到2009年在《语言科学》上发表的《我看汉语的词类》，沈家煊作了全面的阐述。他认为，印欧语的名动形是分立的，汉语语法学受印欧语语法学影响，汉语的名动形也是分立的，其实汉语的名动形是层层包含关系。沈家煊的"名动包含"说图示如下：

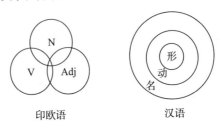

图1　印欧语和汉语里的名词、动词、形容词（引自沈家煊，2009a）

　　按"包含"观念沈家煊给汉语实词作了如下的分类：（沈家煊，2011：65，83—84；2019：71）

　　　　　　　　　　　　　　┌静态名词
　　　　二　大名词┤　　　　　　　　┌动词
　　　　　　　　　　　　　　└动态名词┤
　　　　　　　　　　　　　　　　　　　└性质词

　　　　　　　　图2　沈家煊按"包含"说给汉语实词所作的分类

一　"名动包含说"的理由和依据

沈家煊提出"名动包含说",其理由和依据有如下几个方面:[①]

(一)鉴于英汉语言事实差异。请看实例:

　　A. 他开飞机。

　　　　He *fly a plane.

　　　　He flies a plane.［动词入句得陈述化］

　　B. 他开飞机。

　　　　He flies *plane.

　　　　He flies a plane.［名词入句得指称化］

　　C. 开飞机很容易。

　　　　*Fly a plane is easy.

　　　　Flying a plane is easy.［动词做主语得指称化］

沈家煊依据这一英汉对比的语言事实,得出了如下结论:(沈家煊,2012;2016:83—84;2021b:39)

　　A:汉语的动词入句做陈述语(谓语)的时候不像印欧语那样有一个"陈述化"的过程。从这个意义上讲,汉语的动词就是陈述语。

　　B:汉语的名词入句充当指称语(主宾语)的时候不像印欧语那样有一个"指称化"的过程。从这个意义上讲,汉语的名词就是指称语。

　　C:汉语的动词当作名词用(做主宾语)的时候不像印欧语那样有一个"名词化"或"名物化"的过程。

　　基于上述事实,沈家煊认为汉语里名词和动词的性质和两者之间的关系不同于印欧语里的名词动词。性质不同是指,印欧语的"名词"和"动

---

　　① 沈家煊为"名动包含说"谈了许多理由和依据,这里只谈其主要理由和依据,其他的在我们看来算不上是依据,最多是旁证。

词"是语法范畴，跟语用范畴"指称语"和"述谓语"不是一回事，而"汉语的名词和动词说它是语法范畴，其实是语用范畴，或者说，名词和动词的语法意义就是指称语和述谓语"。汉语的语用范畴（指称语、陈述语）包含语法范畴（名词、动词）。（沈家煊，2016：1；2019：21）从英汉差异的A、B、C说明汉语的名词和动词呈"名动包含"格局（沈家煊，2011：71—72；2016：83—84；2021b：39）：在沈家煊看来，"名词／动词"是很抽象的句法范畴，"指称语／陈述语"是比较具体的语用范畴。英语语用范畴"指称语／陈述语"经过语法化已经变为句法范畴nouns／verbs，而汉语的"名词/动词"还没有完全语法化为句法范畴，至今仍是具体的具体范畴、使用范畴。（沈家煊，2007）因此，英语是"名动分立"格局，汉语是"名动包含"格局。

（二）鉴于汉语语法研究面临的困境。

困境之一，如果做到"词有定类"就将"类无定职"，如果做到"类有定职"就将"词无定类"。困境之二，如果满足"简洁准则"（亦称"简约原则"）就将违反"扩展规约"和"并列条件"，如果满足"扩展规约""并列条件"就违反"简洁准则"。（沈家煊，2011：66—70）在沈家煊看来这两个困境都是"名动分立"观所造成的。

（三）鉴于语法研究中存在的难题。具体是：

难题之一：动词、形容词做主宾语，仍然是动词、形容词，还是转成名词了？

难题之二："N的V"（如"这本书的出版"）里的V（出版），仍然是动词还是转成名词了？

难题之三：汉语并列结构中，名动形能互相并列，这是否违反"并列条件"？

沈家煊认为，这些难题都是"名动分立"观造成的；如果我们采用"名动包含"观，这些问题就都可以彻底、妥善、合理的解决。（沈家煊，2011：14；2016：81）

（四）依据吕叔湘、朱德熙等老前辈的有关论述。[①]

吕先生主张要"大破特破"（吕叔湘，1973）。朱先生呼吁要"摆脱印欧语的干扰"（朱德熙，1985：iii）。此外，朱先生认为汉语绝大部分（百分之八九十）动词形容词可以做主宾语。（朱德熙，1982：101；1985：7）沈家煊一再声称自己"只是在朱先生的基础上接着向前跨了半步而已"（沈家煊，2009b；2021a）

（五）受到语义学家Ruth Kempson（1980）对英语dog意义的分析的启发。dog可指公狗，标为dog_1；可泛指狗，标为dog_2。Kempson（1980）认为，无法把dog一词分割为dog_1（指公狗）和dog_2（泛指狗）两个同音词，只能把dog定为一个多义词，这两个意义之间是包含关系。沈家煊（2023）认为，汉语的名词（指他的"大名词"）与动词的关系，就如同dog_1和dog_2一样，不可分离，彼此是包含关系。

以上是主要依据，还有其他方面。对这些依据该怎么认识？

二　剖析"名动包含说"的依据和理由

沈家煊的出发点是好的，他要力求摆脱印欧语眼光的束缚，试图用"甲乙包含"的范畴观来指导汉语语法研究，为汉语语法研究找一条新路。然而，他所提出的依据和理由，似缺乏说服力，经不起推敲。

（一）所谓基于英汉语言事实。

沈家煊对A、B、C的解释值得商榷。A例英语之第三人称句其谓语用动词变形，是为了与第一、第二人称相区别（第一、第二人称句，动词就不变形，直接用fly，如：I fly a plane.|You fly a plane.），加e/es并非陈述化的标记。动词本身即为事件的陈述。B例英语之a plane只是不定指，也并非所谓"名词入句得指称化"，不定冠词a并非指称化的标记，因为名词或实体

---

① 沈家煊还引用了Chao Yuanren（赵元任）《中国话的文法》（1968）和Larson R.K.（拉森）（2009）的某些说法，但也存在曲解的问题，我们将另文讨论。

词本身即为事物的指称。至于C例，英语之Flying a plane中的Flying，只是表明这个"Fly+ing"并非动作动词或限定动词。Flying本身并非指称化，所以后面还能带宾语；我们只能说Fly+ing是陈述的弱化。另外要注意，Flying a plane is easy中，Flying不是主语，主语是Flying a plane。

至于沈家煊依据他所举的所谓语言事实认定，"名词／动词"是很抽象的句法范畴，"指称语／陈述语"是比较具体的语用范畴。印欧语如英语，语用范畴"指称语／陈述语"经过语法化已经变为句法范畴nouns/verbs，因此，英语是"名动分立"格局。汉语则至今还没有完全从语用范畴"指称语／陈述语"完全语法化为句法范畴"名词／动词"，因此汉语是"名动包含"格局。汉语和英语那A、B、C三点差异人们早就认识，已成为常识。以往的解释很简洁：英语是形态语言，动词、名词入句有形态变化；汉语是非形态语言，动词、名词入句不发生词形的任何变化。这很清楚明了。沈家煊却运用了"陈述|指称"这些语义、语用上的概念来加以解释、发挥，但并不能成为支持他"名动包含说"的有力的依据。特别值得注意的是，无论英语还是汉语的发展历史，都没有具体材料或很有说服力的理论，说明英语已完成了从语用到语法的语法化过程，而汉语还没有完成此语法化过程。沈家煊之说并非公论。① 须知，正如李葆嘉（2023）所指出的②：

> 无论印欧语还是汉语，其"名词"和"动词"都是语法（词类）范畴，这些语法（词类）范畴都是植根于"语义＋语用"，"指称语""陈述语"只是"名词"（对实体的指称）和"动词"（对动作、状态的陈述）另外一种说法。"语法"的含义就是语言组织法则。将"语法"理解为（扭曲为）形态变化（或形式结构），完全违背西方自古希腊以来的语法研究。因此，无从认定有形态变化（通过形式附加语义）就是所谓"语法"（形式）范畴，不用形态变化（通过上下文附加语义）就是

---

① 即使有哪位外国学者也持有沈家煊那样的看法，这也仅仅是一种看法，不能视为理论依据。

② 此话是南京师范大学李葆嘉先生在2023年5月21日给我的微信中说的。

所谓"语用"范畴。

（二）所谓汉语语法研究面临的困境。

沈家煊认定，由于以往受印欧语语法学的影响，普遍持汉语"名动分立"的观念，从而造成汉语语法研究面临两大困境。对此我们提两点意见。

第一点意见，"扩展规约""并列条件"是从印欧语的语言事实中总结得出的，具有一定的普遍性。但印欧语是形态语言，词类和句法成分基本是一对一的关系；汉语不是这样。因此这些"扩展规约""并列条件"运用到汉语，不能简单地套用，而得认真研究如何分析处理汉语的语言事实。关于汉语名动形可以处于同一个并列结构中，吴云芳（2013）对此作出了一定的解释。关于"这本书的出版"，陆俭明（2003）运用生成语法学的"中心词"理论，进行过解释[①]；郭锐（2018：93，187，352—354）也对该结构作了新的解释。这些解释都是依据汉语事实作出的。当然，这也只是一种尝试性的解释，完全可以继续讨论。沈家煊用"名动包含说"解释——因为"出版"本来就是名词，是动态名词。但是，这样的解释没有触及问题的实质（下文会具体谈）。

（三）关于鉴于吕叔湘、朱德熙的观点。

吕叔湘20世纪70年代的发言《语法研究中的破与立》[②]主张要"大破特破"，朱德熙（1985：ⅲ）呼吁要"摆脱印欧语的干扰"，这都是事实。吕先

---

① 对陆俭明（2003）的解释，沈家煊（2016：67）评论说，"这样的分析……要把一个统一的'的'分裂为两个，'这本书的封面'的'的'是一个'的'（朱德熙界定的'的₃'），'这本书的出版'的'的'是另一个'的'"。其实，我并没有处理为两个"的"。我在文章中交代得很清楚，认为"这本书的封面"的"的"和"这本书的出版"的"的"，都是一个"的"，即"的₃"，只是所处位置不同——"这本书的封面"的"的"，是黏附在"这本书"之后形成名词性"的"字结构（"这本书的"做"封面"的定语）；而"这本书的出版"的"的"是插在主谓结构中间，形成另一类名词性"的"字结构。"这本书的"和"这本书的出版"是两种类型的"的"字结构。沈家煊（2007；2016：68—69）还讲了其他一些否定陆俭明（2003）解释的理由，不在此具体说了，将另文讨论。

② 《语法研究中的破与立》为发言记录，由徐枢整理。收入《吕叔湘全集》第13卷，未标注准确发言年份，据该卷401页的"说明"，应在1973—1976年间。

生的"大破特破"是70年代中期提出的，1978年推出的《汉语语法分析问题》并未实现他老人家的理想。这是很可以理解的，因为这是要在面对汉语事实深入研究之后才能逐步达到的。这是一个愿景，我们要往这方面努力！朱先生呼吁要摆脱印欧语的干扰，立刻得到学界的一致赞同并引起大家多方探索。朱先生身体力行，首先提出"词组本位"汉语语法观（朱德熙，1985）。接着，徐通锵（1991；1994；1997）、张黎（1987；1994）、邢福义（1995；1996）、刘丹青（1995）等也分别提出了摆脱印欧语干扰的汉语语法观。包括朱德熙先生的"词组本位"语法观在内的五种观点，各有新见，各具特点，各有追随者，也都引发了一些争议，虽然没有哪一种观点能获得学界的一致认可，但对深化汉语语法研究起到了很好的推进作用。沈家煊的"名动包含说"，当然也属于响应朱先生呼吁而提出的试图摆脱印欧语眼光束缚的一种汉语语法观。问题是这种"包含"说没能让人明显地感到"摆脱"的效应。关于这一点，暂不在这里细说，下面会具体谈。

沈家煊屡屡引用朱先生的话"事实上绝大部分动词和形容词都能做主宾语"（朱德熙，1982：101），"百分之八九十的动词和形容词可以做主宾语"（朱德熙，1985：7），来支持他的"名动包含说"，而且沈家煊一再说自己只是在朱先生的基础上再往前走了半步。然而，我们认为朱先生的话只是说明汉语动词形容词具有多功能性，跟印欧语不一样，并不意味着朱先生走出了"名动包含说""半步"路。其实，朱先生在多处更强调名词与动词的对立。请看：

动词和名词是不同的词类。（朱德熙、卢甲文、马真，1961：2.4）

在汉语里，动词形容词跟名词之间的对立是很显著的。（朱德熙、卢甲文、马真，1961：3.2）

汉语的名词和动词在语法性质上有显著的对立。（朱德熙、卢甲文、马真，1961：4.2）

这两种词类的对立大概是自然语言的普遍现象，汉语也不例外。（朱德熙，1984）

汉语的名词和动词在语法性质上有显著的对立。（朱德熙，2010：

朱先生在《语法答问》（1985）中也没有否定或者修改这一基本看法。令我们不解的是，沈家煊为什么不引用朱先生关于名词与动词"有显著的对立""大概是自然语言的普遍现象"这些论说？

（四）关于有感于汉语语法研究中出现的难题。

汉语语法研究中确实存在上文所述三方面的问题与争议（所谓"难题"）沈家煊说这是"名动分立"观视野下的难题；按"名动包含"观，这些难题都能"合理""妥善"地解决，因为动词形容词本来就是名词嘛。陆俭明（2022b）指出，"名动包含说"实际并没有解决难题，只是将问题掩盖起来了。因为大家的争论点并不是"是大名词还是动词"。沈家煊（2023）却反驳说，提出"名动包含说"后，原来的争议点——出现在主宾语位置上的表示行为动作或变化的词语是一般所说的动词还是一般所说的名词——就不复存在了，学界的争议点已经发生了转移，转移到了"名动分立说"还是"名动包含说"。沈家煊所谓的"争议点转移了"是其主观意识。不妨再看看图2中沈家煊层层包含的词类系统。

对于主宾语位置上的动词形容词，原先学界的争论不是（换用沈家煊的词类系统）："是沈家煊的'大名词'还是动态名词"？而是：仍然是"动态名词"还是变为"静态名词"了？所以说难题并未"合理""妥善"地解决，问题也没有"转移"。因此，我说，沈家煊的解释实际上"根本就没触及问题的要害之处"（陆俭明，2022a）。

（五）关于受语义学家Ruth Kempson（1980）对英语dog意义分析的启发。

Ruth Kempson（1980）对英语dog意义分析是正确的。在我们看来，dog的两个意义可以认为是包含关系，因为是上下位的关系；但是从辞书列为两个义项的角度看，说这两个意义是分立关系，也未尝不可。问题在于用dog的两个意义之间的关系来比附汉语名词和动词的关系，这恰当吗？我们知道，dog一般用于泛指狗，包括bitch、puppy。单说"这是公狗"不单用dog，得用male dog。dog指公狗是有条件的——与bitch对照，或者如下面的句子：My dog got prostate[我的狗患了前列腺癌]。因此，用对dog两个意义的分析来比附汉语名词和动词的关系很不恰当。我们知道，集合的划分是以对立为目标/依据的。这可以说是基本常识。词类划分跟其他事物的划分，遵循相同的基本逻辑。

（六）沈家煊论著里一再说，"朱先生提出'汉语的名词是从反面定义的'这一命题"（注意，沈家煊加了引号）；"当朱先生说汉语的名词是从反面定义的时候，他其实已经把一只脚跨进了'名动包含'格局……"（沈家煊用了"说"）（沈家煊，2016：10，57）。陆俭明（2022b）针对沈家煊这一说法指出，在我们所能检索到的朱先生的论著中没有见到朱先生有这样的表述，这是沈家煊自己从朱先生《语法答问》（1985：16）里的一段话推出来的。朱先生实际并没有说过"名词只能从反面定义"。我这样说的用意是，沈家煊自己体会的意思不能用"朱先生提出"或"朱先生说"这样的表述。沈家煊（2023）用反问的口气辩驳说："没有直接这么说就一定没有这个意思？"我觉得似乎不能这样反问。我们知道，加引号引用某人的说法仅限于某人说过的话，至于引用者对某人说法的进一步揣测、体会的意思，只是引用者的看法，不能用引号。

那么所谓"朱先生说'名词只能从反面定义'"具体是怎么回事呢？原来朱先生在《语法讲义》里曾说："名词的语法特点是：（1）可以受数量词修饰……（2）不受副词修饰。"（参朱德熙，1982：41）而在后来的《语法答问》中说，受数量词修饰，只是名词的语法性质，不是名词的语法特点。（参朱德熙，1985：10）请注意，朱先生在《语法讲义》里只是说"名词的特点"，并没有给名词下定义。虽然说，定义一个概念重要的是要确定该概念所应有的主要特征，但是特征本身毕竟不是定义。因此，不能因为朱先生在《语法答问》中修正说"受数量词修饰不是名词的特点"，就能得出朱先生给名词从反面下了定义："名词是不受副词修饰的词。"朱先生会给名词下这样的定义吗？肯定不会。因为"不受副词修饰的词"有好多，朱先生不会将"不受副词修饰"作为名词区别于其他词类的区别性特点。

三　"名动包含说"之不自洽及其他

在汉语语法研究中，确实需要不断地"破"和"立"，不断提出新的理论方法。但需注意，衡量一个新理论、新方法价值的标准是对语言事实解释的深度与广度如何，是否能够做到自洽（含是否严谨），是否简洁，对语言应用的适用性如何。沈家煊的"名动包含说"是要追求"简约原则"，但其在解决汉语语法问题、解释汉语语法现象的深度和广度方面似并未超越已有的词类理论，而且存在"理论不自洽"的情况。

例一，沈家煊一再说，"印欧语的名词和动词是'分立关系'，名词是名词，动词是动词，'名动分立'"；"汉语里名词和动词是'包含关系'，名词包含动词，动词也是名词"；并以文氏图标示。（沈家煊，2009a；2016：2）实际上，他所说的"名动分立"的"名词"跟"名动包含"的"名词"已经是两个截然不同的概念。"名动分立"的"名词"是一般所理解的名词，"名动包含"的"名词"实际是指沈家煊所说的将名动形都包括在内的所谓"大名词"。因此，沈家煊"印欧语的名词和动词是'分立关系'……而汉语里名词和动词是'包含关系'"这种表述显然不自洽，不严谨。

例二，具体看看沈家煊（2016：111）自己交代的汉语词类系统：

> 汉语首先在第一个层次区分大名词和摹状词，第二个层次再在大名词内区分名、动、形（性质形容词）。

那么，名、动、形如何再区分？沈家煊（2009a）曾明确交代：

> 汉语里名、动、形三者之间是包含关系，形容词作为一个次类包含在动词类之中，动词作为一个次类包含在名词类之中。

根据沈家煊的表述和所附的文氏图，他心目中的汉语词类系统的名、动、形是层层包含的。可是沈家煊（2019：71）又说：

> 汉语的词类首先区分摹状词和非摹状词，摹状词是重叠形式，非摹状词包括简单形式的名词、动词、性质词，统称"大名词"。

$$\text{摹状词——大名词}\begin{cases}\text{名词}\\\text{动词}\\\text{性质词}\end{cases}$$

沈家煊（2019：71）跟先前说法不一，而且明显存在两个问题：其一，原先是层层二分（这符合分类原则），而沈家煊（2019：71）"大名词"一下子分为"名词、动词、性质词"三类，这是不符合分类原则的。其二，说"摹状词是重叠形式"，违背语言事实，像"冰凉、喷香、碧绿、通红、雪白、蜡黄"等以及朱德熙（1982：73）所说的"状态形容词"里的"'f+形容词+的'形式的合成词（f代表'很、挺'一类程度副词）"就不是重叠形式。[①]这足见沈家煊在叙述自己词类系统时没有注意自洽。

例三，沈家煊（2016:124）将"指称"视为"初始概念"。但是他在论著中所运用的"指称（性）/指称语"术语却是混乱的——大名词表示指称，是指称语；（沈家煊，2016：1—2，98—99）静态名词表示指称，是指称语；（沈家煊，2016：99）零句表示指称；（沈家煊，2016：104）主语/话题表示指称；（沈家煊，2016：104）"汉语的谓语具有指称性"，"谓语也是指称语"，名词做谓语表示指称；（沈家煊，2016：195，198，250，410）这其中的各个"指称（性）""指称语"其外延内涵都是不一样的。关于这一点朱德熙、卢甲文、马真（1961）就指出，有不同层面的"事物"，即有不同层面的"指称"。可是沈家煊为了说明"名动包含说"而不加区分地使用"指称"这一术语，造成在概念使用上不自洽。

例四，沈家煊说，动词其实都是"动态名词"，兼有名词和动词两种性质。"汉语动词都可以像名词一样直接做主宾语"（沈家煊，2019：71）。可是语言事实告诉我们，"动态名词"中能做主宾语的只是部分词，（郭锐，2018：212[②]）不是全部。即使是能做主宾语的，也不能认为那些动词在任

---

① 沈家煊（2016：111）明确说，"合理的做法是，把状态形容词改称'摹状词'，可简称'状词'，名动形都归入'大名词'"。可是原先的状态形容词并非都是重叠形式。

② 根据郭锐（2018：212）统计，动词做主语只占动词总数的46%。"如果扩大到带其他成分（宾语、状语、主语等）后做主宾语，那么比例会增大。"

何情况下都表示指称。这样看来，沈家煊所说的"动词其实都是'动态名词'"，"动词都可以像名词一样直接做主宾语"就有问题。这正是"名动包含说"不自洽的表现。金立鑫（2022）很明确地指出，"名包动"理论存在逻辑问题，"不符合逻辑公理"，其推理"违反三段论"。沈家煊的问题恐怕就在于他只是想着建立"新理论"，而没有去考察具体的语言事实。

例五，沈家煊（2016：112）说："R.Larson提出汉语很可能跟一些伊朗语言一样，名词是一个包含动词和形容词在内的'大名词'（super-noun category）。"[①]

沈家煊（2011：73，2021b：121—124）也说了类似的话。我们查阅了R.Larson（2009）的原文，没有发现"汉语名词是一个包含动词和形容词在内的'大名词'（super-noun category）"这类话语，甚至根本没有这个意思。Larson虽然提到"汉语里的形容词也具有大名词性（super-nominality）"，但他与沈家煊的理解并不相同：第一，Larson根本没有提到动词；第二，Larson用的是super-nominality，而非super-noun category。[②] Nominality是"名词性"的意思，而非"名词"。英语的动词不定式（如to go，to learn），可以做主宾语，可以说它具有名词性，但没有人会认为动词不定式就是名词。可是沈家煊在引用Larson观点时没有注意自洽。

例六，沈家煊（2023）提醒读者注意除了动词可以做句子主宾语之外，他也在《名词和动词》第3章第2节中提出了动词和名词的6条分布规则。根据沈家煊（2023）的总结，如下：

1.名词做主宾语，动词做谓语也做主宾语；

2.副词修饰动词，形容词修饰名词，也修饰动词；

3."不"否定动词，"没"否定名词也否定动词。

---

① 指 R.Larson（2009）。

② 我的英文水平有限。为准确把握 R. Larson 的意思，我请了四位英语教授帮我来看 R. Larson 的文章。R.Larson根本就没有"汉语名词是一个包含动词和形容词在内的'大名词'（super-noun category）"这类话语，甚至根本没有这个意思。这就是那四位教授一致的看法。

4."并"连接动词，"和"连接名词也连接动词。

5."怎么样"指代动词，"什么"指代名词也指代动词。

6.数量词修饰名词也修饰动词。

根据这6条规则，沈家煊认定汉语的动词也是名词，因为：

1.动词跟名词一样，可以做主宾语。

2.动词跟名词一样，能受形容词修饰。

3.动词跟名词一样，能受"没"否定。

4.动词跟名词一样，能用"和"连接。

5.动词跟名词一样，能用"什么"指代。

6.动词跟名词一样，能受数量词修饰。

然而，粗略一看，大家就能发现，上述分析并不自洽：

其一，动词都能做主宾语吗？

其二，动词受形容词修饰跟名词受形容词修饰性质一样吗？再说，动词都能受形容词修饰吗？

其三，动词受"没"的否定跟名词受"没"的否定，性质一样吗？否定动词的"没"跟否定名词的"没"意义和词性一样吗？按"名动包含说"一般所说的名词、动词都是"大名词"，那么为什么动词能受"不"否定，名词不能受"不"否定？

其四，汉语里的"和"确实可以用来连接动词，但这只能说明汉语的并列连词"和"的特性，不能凭这一条来断定动词就是名词。而并列连词"并"倒可以用来作为区分动词和名词的分水岭——"并"只用来连接动词，不能用来连接名词，连接名词只能用"和"。我们认为更应该注意这一点。

其五，"什么"可以用来询问动词所指的事件，这是朱德熙、卢甲文、马真（1961）首先明确指出来的。沈家煊根据"'什么'指代名词也指代动词"就断定汉语的动词也是名词，这缺乏深入思考。其实，朱德熙、卢甲文、马真（1961）就是要告诉读者，动词形容词做主宾语所表示的"事物"，用"什么"替代动词、形容词时所表示的"事物"，跟名词所表示的"事物"不是一个层面上的事物，因此明确指出"决不能根据这一点来论证""动词

和形容词的词性问题":

> 名物化论者所说的"事物"正是这种广义的"事物"。这种意义上的"事物"在哲学上或心理学上可能是有根据的，可是它跟作为名词的语法意义的所谓"事物"不是一回事，至少没有直接的关系。

沈家煊没注意到这一点。

其六，有些动词确实能受数量词修饰，但情况和性质跟名词受数量词修饰大不相同。这一点大家都知道，不必细说，再者，也不是所有的动词都能受数量词修饰。

以上第二、三两节，意在分析、说明提出所谓"名动包含"和"名动分立"说未能真正从理论上和语言事实上提供充足的依据，缺乏说服力，而且"名动包含"理论本身存在诸多不自洽的问题。

四　汉语词类问题该怎么办？

汉语词类问题该怎么办？下面说说我们的一些想法，求教于大家。我觉得，为解决好汉语词类问题，需进一步从两方面去深思与探究：一是从词类本身；二是从其他视角。

第一，先从词类本身说。

要知道，语言最基本的职能是传递信息。要让语言符号担负并出色完成传递信息的任务，就得靠两种知识——一种是范畴（category）知识，一种是规则（rule）知识。范畴知识有句法的、语义的、语用的，各个句法成分、各个词类、各个语义角色、各个语用角色，都属于"范畴知识"。这些范畴知识用来概括刻画一个一个语言对象的种种特征。"规则"是什么？我们所描写的各种范畴之间的种种联系或者说关系，就是"规则"。所有规则都是建立在已知的或者更确切地说是假设的范畴基础上的。所有规则，从逻辑上来说，都可以表示为 p → q 这样的蕴涵式。比如说，假定某语言有这么一条规则：如果某个词W是名词（p），那么W能做主语（q）。这条规则，就在某语言的"名词"跟"主语"这两个范畴间建立起了一种联系。以这样的方式建立范畴之间的联系，是分析语言符号结构时必不可少的。语言学家所要做的，就是去寻找并尽可能科学地描写说明不同范畴之间正确的、和谐的联系。可见，要将一个语言的语法研究不断地向前推进，语言研究者主要得做两件事：一件事，要探究语言的各个不同层面该建立多少范畴、哪些范畴。就词类而言，汉语词类从语法研究的角度看，该分为多少类、哪些类。另一件事，要探究语言不同层面各个范畴之间和不同层面的不同范畴之间该建立哪些、建立多少最佳联系即规则。就词类而言，在汉语句法研究中词类跟句法成分该建立哪些、建立多少最佳联系，都需探究。而且，对经过研究所建立的各个范畴和各种规则，尽可能给以科学、合理的定义；一时难以定义的，也尽可能给以科学、合理的解释说明。

第二，再从另外的视角说。

就词类之外的其他视角而言，我想首先需要加强汉语里"省略"和"转喻"现象的研究。关于省略，从《马氏文通》开始，到黎锦熙，到王力、吕叔湘，到朱德熙、张斌，再到今日学术界都有所关注与论述，（王维贤，1985；荣晶，1989；范开泰，1990；施关淦，1994；黄婉梅，2011）但是都未能就省略对汉语语法的影响进行深入的调查、分析、研究，更未能透过省略探究汉语语法的独特之处。例如：

（1）赵元任先生是菲律宾女佣。

（2）那炸酱面怎么没交钱就走了？

（3）你说吧，［我们］干有什么好处，［我们］不干有什么坏处？

（4）我们明天再［通过］电话联系。

（5）今后就［用］微信交流。

例（1）、例（2），由于省略而造成怪异的句子结构，例（2）实际运用了转喻表达法——用"炸酱面"来转喻吃炸酱面的顾客。例（3）—例（5）显示，省略会关系到词语的词性转移——例（3）原本是主谓结构做主语，由于省略变成了动词做主语，从而引起了对"干/不干"词性的讨论；例（4）、例（5），由于省略，让名词"电话""微信"发生词性转移，直接去做了状语。

显然，在"省略"这一语言现象里存在着表述的"简单／经济"与句法分析的"复杂／繁复"这二者的叠加，很值得深入探究。

就词类之外的其他视角而言，还需要加强汉语信息结构的研究。张伯江（2011）曾从语言信息结构的视角来审视汉语里的一些句法成分。他指出：汉语主谓结构主要反映的是"'话题—说明'关系"；汉语的述宾和述补结构主要反映的是"'预设—焦点'关系"；汉语的定中结构主要反映的是"'参照体—目标'关系"；汉语的状中结构主要反映的是"'伴随信息—事件'关系"。我们曾指出，任何语言的句法都会受语言信息结构的制约，但又各有区别——"形态语言"相对来说受语言信息结构的制约少，因为首先要受语言本身的语法规律制约；而"非形态语言"汉语，更多的是受语言信息结构的制约。（陆俭明，2017；2018；2022a）语言信息结构对句法的制约，也会影响到一些词语的词性。例如，像表示时间、处所的词"现在／now""那时／then"和"这儿／here""那儿／there"等在汉语里可以"以话题的身份"做主语，可视为名词或具有名词属性的代词；①而在英语里一般都做状语，视为副词。汉语一些动词、形容词做主语，跟汉语信息结构不无关系——行为动作或性状都可以作为话题。因此，重视并深入研究汉语信息结构，包括句子信息结构和篇章信息结构，我想会有助于汉语词类研究。

结语

词是句子的"建筑材料"，是造句的基本单位；而词如何造成句子，需遵守哪些规则，具体是什么样的规则，这是句法需要研究的内容。显然，进行句法研究，不能不给词进行语法分类，前辈和时贤早就说过。陈望道（1978：38—39）曾指出，划分词类就是"为了研究语文的组织，为了把文

①　笔者曾指出，在汉语里，有的主语不能视为话题，如周遍性主语句里的主语；有的话题则不能分析为主语，如居句首的由"关于／对于"组成的介词结构，可以视为话题，但不能分析为主语。详见陆俭明（1986）。

法体系化，为了找出语文组织跟词类的经常而确切的联系来"。邢公畹主编（1994：218）也说："划分词类是分析语法的需要。由于语法有概括性，要说明语法结构模式，就得把结构成分按语法特点来进行归类，语法的组合必须按类说明。"胡明扬主编（1996：1）先生也说："划分词类的目的是为了进行句法分析，词类和句法分析是互相依存不可分割的。"因此，"词类划分……是语法研究的起点"（张斌主编，2010：76），"词类是语法研究的基础"（王仁强，2006：17），"是语法理论中最核心的问题之一"（陈保亚，2015：19）。

进行汉语语法教学也需要词类。吕叔湘、朱德熙（1952：10）以及吕叔湘（1954；1979：20）反复强调："区分词类，是为的讲语法的方便。"就汉语教学而言，无论是中小学的语文教学，还是国际中文教育或华文教学，均需要词类知识。譬如说，有许多同义词像"战争"和"打仗"、"忽然"和"突然"、"的确"和"确实"、"红色""红"和"通红"等，单纯从意义上去加以区分，不容易说清楚，而运用词类知识就很容易让学生区分并掌握各组同义词各个词的意义和用法。①

词类划分一直是汉语语法研究中的一个老大难问题，有学者甚至认为这"是一个'哥德巴赫猜想'式的老大难问题"（吴铭，2019）。汉语词类研究不会是一件轻松的事，但为了我们的语言学事业，为了汉语教学事业，又必须去探究并力求取得满意的结果！"名动包含说"和"名动分立说"，就目前所作的论述来看，只是沈家煊出于构建新的汉语语法理论的愿望而提出的一种设想和说法，尚有许多不自洽之处，还不足以服人，更未能超越前人，也还不能让我们看到基于汉语语言事实的理论或实践成果。我们真诚地希望，沈家煊及其支持者能克服现有的不足，在"名动包含说"的框架下，说清楚名词和动词的关系。需要指出的是，用"指称"来定义名词，这是否合

---

① "战争"是名词，"打仗"是动词；"忽然""的确"是副词，只能做状语，而"突然""确实"是形容词，不限于做状语，还能做其他句法成分；"红色"是名词，"红"是形容词，"通红"则是状态词。

适，还请斟酌，因为"指称"是跟句法位置无关的意义。

与此同时，不认可、不支持"名动包含说"者，包括我自己在内，也应该换位思考，冷静体会"包含"说的积极意义和合理性。

参考文献

常　理（张黎）1987《谈谈"意合法"——兼论汉语语法特点》,《北方论丛》第2期。

陈保亚 2015《20世纪中国语言学方法论研究》,商务印书馆。

陈望道 1978《文法简论》,上海教育出版社。

范开泰 1990《省略、隐含、暗示》,《语言教学与研究》第2期。

郭　锐 2018《现代汉语词类研究》(修订版),商务印书馆。

胡明扬主编 1996《词类问题考察》,北京语言文化大学出版社。

黄婉梅 2011《重评〈新著国语文法〉对省略现象的研究》,见刁晏斌主编《黎锦熙先生诞辰120周年纪念暨学术思想研讨会论文集》,中华书局。

金立鑫 2022《"名包动"理论的逻辑问题》,《外国语（上海外国语大学学报）》第1期。

刘丹青 1995《语义优先还是语用优先——汉语语法学体系建设断想》,《语文研究》第2期。

陆俭明 1986《周遍性主语句及其他》,《中国语文》,第3期。

陆俭明 2003《对"NP+的+VP"结构的重新认识》,《中国语文》第5期。

陆俭明 2017《重视语言信息结构研究 开拓语言研究的新视野》,《当代修辞学》第4期。

陆俭明 2018《再谈语言信息结构理论》,《外语教学与研究》第2期。

陆俭明 2022a《再议语言信息结构研究》,《当代修辞学》第2期。

陆俭明 2022b《再议"汉语名动包含说"》,《外国语（上海外国语大学学报）》第5期。

吕叔湘 1954《关于汉语词类的一些原则性问题》,《中国语文》第9期。

吕叔湘 1973《语法研究中的破与立》，见《吕叔湘全集》第13卷，辽宁教育出版社，2002年。

吕叔湘 1979《汉语法分析问题》，商务印书馆。

吕叔湘、朱德熙 1952《语法修辞讲话》，中国青年出版社。

荣　晶 1989《汉语省略、隐含和空语类的区分》，《新疆大学学报》（哲学社会科学版）第4期。

沈家煊 2007《汉语里的名词和动词》，见《汉藏语学报》第1期，商务印书馆。

沈家煊 2009a《我看汉语的词类》，《语言科学》第1期。

沈家煊 2009b《我只是接着向前跨了半步——再谈汉语的名词和动词》，见《语言学论丛》第四十辑，商务印书馆。

沈家煊 2011《语法六讲》，商务印书馆。

沈家煊 2012《怎样对比才有说服力——以英汉名动对比为例》，《现代外语》第1期。

沈家煊 2016《名词和动词》，商务印书馆。

沈家煊 2019《超越主谓结构——对言语法和对言格式》，商务印书馆。

沈家煊 2021a《动主名谓句——为朱德熙先生百年诞辰而作》，《中国语文》第1期。

沈家煊 2021b《从语言看中西方的范畴观》，商务印书馆。

沈家煊 2023《名词的定义问题》，《现代外语》第3期。

施关淦 1994《关于"省略"和"隐含"》，《中国语文》第2期。

王仁强 2006《认知视角的汉英词典词类标注实证研究》，上海译文出版社。

王维贤 1985《说"省略"》，《中国语文》第6期。

吴　铭 2019《动词、名词的词类特异性损伤》，《乐山师范学院学报》第6期。

吴云芳 2013《面向语言信息处理的现代汉语并列结构研究》，北京师范大学出版社。

邢福义 1995《小句中枢说》，《中国语文》第6期。

邢福义 1996《汉语语法学》，东北师范大学出版社。

邢公畹主编 1994《现代汉语教程》，南开大学出版社。

徐通锵 1991《语义句法刍议——语言的结构基础和语法研究的方法论初探》，《语言教学与研究》第3期。

徐通锵 1994《"字"和汉语研究的方法论——兼评汉语研究的"印欧语的眼光"》，《世界汉语教学》第3期。

徐通锵 1997《语言论——语义型语言的结构原理和研究方法》，东北师范大学出版社。

张　斌主编 2010《现代汉语描写语法》，商务印书馆。

张伯江 2011《汉语的句法结构和语用结构》，《汉语学习》第2期。

张　黎 1994《文化的深层选择：汉语意合语法论》，吉林教育出版社。

朱德熙 1982《语法讲义》，商务印书馆。

朱德熙 1984《定语和状语的区分与体词和谓词的对立》，见《语言学论丛》第十三辑，商务印书馆。

朱德熙 1985《语法答问》，商务印书馆。

朱德熙 2010《语法分析讲稿》，袁毓林整理注释，商务印书馆。

朱德熙、卢甲文、马　真 1961《关于动词形容词"名物化"的问题》，《北京大学学报》（人文科学版）第4期。

Kempson, R. M. 1980 Ambiguity and word meaning. In Greenbaum, S. , Leech, G. & Svartvik, J. (eds.) *Studies in English Linguistics for Randolph Quirk*. London: Longman, 7–16

Larson, R. K. 2009 Chinese as a reverse ezafe language. *Essays on Linguistics*. 见《语言学论丛》第三十九辑，商务印书馆。